U0557323

《华侨华人与中国梦研究》课题组

负责人：贾益民

成　员：（按姓氏笔画为序）：

马占杰	王怡苹	王福民	方旭红	叶新才
朱东芹	邬舒娴	庄国土	刘文正	刘守政
孙　达	孙　锐	李义斌	李丛宇	李善邦
杨少涵	沈　玲	张世远	张禹东	张晶盈
陈金华	陈旋波	陈琮渊	陈景熙	林明珠
林春培	郑文标	郑文智	赵昕东	胡建刚
胡培安	胡越云	侯志强	施亚岚	洪桂治
姚植兴	秦　帆	敖梦玲	贾俊英	柴林丽
徐小飞	高　跃	游国龙	谢婷婷	

“十三五”国家重点图书出版规划项目

华侨华人与中国梦研究　总主编◎贾益民

华人社团与中华文化传播

OVERSEAS CHINESE COMMUNITIES AND THE DISSEMINATION OF CHINESE CULTURE

张禹东　陈景熙　等／著

社会科学文献出版社
SOCIAL SCIENCES ACADEMIC PRESS (CHINA)

总序（一）

华侨华人与中国梦*

国务院侨务办公室主任　裘援平

党的十八大以来，以习近平同志为总书记的新一届中央领导集体提出了实现中华民族伟大复兴的中国梦奋斗目标，开辟了中国特色社会主义发展的新境界。实现中国梦，成为当代中国高昂的主旋律和精神旗帜，是包括华侨华人在内的炎黄子孙共同的愿景与追求，需要海内外中华儿女勠力同心、共创辉煌。

一　华侨华人为开辟中华民族伟大复兴的光明前景作出了重大贡献

近代以来，一代又一代华侨华人，秉承中华民族优秀传统，发扬爱国爱乡的赤子情怀，支持中国革命、建设和改革伟大事业，在中华民族史册上写下了光辉篇章。

华侨华人是中国革命事业的无私奉献者。从19世纪中叶开始，中国陷入半殖民地半封建社会的深渊。以孙中山为代表的民主革命先行者为“亟拯斯民于水火，切扶大厦之将倾”，以海外华侨为依靠力量创立了兴中会、同盟会，开启了中国近代民族民主革命，在黑暗中点燃了振兴中华的希望。在辛亥革命运动中，海外侨胞不惜倾家荡产，不畏流血牺牲，在

---

* 此文发表于《求是》2014年第6期，经作者允许，作为《华侨华人与中国梦研究》丛书总序（一）。

建立革命组织和传播革命舆论中，在援助革命事业和参与武装斗争中，都发挥了极为重要的作用，孙中山先生盛赞华侨为“革命之母”。中国共产党的诞生，标志着中国革命进入新民主主义阶段。海外侨胞声援五四反帝爱国运动，参与北伐和抗日战争，投身国内解放战争，融入救国救民的统一战线，或捐款献物，或舆论宣传，或参军参战，甚至献出宝贵生命，其德其情感人至深。毛泽东同志为陈嘉庚先生题写的“华侨旗帜，民族光辉”，是对爱国华侨重大贡献的高度评价。历史证明，华侨华人是反帝反封建、争取民族独立解放的重要力量，为中华民族从屈辱走向复兴立下了不朽功勋。

华侨华人是中国建设和改革事业的积极参与者。新中国成立后，面对祖国百废待兴、百业待举，以李四光、严济慈、华罗庚、周培源、钱三强、钱学森、邓稼先等为代表的一大批海外华侨科学家毅然回国，在极其艰苦的条件下呕心沥血，创造出举世瞩目的科学成就。为帮助国家摆脱外汇严重短缺困境，海外侨胞投资兴业、捐款汇款，侨汇成为当时国家非贸易外汇收入的重要来源。改革开放初期，外界怀疑排斥，外资观望徘徊，是海外华侨华人和港澳同胞率先回国投资兴业，带来资金、技术、人才和先进的管理经验，有力推动了中国改革开放进程。时至今日，侨资仍然是我国引进外资的主体，侨港澳企业约占我国外资企业总数 70%，投资约占我国实际利用外资总额 60% 以上。华侨华人专业人士始终是我国引进高端人才的主体，我国“千人计划”引进的人才中，94% 以上是华侨华人。近几年来，华侨华人捐赠兴办公益事业和扶贫济困的善款达 800 多亿元人民币，惠及教育、医疗卫生、交通、文化体育、社会福利等多个领域。凡遇国家遭受大的自然灾害，他们也总是首先站出来慷慨解囊。历史证明，我国改革开放和现代化建设事业取得伟大成就，海外华侨华人功不可没。

华侨华人是中国和平统一大业的坚定支持者。长期以来，广大华侨华人以民族大义为重，在涉及国家主权、尊严和领土完整等重大问题面前，旗帜鲜明地支持中国政府的立场和主张。他们通过各种渠道，向住在国政要和主流媒体等宣传介绍我方针政策，争取国际社会理解和支持，积极营造有利于维护和促进祖国统一的国际环境。他们在 80 多个国家和地区成立 170 多个“反独促统”组织，在全球范围持续开展多层次“反独促统”运动，通过各种途径与台湾岛内民众联系，推动两岸各领域交流合作，促进巩固两岸关系的感情基础、民意基础和社会基础，为推动两岸关系和平发展作出了积极努力。他们以特有方式支持中国申办奥运会、世博会，为反对“台独”“东突”“藏独”等分裂势力干扰挺身而出，全力维护中国主权和民族尊严。历史证明，促进祖国统一、维护领土完整，是华侨华人的光荣传统。

二 华侨华人中蕴藏着实现中华民族伟大复兴的强大力量

习近平总书记指出，实现中国梦必须走中国道路，弘扬中国精神，凝聚中国力量。遍布世界各地的数千万华侨华人，具有赤忱的爱国情怀、雄厚的经济实力、丰富的智力资源、深厚的人脉资源，是实现中华民族伟大复兴的一支重要力量。

华侨华人是走好中国道路的重要支撑。走好中国道路，必须高举和平、发展、合作、共赢的旗帜，抓住和用好我国发展的重要战略机遇期。当前，经济全球化面临结构性调整，新一轮科技和产业革命孕育兴起，人才和科技作为第一生产力的作用愈发凸显。海外华侨华人中有数百万专业人才，涵盖当今世界大多数高新科技领域。海外华商总资产逾数万亿美元。随着经济全球化的发展和我国改革开放的深入，海外侨胞跨国流动发展事业的趋势日益增强，参与中国现代化建设的意愿十分强烈，与国内的联系、交流、合作更加紧密。按照互利共赢的原则，加强对侨资投向引导，吸引华侨华人高层次创新创业人才为国服务，对于我国加快转变经济发展方式、实施创新驱动发展战略、全面建成小康社会有着重要意义。

华侨华人是弘扬中国精神的重要载体。以爱国主义为核心的民族精神和以改革创新为核心的时代精神，是全体中华儿女的强大精神支柱。海外华侨华人是中华文明和民族精神的重要继承者、传播者和展示者。随着中国综合国力和国际地位的提升，华侨华人与祖（籍）国联系更加紧密，民族认同和文化认同显著增强，对展示中华文化魅力愿望强烈。遍布世界各地的 2 万所中文学校，数万个华侨华人社团，数百家华文媒体，独具特色的唐人街、中餐馆和中医诊所，红红火火的“春节”等民族节庆活动，都直观地向世界传递着中国文化气息，成为展示中华文化和中国形象的重要平台和窗口。鼓励海外华侨华人传承中华文化，积极支持他们开展人文交流，弘扬自强不息、厚德载物、诚实守信、吃苦耐劳的伟大民族精神，对增强中华文化的亲和力、感召力和影响力，具有十分重要的意义。

华侨华人是凝聚中国力量的重要源泉。中华民族是具有强大凝聚力的大家庭，炎黄子孙是血脉相连的命运共同体，团结海内外中华儿女同圆共享中国梦，能最大限度地引起广大侨胞的强烈共鸣，最大限度地调动广大侨胞的爱国热情，最大限度地汇集民族复兴的巨大能量。华侨华人不仅是中华民族的组成部分，也是沟通中国与世界的桥梁与纽带，是凝聚中国力量不可或缺的重要成员。他们既通晓中外语言文化，又熟悉中外政治社会环境，期盼各国与中国保持友好关系，并愿意为此不懈努力。通过他们向各国政府和民众介绍中国国情，宣传中国理念，讲述中国故事，对增进外部世界对华认知，积累实现中国梦的正能量有重要意义。

三　以实现中国梦为历史使命努力开创侨务工作新局面

党的十八大和十八届三中全会的召开，为侨务工作全面协调可持续发展提供了新的历史机遇。新时期侨务工作要以凝聚侨心侨力、同圆共享中国梦为主题，以推动国家侨务事业科学发展为主线，着力构建大侨务发展格局，着力健全大侨务工作体系，着力加强战略谋划、整体布局和统筹协调，努力培育好、保护好、调动好侨务资源，为实现中华民族伟大复兴作出应有的贡献。

以中国梦引领侨务工作，必须促进中国梦与侨胞梦有机结合。中国梦承载着海内外中华儿女的共同福祉和共同追求，是最能激起华侨华人强烈共鸣的精神旗帜。要把华侨华人振兴中华的强烈意愿与实现中国梦更好地对接起来，以中华民族波澜壮阔的奋斗史为主线，深入阐释中国梦丰富的时代内涵，最大限度地唤起华侨华人的爱国爱乡热忱，最大限度地增强华侨华人的文化自信和民族自豪感，最大限度地激励华侨华人为实现民族复兴贡献智慧和力量。要把华侨华人过上美好生活的个人愿望与实现中国梦更好地对接起来。积极引导华侨华人深刻认识中国梦与个人梦、国家梦、民族梦的内在关联。始终做到密切联系侨、真心对待侨、紧紧依靠侨、有效服务侨，为他们创造更多发展机遇与合作机会，帮助他们积极提升整体素质和社会地位，让他们共享祖（籍）国经济社会发展成果，实现自身事业的更大发展，培育永续绵延的侨务资源。要把华侨华人长期生存发展需要与实现中国梦更好地对接起来。中国坚持走和平发展道路，愿意同世界各国友好交流合作，与国际社会共同推动建设持久和平、共同繁荣的和谐世界，这是中国梦的应有之义，与世界各国人民的美好梦想是相通的。应当鼓励华侨华人积极融入各国主流社会，树立良好形象，积极开展中外友好交流活动，推动不同族群和睦相处、不同文明交融互鉴。

以中国梦引领侨务工作，必须努力促进海内外中华儿女大团结。要坚持联谊、服务、引导相结合，以共同的事业、共同的文化、共同的情感为纽带，促进海内外中华儿女大团结，促进华侨华人长期生存发展，促进我国同世界各国友好合作关系，促进我国现代化建设和祖国统一。要以华侨华人代表人士为重点，以骨干社团为依托，培育政治上有影响、社会上有地位、经济上有实力、专业上有造诣，能在各领域发挥积极作用的对华友好力量，鼓励他们促进中外友好合作，传扬中华优秀文化。

以中国梦引领侨务工作，必须加强和谐侨社建设。推动建设和睦相融、合作共赢、团结友好、充满活力的和谐侨社，是促进侨胞长期生存发展的需要，也是展示海外华侨华人和中国文明形象的需要。要围绕促进华侨华人与住在国民众和睦相融、实现华侨华人社会团结友爱两大主线，以多种形式增进与华侨华人和海外侨社的联系，加强和谐侨社理念的宣传，教育引导华侨华人自觉遵守住在国法律，尊重当地民族宗教习俗，坚持守法文明经商，参与当地公益事业，充分展现华侨华人“守法诚信、举止文明、关爱社会、团结和谐”新形象。鼓励和引导侨社加强团结协作，发挥骨干侨团和侨领带动作用，增强服务侨社功能，努力提升海外侨社的凝聚力和影响力。

以中国梦引领侨务工作，必须切实维护侨胞合法权益。要适应侨情发展变化，倾听华侨华人合理诉求，关心侨胞生存发展状况，研究广大华侨华人最关心最直接最现实的利益问题，着力解决涉侨突出问题，不断完善涉侨政策法规，维护侨胞正当合法权益，实现好发展好广大侨胞的根本利益，让广大华侨华人感受到日益强大的祖（籍）国给予的关爱。

总序（二）

华侨华人：实现中华民族伟大复兴的重要力量

贾益民

2010 年 7 月 25 日，时任中共中央政治局常委、国家副主席的习近平在北京人民大会堂出席海外华裔及港澳台地区青少年“中国寻根之旅”夏令营开营仪式并发表重要讲话，指出：团结统一的中华民族是海内外中华儿女共同的“根”，博大精深的中华文化是海内外中华儿女共同的“魂”，实现中华民族伟大复兴是海内外中华儿女共同的“梦”。2012 年 11 月 29 日，中共中央总书记、中国国家主席习近平在国家博物馆参观“复兴之路”展览时，首次提出并阐释了“中国梦”的内涵。他指出，实现中华民族伟大复兴，就是中华民族近代以来最伟大的梦想。到中国共产党成立 100 年时全面建成小康社会的目标一定能实现，到新中国成立 100 年时建成富强民主文明和谐的社会主义现代化国家的目标一定能实现，中华民族伟大复兴的梦想一定能实现。2014 年 6 月 6 日，中共中央总书记、国家主席习近平在北京会见第七届世界华侨华人社团联谊大会代表并发表重要讲话，再次强调：“团结统一的中华民族是海内外中华儿女共同的根，博大精深的中华文化是海内外中华儿女共同的魂，实现中华民族伟大复兴是海内外中华儿女共同的梦。共同的根让我们情深意长，共同的魂让我们心心相印，共同的梦让我们同心同德，我们一定能够共同书写中华民族发展的时代新篇章。”习近平总书记的讲话充分说明，华侨华人是实现中华民族伟大复兴的不可缺少的重要力量。

同祖同根，血浓于水。华侨华人的命运与中华民族的兴衰息息相关。自鸦片战争之后一百多年里，追求中华民族的独立、富强、民主、文明，追赶和实现现代化，实现中华民族的伟大复兴，就成为中国人，以至全球华侨华人梦寐以求的理想，也是全球华侨华人情之所牵、魂之所系的乡愁与历史心结。在近现代以来追求与实现"中国梦"的历史进程中，华侨华人与中国人民从来就是齐心协力、同舟共济的命运共同体，做出了巨大的历史贡献。"中国梦"作为实现国家繁荣富强、民族团结和谐、人民幸福安康的民族复兴伟业，是一项艰巨复杂的历史任务，需要全中国人民、全世界华侨华人的共同努力。"中国梦"不仅是中国人的梦，也是全球华侨华人的梦。自习近平总书记提出"中国梦"以来，全球华侨华人反应强烈，兴奋不已。习近平总书记指出：我们不仅致力于中国自身发展，也强调对世界的责任和贡献；不仅造福中国人民，而且造福世界人民。"中国梦"的实现过程为世界华侨华人社会发展创造了历史性机遇，必将带动世界各国华侨华人社会的大发展，同时也必将为世界各国经济社会发展注入动力。正因为这样，所以在实现"中国梦"的历史进程中，世界各国华侨华人的力量与积极参与是显著、独特和不可替代的。同时，这也给我们提出了一系列新的重大研究课题。显而易见，研究华侨华人与"中国梦"的关系，揭示并阐释华侨华人在中华民族伟大复兴进程中的地位与作用，充分发挥华侨华人在实现"中国梦"的新的伟大历史进程中的作用，无疑是具有多重意义与重大学术价值的。有鉴于此，我们在国家有关部门的支持下，组织有关学术力量，开展"华侨华人与中国梦"专题研究，以此形成了这套丛书，并被评选列入"十三五"国家重点图书出版规划项目。

本套丛书包含10个专题，每个专题形成一本专著，聚合一体形成了关于"华侨华人与中国梦"的系统研究成果。这些研究专题及专著如下。

1.《华侨华人与中国现代化进程》

中国现代化建设进程中，华侨华人作为中国的独特优势和重要资源，是推进中国现代化建设的独有而不可替代的力量。本专题及专著主要研究华侨华人、中国人民与中国现代化建设进程是一个积极互动的整体，论述了鸦片战争后一个多世纪以来华侨华人在中国现代化进程中所做出的重大历史贡献及其非凡历程，研究其助推中国现代化建设的原因、目的、特点与条件。首先，回顾了鸦片战争后为了救亡图存，拯救黎民于水火之中，华侨华人中出现的远渡重洋寻求强国之理的先驱。从戊戌六君子到康有为梁启超到辛亥革命前东渡日本的中国知识分子乃至辛亥革命后赴西方寻求救国之方的华侨华人，他们不惜倾家荡产积极投身于祖国革故鼎新、兴利除弊的伟大革命洪流。辛亥革命与新民主主义革命的历史事实印证了孙中山先生“华侨是革命之母”的赞叹与评价。其次，分析并阐释了华侨华人在此革命进程中彰显的功能与价值。新中国成立后，华侨华人积极回国支援、参与祖国建设，从大批华侨华人知识分子到研制“两弹一星”科学家，从改革开放以来华侨华人投资大陆参与经济建设到捐资祖国教育事业造福桑梓培育新人，从为祖国树立积极正面形象、为中国改革开放发展营造良好的国际环境到在其他各领域的积极参与和广泛助力，全方位论述了华侨华人对中国现代化建设的支持与贡献。再次，论述了改革开放之后华侨华人进一步推动中国现代化进程、实现中华民族伟大复兴之巨大贡献。立足中国改革开放，看华侨华人在现代化进程中的价值功能，他们是建设与改革事业的积极参与者。其一，华侨华人为中国建设和改革事业播撒新的思想观念。其二，华侨华人为中国建设和改革事业提供先进技术。其三，华侨华人为中国建设和改革事业给予资金支持。其四，华侨华人为中国建设和改革事业赢得了新的良好的国际环境。其五，华侨华人不仅是爱国统一战线构建的重要力量，更是促进祖国和平统一大业的坚定支持者。他们真诚拥护“一国两制”，是坚决反对“台独、藏独、疆独”的有生力量。其六，华侨华人是走好中国道路的重要支撑之一，为开辟中国道路做出了巨大贡献。其七，从弘扬中国精神传播中华文化的向度看，华侨华人是弘扬中国精神的重要载体，是传播中国文化的重要载体，是联结中国与世界各国友谊的坚强纽带，是维护和发展中国与世界各国友好关系的重要力量。复次，阐释了国兴侨兴的现代化互动进程中，华侨华人助力“中国梦”之基本特质，其中包括华侨华人与祖籍国国民的同根同宗同魂的血肉联系，身在海外心系中华的历史情结，国兴侨兴、国强侨强的命运共同体特质，华侨华人参与“中国梦”的路径嬗变与多样化态势等内容。最后，论述了华侨华人作为推进中国现代化建设的重要力量，也是现代化成果独特的获益主体，已经并将持续受惠于现实与未来的中国现代化成就。中国政府对华侨华人参与现代化的多重优惠待遇与保护政策，反映了中国改革开放的成果多层面惠及了华侨华人终极价值关怀。总之，本专题形成的专著彰显了华侨华人在“中国梦”实现过程中的独特价值。他们推动中国现代化建设的原因、目的，以及在此进程中彰显的功能价值对当今社会进一步加强中国与华侨华人的双向互动，推动中国现代化进程，实现中华民族的伟大复兴具有重大意义。

2.《海外华商与中国经济发展》

海外华商是指拥有华人背景，同时由个人股份掌握工商企业的海外工商企业经营者。他们除了涉及传统的金融、商贸与制造业外，也积极开拓博彩、娱乐等新兴市场，他们在世界经济中占有举足轻重的地位，甚至有人将海外华商与阿拉伯人和犹太人并称为世界移民族群的三大金融力量。本专题及专著从华商的起源、发展、成熟，到融入中国经济发展，系统地展示了一幅恢弘庞大的海外华商发展历史画卷。首先铺开了一幅海外华商产生及发展的历史蓝图，并对发展过程中形成的商帮与商会组织进行了较细致的综述；其次论述了海外华商对促进中国民族工商业成长及推动近现代中国经济发展发挥的巨大作用；再次全面展示了海外华商在“一带一路”战略背景下的社会地位，体现其在“一带一路”建设中创造的价值。海外华商已经是中国经济发展的重要组成部分，“中国梦”的构筑与“世界华商”相辅相成，不可分割。海外华商以其自强不息的精神、融会东西方文化的魄力、进行企业管理理念变革创新的决心，同中国改革开放后经济发展及“一带一路”建设一同跨步向前，成为中国经济发展的有力推动者和见证者。《海外华商与中国经济发展》的研究范围包括了人们通常所说的“海外华商”和在大陆地区创办或者从事“三资企业”经营的港澳台以及海外地区的华侨华人，收集数据资料范围囊括了北宋时期到现代的华人华侨，涉及面广，行文逻辑明确，具有一定的深度和广度，其目的是打造一部“华商世界”的百科全书。

3.《华侨华人与中华民族精神》

本专题及专著以中华民族精神在华侨华人生活过程与中华民族实现“中国梦”的现代化进程中之传承与嬗变、整合与传播、创新与重构为基本线索，论述了中华民族精神的实质、内核、特质、价值与现代性展开。第一，反思了华侨华人在现实生活实践中对中华民族精神的依赖与守持、承接与再造的创新历程。第二，分析阐述了实现“中国梦”必须走中国道路、弘扬中国精神、凝聚中国力量的历史必然性。遍布世界各地的数千万华侨华人，其赤忱的爱国情怀、坚韧的民族精神沉淀在雄厚的经济实力、丰富的智力资源、深厚的人脉资源之中，从而成为实现中华民族伟大复兴的一支重要力量。第三，论述了华侨华人是弘扬中国精神的重要载体。以爱国主义为核心的民族精神和以改革创新为核心的时代精神，是全体中华儿女的强大精神支柱。第四，阐释了海外华侨华人是中华文明和民族精神的重要继承者、传播者和展示者。随着中国综合国力和国际地位的提升，华侨华人与祖（籍）国联系更加紧密，民族认同和文化认同显著增强，展示中华文化魅力愿望强烈。第五，阐释了在华侨华人现代化全球性生存实践中通过现实与精神的跨文化对话，凸显出中华民族精神的融通、变迁与创构。第六，以“精神反观”的思维方式，审视了华侨华人对中华民族精神的认同与反思和批判性扬弃，以及对中华民族精神的丰富与拓展。第七，论述了鼓励海外华侨华人传承中华文化，积极支持他们开展人文交流，弘扬自强不息、厚德载物、诚实守信、吃苦耐劳的伟大民族精神，对增强中华文化的亲和力、感召力和影响力，具有十分重要的意义；揭示了以华侨华人为人格化载体的中华民族精神，在实现“中国梦”伟大历史进程中的文化价值。

4.《华人社团与中华文化传播》

本专题及专著基于华侨华人在中华文化传播中的多重角色和双重定位，从宏观与微观、历史与现实结合的角度，对作为海外华人社会三大支柱之一的华人社团与中华文化传播的关联性和互动性进行了系统研究，探索了发挥海外华侨华人在扩大中华文化国际影响力、增强中国软实力、助力“中国梦”中的特殊作用的机制问题。第一，揭示了本专题的研究旨趣，凝炼问题意识，回顾学术史背景，对研究对象、方法与关键概念进行界定。第二，系统梳理华人社团历史发展脉络与学界的现实分类，指出迄今为止华人社团的历史发展脉络经历了华人社团的草创、本土化、再华化的三阶段，并在融会贯通所有研究成果的基础上提出自己对于华人社团的分类系统。第三，在运用传播学的方法理论，对地缘性华人社团、血缘性华人社团、业缘性华人社团、宗教慈善类华人社团、文化类华人社团、华人新移民社团六类华人社团传播中华文化的具体机制进行实证研究的基础上，揭示各类华人社团传播中华文化的特点及其“和而不同”的整体风格。第四，在对各类华人社团传播中华文化机制研究的基础上，进一步探讨各类华人社团传播中华文化的共同旨趣，指出在20世纪50年代海外华人本土化的历史过程中，海外华人认同产生了重大转变。海外华人在建立起对居留国的国籍认同的同时，依然保留并传承了对中华文化的认同，尤其建构起各国“华族”认同。因此，从海外华人跨国主义的角度审视海外华人各类社团传播中华文化活动的社会功能，可以说，建构跨国华族，是其共同旨趣。在此基础上，第五，深入讨论具有上述共同目的性的海外华人社会传播中华文化活动，对于助力“中国梦”的价值意义。海外华人社团通过传播中华文化的方式建构跨国华族，实际也就是中华文化价值观共建与共享的世界性文化工程，而根据中华文化价值观的“差序格局”，我们可以推演出中华文化价值观的同心圆推展模式。换言之，中华文化传播的核心目标在于中华文化价值观推展与中华文化软实力的提升，而中华文化软实力的提升将有助于中华民族伟大复兴的“中国梦”的实现。因此，华人社团传播中华文化的社会活动，对开展侨务公共外交、实现中华民族伟大复兴，具有不容忽视的助力作用。

5.《华文教育与中华文化传承》

本专题及专著主要研究海外华文教育与中华文化的传承关系，主要立足于海外华文教育自身理论建设和海外华文教育实践的需要，运用教育学、历史学、语言学和文化学等学科理论，并结合实证分析方法，对海外华文教育诸环节过程与中华文化传承之间的内在联系与运行机制进行深入探讨，并揭示不同时空下中华文化传承的形态和发展趋向。在学科知识建构层面，厘清华文教育的性质、内容、功能与目标，探索中华文化的学理内涵和基本精神，初步确立了中华文化传承框架下的华文教育学基础。在理论层面，概括华文教育中华文化传承实践的内在规律，凸显华文教育的中华性、文化性和教化性，提炼了华文教师培育、华文教育组织机构建设、华语教学和体验性培训等领域的理论问题，为华文教育的文化传承提供理论借鉴。在华文教育史及华文教育思想层面，梳理华文教育与中华文化传承传播之间的历史脉络，着重分析不同时空背景下华文教育与中华文化传承传播之间的逻辑与历史关系，揭示把握华文教育之中华文化传承传播的现代性、当下性与创新性。在实践操作层面，探讨华文教育传承中华文化的方法和途径，深入剖析华文教育组织机构、教师、教材、学生在文化传承过程中所发挥的功能和作用，总结华文教育中华文化传承传播实践的历史经验。本专题及专著的显著特色是采用“动态和静态结合、历史与现实兼顾”的方法，全方位、多角度地探析了海外华文教育与中华文化传承传播的关系，在理论上厘清了基本内涵，并做出新的价值阐释，同时结合汉语国际传播与华文教育的历史与现实，着力探索和总结海外华文教育与中华文化传承传播方面的经验，以作为海外华文教育文化传承传播建设的参考。

6.《华文教育与华侨华人发展》

本专题及专著从教育的继承与传播功能对族群形成与发展的作用出发，围绕海外华文教育与华侨华人生存发展之间的互动伴生关系，探讨华文教育在助力华侨华人实现“中国梦”过程中的核心功能；概括了华文教育中语言教学的时代性特征与地域性特征，分析了华文教学对华侨华人民族气质养成与民族意识培养的核心作用；以共同文化特征为切入点，描写了华文教育文化教学的内容变迁，分析了华侨华人的文化共性，共同文化特征的建构特性，以及在不同地域的文化教学中华侨华人形象的共通性与差异性；探讨了海外华侨华人的从业特征，分析了华文教育中职业技能教学的内容、特点和趋势，以及从古代到现代，职业技能教学助力华侨华人在所在国就业与生存所起的重要作用；以各国华文教育政策的变迁与动态发展为视点，分析了在争取华文教育这一公民权利的努力与抗争中，华侨华人身份不断强化，华侨华人族群意识在一定程度上日益加强的现象；以“中国寻根之旅”“中华文化大赛”“中华文化大乐园”等已经成为华文教育重要平台的品牌活动为对象，分析了此类活动对华侨华人形成共同心理素质、提升民族身份认同的特殊作用。华文学校是华文教育的核心载体。本专题及专著从华文学校创办及管理、华文师资队伍建设、华裔子弟培养的角度，分析了华侨华人对海外华文学校薪火相传、生生不息的重大贡献和不懈努力。在此基础上，同时分析了华文教育对促进华侨华人社会与主流社会和谐相处的特殊作用，并提出基于“中国梦”的海外华文教育新使命，全面分析华文教育对华侨华人共同实现“中国梦”的不可替代的功能，对全面实现“中国梦”这一中华民族的宏伟事业具有的重要意义。

7.《全球化视野下的侨务公共外交——构建情感共同体，实践“中国梦”》

作为一项立足于中国侨务资源、依托于侨务工作的国家公共外交工程，我国侨务公共外交尚处于探索期。本专题及专著以全球化为切入视角，探索中国侨务公共外交的实践路径：侨务公共外交虽然是“中国特色”的公共外交路径，却置身于全球化的大背景之下，需要融合中国特色与世界趋势两者，否则难以真正践行和实现公共外交的沟通交流目的。在此基础上，本专题及专著以情感共同体的营造出发，从宗教、地方政府、海上丝绸之路三个层面探索了中国侨务公共外交在今后实践过程中可以切入的具体领域。首先，从全球化的视角切入研究主题，认为在全球化的大浪潮中实现“中国梦”是中华民族的奋斗目标，也是中国发展侨务公共外交的前提基础和必要逻辑。其次，对侨务公共外交问题的缘起和基本概念及其内涵进行了探讨，对现有的研究成果进行了回顾和分析。再次，分别从文化全球化、人口全球化和情感全球化三个层面对公共外交和侨务公共外交的深层影响进行论述：文化全球化是公共外交得以全面兴起的世界现象，是公共外交所代表的“软力量”愈发重要的现实基础；人口全球化（国际移民）则是侨务公共外交得以发挥力量的世界趋势，是侨务公共外交可以实践的基本；情感全球化是本专题研究所提出的新观点和新视角，要解决的是侨务公共外交实践的切入路径。“情感共同体”概念的提出，不仅仅是为侨务公共外交的实践在全球化大趋势下寻找一个可行的切入点，也不单单是把海外华侨华人纳入大中华的“情感共同体”，而且是要借助侨务公共外交，以海外华侨华人为辐射圈，营造“亲”中国的全球情感共同体。最后，分别从宗教情感、地方“乡情”和21世纪海上丝绸之路来论述侨务公共外交的情感运用策略。实际上，这三个层次之间没有明显的逻辑联系，但在侨务公共外交实践中形成了独特的互助逻辑。宗教认同与国家认同之间的张力是海外华侨华人所面临的一大身份冲突（或互融），对具象化的故乡的情怀与思念是对虚拟的国家意境的真实呈现。因此地方政府在侨务公共外交实践中无疑具备了发挥能动性的基础。“一带一路”是中国政府在21世纪提出的国家发展大战略的重要内容，这条走出去的道路的先驱和实践主体往往就是广大的海外华侨华人群体，他们在经济利益上的追求很明确，在情感上与中国的认同需要我们的经营，而研究以海外华侨华人主要聚集地即21世纪海上丝绸之路沿线国家为主要讨论对象，对侨务公共外交可以在实现“一路”倡议上做出的贡献做出初步探讨，也为今后更为全面地思考侨务公共外交在“一带一路”整体战略中的实践意义奠定基础。

8.《华侨华人：中国与周边国家的桥梁》

党的十八大以来，党中央积极运筹外交全局，突出周边在我国发展大局和外交全局中的重要作用，开展了一系列重大外交活动。2013年10月，国家主席习近平在周边外交工作座谈会上强调：要更加奋发有为地推进周边外交，为我国发展争取良好的周边环境，使我国发展更多惠及周边国家，实现共同发展，让命运共同体意识在周边国家落地生根。周边地区是华侨华人的主要聚居地，仅东南亚地区的华侨华人就占全球华侨华人总数七成左右，华侨华人在当地经营日久，根基稳固，拥有丰富的政治、经济、文化资源，是我国开展周边外交、推进周边合作的重要战略依托。在政治交往领域，华侨华人是中国改善同周边国家关系的重要管道和动力；在经贸合作领域，周边国家的华商是中国外商投资的先驱，也是住在国开展对华贸易的主要力量；在文化与人员往来领域，华侨华人具有融通中外的优势，是两国人文交流的重要实践者、促进者、资助者。当前，“一带一路”倡议正处在建设的关键期，周边国家是“一带一路”建设的重要方向，当地华侨华人具有与中国合作的历史经验和主观意愿，必将在推动中国与周边国家政策沟通、贸易畅通、设施联通、资金融通、民心相通方面发挥独特作用。本专题及专著以中国和平崛起时代下周边国家华侨华人与中国联系不断增强为背景，基于当前我国致力于周边外交和公共外交的基本判断，综合应用多学科理论与方法，在详细评估周边国家华侨华人生存环境、资源及文化认同的基础上，深入论证和分析华侨华人在中国同东盟、日本、韩国、俄罗斯、中亚关系中的角色，探讨其独特优势及行为作用，总结华侨华人在中国与周边国家关系中的重要地位与重大意义。

9.《多元视角下的海外华侨华人社会发展》

作为生活在海外的中国人及其后裔，华侨华人与祖（籍）国血脉、心灵乃至利益相通，是我国的一种独特资源。近代以来，华侨华人为我国的社会发展和建设做出了重要贡献。新中国成立以后，华侨华人为我国的社会主义建设贡献良多；尤其是改革开放以来，海外华侨华人成为我国经济成长的重要推动力量；除助力我国的经济腾飞之外，海外华侨华人同样也在政治上给予我们积极的呼应，目前已成为支持祖（籍）国和平统一、反分裂的一支独特力量，是实现中华民族伟大复兴的"中国梦"的重要助力。本专题及专著在对海外华侨华人社会发展与祖（籍）国实现"中国梦"之间的逻辑关系进行分析的基础上，围绕近些年有关华侨华人较受关注的重点或热点问题展开了较为系统的专题研究，分别涉及政治参与、族群关系、认同、新移民、华裔新生代、跨国网络、和谐侨社等问题，论述了海外华侨华人社会发展与"中国梦"的关系。一是对海外华侨华人社会发展历史进行了简单梳理，概述了各个历史时期我国对外交往、移民的特点以及海外华侨华人社会形成的基本情况；二是对近代以来华侨华人对祖（籍）国"中国梦"的参与实践展开了分析，探讨了华侨华人与"中国梦"之间的逻辑关系，从"1840~1949"、"1949~20世纪末"以及"新世纪以来"三个时期展开探讨，认为近代以来中国从"半殖民地"走向民族解放、从积贫积弱走向自立自强、从领土分离走向和平回归，百余年"中国梦"的变迁集中体现为三个主题：独立、富强和统一，而在各个时期，华侨华人也以各种方式积极投入到祖（籍）国"中国梦"的实践中。目前，在新世纪追求"统一"和"自信"的中国梦的过程中，华侨华人仍将发挥积极而独特的作用。本专题及专著的突出特色在于将历史研究与现实考察相结合，理论探讨与实证分析相结合。无论是对华侨华人与"中国梦"逻辑关系的分析，还是分专题问题的探讨，都注重将历史背景与现实发展、理论探讨与实证分析相结合，文中不少资料依托田野调查而来，如对华人认同现状、新移民现状、华裔新生代现状的分析等内容都包含许多依靠实地调研得到的新的资料，一方面极大地充实了研究内容，另一方面也突出了研究的实践性意义。尤其除理论探讨之外，还有涉侨问题的思考及对策建议，如如何做新移民工作、争取华裔新生代、构建和谐侨社等，相关内容对政府涉侨部门决策有一定参考意义。

10.《华侨华人与侨乡发展》

中华民族有着热爱祖国、眷恋故土的文化传统，一代又一代的华侨华人在海外奋斗的同时也不忘回报乡梓、建设家乡。“中国梦”以一种精神动力和凝聚力，将推动海内外中华儿女为实现中华民族的复兴、国家强盛而不断奋斗。“中国梦”将华侨华人的恋乡之情升华成为更为纯粹的爱国主义精神，将华侨华人的爱国主义与侨乡的发展建设相结合。本专题及专著秉持实证研究与思辨研究相结合的原则，采取实地研究、文献研究、调查研究等研究方式，通过探究华侨华人与侨乡经济、社会、文化等各项事业发展的内在关联，归纳华侨华人对侨乡发展的作用，进一步分析在华侨华人影响下侨乡发展的地域差异和重点侨乡发展模式的异同，探讨华侨华人在侨乡实现“中国梦”的途径，并就侨乡发展的政策保障提出具体的建议。第一是对华侨华人引导侨乡发展的多元分析。其一，华侨华人与侨乡经济发展。在梳理华侨华人海外移民历程及其与侨乡的形成和演变关系、回顾华侨华人与侨乡历史关联的基础上，重点考察新中国成立后，特别是改革开放以来，华侨华人通过资本、技术对侨乡经济建设、管理水平和技术进步、消费经济的形成和壮大、产业结构的演变和优化所做出的巨大贡献。其二，华侨华人与侨乡社会发展。探究华侨华人在侨乡社会结构的演化，诸如人口结构、家庭结构、社会组织结构等方面演化所起的影响，华侨华人在侨乡社会管理的变革，侨乡教育、慈善，以及医疗、基础设施建设等社会公共事务方面所发挥的作用。其三，华侨华人与侨乡文化发展。探究华侨华人对侨乡建筑风貌、民俗、艺术、语言、社会心理等方面产生的影响，华侨华人对侨乡旅游业发展、侨乡独具特色旅游资源的形成，以及侨乡旅游消费、旅游形象推广的助益等问题，考察华侨华人对侨乡文化资源保护所做出的贡献。第二是对华侨华人影响下的侨乡引领发展的地域差异分析。主要是建构侨乡发展差异性评价指标体系，比较分析在华侨华人影响下，侨乡发展的地域差异的特征及其原因，考察这种地域发展差异与华侨华人的相关性。第三是对典型侨乡发展模式的比较。通过文献阅读和侨乡访谈调研，结合所选择 12 个侨乡的发展实践，将重点侨乡发展模式归结为晋江模式（沿海老侨乡的转型模式）、开平模式（旅游转向发展模式）、青田模式（沿海发达地区山区侨乡发展模式）、瑞丽模式（边境侨乡发展模式）和容县模式（资源向产业联动转型发展模式）。第四是分析“中国梦”背景下侨乡差异性发展模式，主要是“一带一路”国家发展战略视角下侨乡发展的机遇与挑战分析，即如何借“中国梦”之势发挥侨乡先导作用，借华侨华人之力拓侨乡振兴之路，借社会转型机遇促侨乡繁荣发展，借侨乡乐土共筑华侨华人“中国梦”，并提出传统侨乡和新侨乡发展的新思路。第五是研究并提出“中国梦”背景下侨乡发展的保障措施，主要从政治、经济、文化方面等探究华侨华人在侨乡实现“中国梦”的途径及保障措施，并就如何发挥华侨华人优势，实现侨乡可持续发展提出具体建议。

以上专题研究还只是初步的，其中难免存在某些理论缺陷和不足，还有许多重大理论与实践问题需要做更深入的研究和探讨。我们期待大家一起参与研究和讨论，助推华侨华人积极参与“中国梦”的伟大实践，为实现中华民族伟大复兴的“中国梦”做出积极贡献！

本课题的完成及丛书的出版得到了国务院侨务办公室裘援平主任的大力支持与指导，并应允将她发表在 2014 年《求是》杂志第 6 期上的《华侨华人与中国梦》一文作为本丛书的总序言。在此，我谨代表课题组所有成员并以我本人的名义向裘援平主任表示衷心感谢！同时，衷心感谢为本课题的完成及丛书的出版给予支持和帮助的所有专家学者、各级领导和我的同事们，尤其特别感谢社会科学文献出版社谢寿光社长和他的同事们给予的具体指导和帮助！

是为序。

2017 年 6 月 9 日于华侨大学

本书作者简介

张禹东

男，福建惠安人，毕业于厦门大学。教授，博士生导师。华侨大学前副校长，现为华侨大学海外华人宗教与闽台宗教研究中心主任，中国社会科学院世界宗教研究所海外华人宗教研究基地主任，《华侨华人文献学刊》主编，《华侨华人蓝皮书》副主编，《泰国蓝皮书》副主编，《福建华侨史》副主编，中国宗教学会副会长，中国华侨历史学会副会长。主要研究领域为：文化哲学、宗教学理论、华侨华人宗教与文化、华商管理等。

陈景熙

男，广东澄海人。汕头大学文学硕士，中山大学历史学博士，中国社会科学院宗教学博士后，新加坡国立大学、荷兰莱顿大学、泰国法政大学访问学者。现任华侨大学华侨华人研究院副教授，硕士生导师，华侨华人文献中心主任、海外华人宗教研究中心副主任，中国社科院世界宗教研究所海外华人宗教研究基地副主任，中国宗教学会理事，中国华侨历史学会理事，潮学网站长，泰国德教紫真阁荣誉顾问。主要研究领域为海外华人社会文化史。

张晶盈

张晶盈，福建惠安人。厦门大学历史学硕士，讲师，美国圣地亚哥州立大学访问学者。现就职于华侨大学华侨华人研究院，任华侨华人社会文化中心副主任。主要研究领域为：海外华人社会文化等。

王怡苹

女，祖籍江西鄱阳，出生地台湾桃园。台湾逢甲大学中文硕士、北京大学历史学博士。现在华侨大学国际关系学院/华侨华人研究院从事教学研究工作，硕士生导师。研究方向：考古学与文化遗产、国际移民与裔群文化遗产、博物馆学。

姚植兴

男，广东澄海人，毕业于福建师范大学，师承苏振芳教授。现为华侨大学副研究员、华侨大学哲学与社会发展学院马克思主义哲学博士研究生，师承张禹东教授。主要研究领域：思想政治教育理论与实践，宗教哲学。

摘　要

本书基于华侨华人在中华文化传播中的多重角色和双重定位，从宏观与微观、历史与现实结合的角度，对作为海外华人社会三大支柱之一的华人社团与中华文化传播的关联性和互动性进行系统研究，探索发挥海外华侨华人在扩大中华文化国际影响力、增强中国软实力、助力中国梦的特殊作用的机制问题。

全书共分五章。第一章揭示研究旨趣，凝练问题意识，回顾学术史背景，对研究对象、研究方法及关键概念进行界定。第二章系统梳理华人社团历史发展脉络与学界的现实分类，前者指出，迄今为止，华人社团的历史发展脉络，经历了华人社团的草创、本土化、再华化的三阶段。后者在胪列西方学者、海外华人学者、国内学者对于华人社团的分类体系的基础上，融会贯通，提出本书对华人社团的分类系统。第三章在运用传播学的方法理论，对地缘性华人社团、血缘性华人社团、业缘性华人社团、宗教慈善类华人社团、文化类华人社团、华人新移民社团六类华人社团传播中华文化的具体机制进行实证研究的基础上，揭示各类华人社团传播中华文化的各自特点，与“和而不同”的整体风格。第四章在第三章对于各类华人社团传播中华文化机制研究的基础上，进一步探讨各类华人社团传播中华文化的共同旨趣，指出，在20世纪50年代海外华人本土化的历史过程中，海外华人认同产生了重大转变，海外华人在建立起对居留国国籍认同的同时，依然保留并传承了对中华文化的认同，建构起各国“华族”认同。因此，从海外华人跨国主义的角度审视海外华人各类社团传播中华文化活动的社会功能，可以说，建构跨国华族，是其共同旨趣。在此基础上，第五章深入讨论具有上述共同目的性的海外华人社团传播中华文化活动，对于助力中国梦的价值意义。本书认为，海外华人社团通过传播中华文化的方式建构跨国华族，实际也就是中华文化价值观共建与共享的世界性文化工程，而根据中华文化价值观的“差序格局”，我们可以推演出中华文化价值观的同心圆推展模式，换言之，中华文化传播的核心目标在于中华文化价值观推展与中华文化软实力的提升，而中华文化软实力的提升，有助于中华民族伟大复兴的中国梦的逐步实现，因此，华人社团传播中华文化的社会活动，对开展侨务公共外交、实现中华民族伟大复兴，具有不容忽视的助力作用。

关键词： 华人社团　中华文化　传播

Abstract

Based on the multi-role and dual positioning of overseas Chinese in Chinese culture communication, this book combines the macro and micro, historical and realistic perspectives, and systematically studies the relevance and interactivity of the Chinese Associations as one of the three pillars of overseas Chinese society, and explores the mechanism of overseas Chinese in expanding the influence of Chinese culture, enhancing China's soft power, and helping the Chinese dream.

The book has five chapters. The first chapter reveals the research purport, the consciousness of the problem, the background of academic history, the research object, the research method and the key concept. The second chapter systematically sorts out the historical development of the Chinese Associations and the realistic classification of the academic circles. The former points out that the historical development of the Chinese associations has experienced three stages of the Chinese associations' innovation, localization and Re-Sinicization so far. The latter, in the case of western scholars, overseas Chinese scholars, Chinese scholars, and the Chinese scholars of the Chinese associations, have been able to make a book about the Chinese associations' classifieds. In the third chapter, based on the theory of the method of communication, the paper makes an empirical study on the specific mechanism of the Chinese culture by the geographical Chinese associations, the ethnic Chinese associations, the occupational Chinese associations, the religious Chinese associations, the cultural Chinese association and the new Chinese immigrant associations, and reveals the different characteristics of Chinese culture and the "harmony in diversity" style of the Chinese culture. In chapter 4, on the basis of the study on the dissemination of Chinese cultural mechanism by various Chinese associations, the author further explores the common purport of Chinese culture of various kinds of Chinese society, and points out that in the historical process of the localization of overseas Chinese in the 1950s, the overseas Chinese identity has made a significant change, and the overseas Chinese still retain and inherit the recognition of Chinese culture while establishing the national identity of each other in the country of residence, and construct the identity of the "ethnic Chinese" of the countries. Therefore, from the perspective of overseas Chinese transnationalism, the social function of overseas Chinese associations spreading Chinese cultural activities can be seen, so it is fair to say that the construction of transnational Chinese people is their common purpose. On this basis, chapter five discusses the Chinese cultural activities of overseas Chinese society with the above common purpose and the value of helping the Chinese dream. In this book, the overseas Chinese associations constructs transnational Chinese people by spreading the Chinese culture, which is the world cultural engineering that is jointly built and shared by Chinese cultural values, and according to the "differential pattern" of Chinese cultural values, we can deduce the concentric circles of Chinese cultural values. In other words, the core goal of Chinese cultural communication lies in the promotion of Chinese cultural values and the soft power of Chinese culture, while the promotion of Chinese cultural soft power is conducive to the gradual realization of the Chinese dream of the great rejuvenation of the Chinese nation. Therefore, the Chinese associations have spread the social activities of the Chinese culture, and it has an power to carry out public diplomacy and the great rejuvenation of the Chinese nation.

Keywords: Chinese Associations; Chinese Culture; Communication

目 录

Contents

插图目录

表格目录

第一章　绪论

第一节　研究旨趣与问题意识

随着中国成为世界第二大经济体，国家综合实力、国际影响力不断增强，中国在世界格局中和国际事务中的作用越来越凸显。中国发展模式或发展道路受到了全世界的广泛关注和高度评价，中国的国家形象也有了稳步提升。[①] 但是，国际社会对中国和平发展的评价却出现了不和谐的声音，甚至出现了所谓的“中国威胁论”。这里既有误解、嫉妒，也有怀疑、恶意。在对中国的国家形象和中国人形象的认知上也出现了一些负面报道，比如，BBC 在非洲所拍的纪录片《中国人要来了》，总体上是要抹黑中国形象，煽动反华情绪，当然也提出应重视投资所在国的利益的问题。在有些调查中我们也了解到中国人在非洲的正面形象呈现下降的趋势。这里面有复杂的原因，既有西方故意恶意抹黑，也有我们自身存在的问题。从传播的角度看，它至少说明：对中国日益增长的经济实力的肯定看法，并没有自动转化成对中国形象的正面评判；中国一直倡导并努力在践行的和平发展、和谐发展的理念似乎仍未得到国际社会的普遍理解和接受；以和谐、包容为重要价值观的中华文化似还未能得到全世界广泛深入的了解和认同；中国经济的发展并不会自然而然地导致中华文化国际影响力、中国国家形象的提升。大国之间的竞争不仅体现在经济和军事实力等硬实力层面，更进一步体现在观念、文化、发展模式的吸引力，国家形

① 参见中国外文局对外传播研究中心、察哈尔学会、华通明略共同发布的第三部《中国国家形象全球调查报告 2015》（2015 年 3 月）。

象、国际制度参与、国际影响力等软实力上。

中共中央审时度势，在中国共产党第十七次全国代表大会上首次把文化作为国家软实力在报告中提出；在 2011 年召开的第十七届六中全会上通过了《关于深化文化体制改革推动社会主义文化大发展大繁荣若干重大问题的决定》，指出："在当今世界正处在大发展大变革大调整时期，世界多极化、经济全球化深入发展，科学技术日新月异，各种思想文化交流交融交锋更加频繁，文化在综合国力竞争中的地位和作用更加凸显""推动中华文化走向世界。开展多渠道多形式多层次对外文化交流，广泛参与世界文明对话，促进文化相互借鉴，增强中华文化在世界上的感召力和影响力，共同维护文化多样性。"①

2014 年的《政府工作报告》提出，继续深化文化体制改革，增强文化整体实力和竞争力，加快文化走出去，提升国家文化软实力。无论是从提升文化产业实力和增强国家文化软实力出发，还是从实现民族复兴和伟大中国梦的时代使命出发，中国要在激烈的国际竞争中赢得主动，在壮大经济实力、科技实力和加强国防力量的同时，必须提升国家文化软实力，增强中华文化的国际影响力。

因此，推动中华文化走出去，扩大中华文化的国际影响力已然成为国家战略。在这样的背景下，近年来中华文化的国际推广、传播得到强力推进，比如，作为中华文化重要符号和载体的孔子学院已经在全球设立 500 所，设立孔子课堂 800 多所，涉及 134 个国家；中国有关部门分别于 2009 年和 2011 年，将主题为"携手中国制造""中国国家形象片——人物篇"等国家形象宣传片在北美、欧洲和亚洲一些国家的电视、网络上播放，其中《携手中国制造》宣传片在美国有线电视新闻网络（CNN）播放了 6 周、在英国广播公司（BBC）播放了 5 周，60 秒长度的《中国国家形象片——人物篇》在美国纽约时代广场大型电子显示屏上每天早晨 6 点到次日凌晨 4 点播放，每小时播放 15 次。该片从 2011 年 1 月 17 日起播放到 2 月 14 日，总计 4800 次。这些对于扩大中华文化影响力具有积极意

① 《中共中央关于深化文化体制改革推动社会主义文化大发展大繁荣若干重大问题的决定》，2011 年 10 月 18 日中国共产党第十七届中央委员会第六次全体会议通过。

义。但是我们也要重视在文化传播中出现的一些状况。如2014年和2015年，加拿大、美国、欧洲先后出现了“孔子学院风波”或终止合作事件。根据英国广播公司全球扫描（BBC-GlobeScan）的调查，《中国国家形象片——人物篇》播出后，对中国持好感的美国人从29%上升至36%，上升7个百分点；而对中国持负面看法者，则上升了10个百分点，达到51%。香港浸会大学传理学院孔庆勤博士通过调查指出：“很多人（1200名的受访者）说，看了这个广告很紧张，第一个想法是：中国人来了，而且来了这么多。”[①] 这实际上提出了在中华文化国际传播、中国国际形象塑造中如何遵循文化发展和文化传播的规律问题，提出了中华文化传播的理念、策略、方式、路径和载体的问题。与本论题有关的至少有两个方面需要特别强调。

一方面是要构建多层级、多元化的中华文化传播主体。传播主体问题简单说就是依靠哪些力量推动中华文化走向世界的问题，这也是中华文化走向世界的起点。文化传播主体具有多元性、多层次性，既有以国家为行为主体，如政府机构主导的传播机构和媒体；也有非政府组织、民间团体、科教机构、企业以及公民个体等行为主体，不同的传播主体承载着不同的作用，但目前我们的传播主体尚比较薄弱和单一，而且官方主体主导的色彩过于强烈和直接，以致引起一些误解。因此，要提高中国文化软实力，扩大中华文化国际影响力，就要构建和培育成熟、多元、多层的传播主体，释放各种行为主体的积极性，这样才能更有效地传播中国好声音、讲述中国好故事、塑造中国好形象。

另一方面要注意中华文化传播的策略和方式。中华文化传播是一种国际传播、对外传播，也是一种跨文化传播。要达到效果，在传播过程中必须了解作为传播终点的受众的需求，这是文化传播的基本前提；必须尊重受众所在国家的社会、文化、政治法律，采用他们所喜闻乐见的方式，才能得到接受和认同并引起共鸣。目前中华文化在传播中如孔子学院遇到的一些挑战、误解、怀疑甚至排斥，与传播的策略和方式也有

① 参考：1.《商务部在欧美投放“中国制造”广告》，《新京报》2011年11月16日第A05版；2.《国家形象片效果欠佳》，《新快报》2011年11月17日第A06版，http://epaper.xkb.com.cn/view.php?id=741162。

密切关系。孔子学院作为中华语言文化传播的主要载体得到国家层面的强力推进，但它并不是唯一的形式和渠道，必须重视传播载体和形式的丰富多样性，以多层互动的形式来讲好中国故事，传播好中国声音，阐释好中国特色。

而无论是多元、多层传播主体的构建，还是丰富多彩的文化传播策略、方式的采用，6000万遍布全球的华侨华人作为一种独特的资源，可以发挥不可替代的重要作用。[①] 事实上，提出软实力概念的美国约瑟夫·奈就将华侨华人作为中国吸引力的一部分，他认为中国的软实力近年来在逐渐上升，他提到了中国在以下几个方面的吸引力：①传统艺术、时装、烹饪；②大量的海外华侨华人；③近年在国际上颇受欢迎的电影以及体育明星；④外交政策与外交方式。英国考文垂大学的阿兰·亨特（Alan Hunter）也把中国的海外华侨华人同中国在东南亚和非洲的政治存在，中国的大学、中国的语言文学、中国对亚太地区媒体的影响、中国的旅游和体育、中国的宗教和传统文化一起，归结为中国软实力的存在。无论在中国人民争取民主、独立、解放的革命斗争中，还是在中国的改革开放、推进现代化进程中，华侨华人都做出了不可磨灭的贡献；在中华民族的当代复兴中、在中华文化国际影响力的扩大和中国软实力的提升方面华侨华人同样发挥了独特的作用。对此，中共中央和中国政府都给予了充分肯定和特别强调。中共中央第十七届六中全会的决议中就明确指出，支持海外侨胞积极开展中外交流；在2015年的政府工作报告中，李克强总理也指出，要更好地发挥海外侨胞和归侨侨眷参与祖国现代化建设、促进祖国和平统一、推进中外交流合作的独特作用，使海内外中华儿女的向心力不断增强。

海外华侨华人在中华文化的传播方面有其特有的优势，他们不仅热爱祖国（祖籍国）、热爱和认同中华文化，而且对居住国的社会政治、法律和文化环境也有深刻的了解。因此，中华文化的海外传播及文化软实力的提升都离不开华侨华人的参与和支持。这里必须指出的是，在中华文化的

① 关于海外华侨华人的数量，比较多的是引自庄国土教授课题组2000年提供的估算数据，大约为5000万人；经过近20年的发展，近年的提法6000万人是来自国务院侨办提供的数据。

传播中，海外华侨华人扮演着传承者、弘扬者、发展者和传播者的多重角色。从传播学的角度来看，华侨华人既是中华文化海外传播的受众或客体，又是中华文化海外传播的重要主体。

但在文化传播学领域和中华文化传播实践中，华侨华人在传播中华文化、提高中国软实力中的作用尚未得到应有的关注和重视；在华侨华人研究和侨务工作实践领域，也比较偏重于从受众、客体的角度看待中华文化传播中的华侨华人，而未能真正将华侨华人作为重要的传播主体加以重视和建构，从而在强化华侨华人在中华文化传播中的主体意识和责任担当方面，尚缺乏系统的研究和具有可操作性的顶层设计和谋划。

在海外华人社会的长期发展中，华人社团、华文学校、华文媒体成为构建海外华人社会的三大支柱。华人社团作为重要的社会组织、联系纽带和结社形式，以及族群文化的传承方式、族群凝聚力的认同载体，在海外华人族群的生存、华人社会的发展中起着至关重要的基础性作用。

早期许多华校是由社团创办的，而华文报刊等一些华文媒体也有华人社团的支持。通过对华人社团的考察，我们往往可以看出华人社会的变迁过程。几十年来，随着海外华人社会的变化，当代华人社团呈现传统社团与新型社团并行发展的局面，在华人群体中、在华人居住地社会中都发挥着极为重要的作用。

因此，本书基于华侨华人在中华文化传播中的多重角色和双重定位，从宏观与微观、历史与现实的结合，对作为海外华人社会三大支柱之一的华人社团与中华文化传播的关联性和互动性进行系统研究，探索发挥海外华侨华人在扩大中华文化国际影响力、增强中国软实力中的特殊作用的机制问题。

第二节　学术史回顾

为进一步提升国家的综合实力，从学界到官方不仅认可和接受了软实力的提法，而且从国家战略高度开始重视国家软实力的增强，从官方和民间层面实施和推进中华文化走出去战略，产生了积极作用，当然还存在诸多局限和不足，也出现了一些不解、误解和曲解的情况。因此，如何更有效地传播中华文化，成为政府有关部门和学界共同关注的问题。由于中华文化传播是一项系统工程，在学术研究方面涉及多学科、多层次、多角度，因论题的需要本项目着重从传播学研究和华侨华人研究两个方面做一简要的学术梳理。

从传播学研究方面看，在研究维度上，主要从国际传播、对外传播、跨文化传播等三个既有区别也有联系的维度对中华文化传播进行研究；在研究内容上，既包括宏观层面的研究如从提高中国文化软实力角度探讨中华文化传播的意义，从文化传播的规律和内在逻辑方面研究中华文化传播策略等，也包括微观层面的研究如关于传播主体和传播受体的研究等；在案例研究上，既有涉及北京奥运会、上海世博会等重大综合性案例的研究，也有涉及专门性的文化传播案例如孔子学院的研究，相对而言，以中华语言文化另一重要传播载体——海外华文教育为例的研究则较少。总体上看，传播学的研究更多的是从中国或官方或民间为主体的角度的研究，尚较少涉及华侨华人这一既有传播主体属性又有传播客体属性的特殊群体在中华文化传播中的作用及其机制的研究。

在华侨华人研究领域，作为海外华人社会的三大支柱自然受到最多的关注和研究，相关著述浩如烟海。在中华文化的传播中，海外华人社团、华文学校、华文媒体都发挥了独特的作用，如定位为中华语言文化国际传播两种主要方式之一的海外华文教育可以说是中华文化传承、传播的根基，开展海外华文教育被国家侨务工作部门定位为海外华侨华人的“留根工程”。目前全球大约有 2 万多家的华文学校，几十万名从事华文教育的教师，中国的涉侨部门对华文教育非常重视并强力支持和推进，其中国务院侨办关于华文教育已经形成了若干重要平台和载体，如世界华文教育大会、全球华裔青少年中华文化大赛等，这些对于海外华侨华人族群认同、文化认同，从而对中华文化的传承和传播产生了深远影响。关于华文教育与中华文化传播的研究主要表现在两个方面：一是从族群文化传承的角度强调语言文化的教育是海外华人保留和传承的中华文化载体，是加强华人族群凝聚力和认同感的重要形式；二是从技术层面上如华文教育教学方法、华文师资培训、华文教材编写等问题展开讨论，这些研究对于提高华文教育的质量从而提高华侨华人对中华语言文化的了解、掌握有积极作用。至于华文媒体更是因其直接成为中华文化国际传播的重要载体而得到媒体界、传播界、学术界以及涉侨工作部门的关注和重视，如中国新闻社所创设的“世界华文传媒论坛”已经举办了八届，成立“世界华文媒体合作联盟”等，均对进一步发挥海外华文传媒优势，更好地传播中国好声音、讲述中国好故事产生了积极作用。近年来，对华文媒体与中华文化传播的研究开始引起学术界的重视，但对如何发挥作用的机制，以及对华文媒体在中华文化传播中的双重属性的研究似乎还比较少。因论题需要和篇幅限制，下面将侧重对海外华人社团与中华文化传播的研究做一简要梳理。

华人社团在海外华人社会三大支柱中具有基础和核心的地位，因此华人社团（侨团）一直是中国涉侨部门最为重要的工作对象和服务对象，这一点从国家侨务工作部门对应“三大支柱”所创设的全球性联谊和工作平台——“世界华侨华人社团联谊大会”、“世界华文教育大会”和“世界华文媒体论坛”——的不同定位和不同规格即可见一斑。[①]

中华文化是华侨华人文化的本源文化。中国本土人与华侨华人的文化特性在传统道德观念、价值观念、风俗习惯等方面，并没有本质的差异。因此，华侨华人文化是中华文化在海外的延伸。海外华人在加入当地国籍后，在政治上已经认同于所在国，但他们中的多数人在文化上仍然认同于中华文化。华人社团是海外华人传播中华文化的重要载体。近三十年来，在全球经济发展与海外华人“五缘”网络的影响下，国际性的华侨华人社团组织和活动出现较为活跃的态势。海外华人社团发展更加细化，社团类型层出不穷，除地缘型、宗亲型的社团，专业性社团越来越多。如今的海外华侨华人社团的功能已从早期华人社团内部的帮扶、互组、联谊等一般性功能，逐渐发展到以融入主流社会、维护华社自身利益、协调华社与其他族群关系为主的多元的立体型功能。

因此，华人社团既是国家涉侨部门最重要的工作和服务对象，也是国内外学界研究华侨华人的重中之重。在华侨华人与中华文化传播问题的研

① 根据三大平台已经分别召开的若干届会议来看，世界华侨华人社团联谊大会是规模和规格最高的大会，已经召开的 7 届大会都受到党和国家领导人的高度重视。

究中，华人社团作为华人社会文化重要的组织形式，在海内外学者的研究中，必然会不同程度地涉及华人社团与族群认同、华人社团与文化传承、华人社团与文化认同、华人社团与中华文化之间的互动关系等重要问题。

颜清徨教授在其代表著作《新马华人社会史》中，利用有关华人社会基本的社会组织活动的纪录、期刊和回忆录等史料，就1840年至1911年新加坡、马来西亚华人社会的组成、结构及其职能和社会分化与社会冲突、文化认同问题进行了深入剖析。通过对新马两地众多方言会馆、宗亲会馆的研究，分类探讨了方言会馆与宗亲会馆的功能。方言会馆主要有宗教和社会职能、福利职能、仲裁职能；宗亲会馆的功能主要有：祭祖及祭祀保护神、纪念传统节日、扶助贫困会员、仲裁纠纷、关心族人婚姻和促进教育事业的发展等。同时他还从文化和教育的角度对该时期华人的认同问题做了阐述："各方言和宗亲组织一直认同于中国。……因为各类方言和宗亲组织所具有的文化和宗教的职能，已为保持这种文化的认同创造了有利的条件。这种对中国文化本能的依恋，遂成为支撑中国移民精神世界的主要源泉。"① 最后得出结论："现代的新马华人社会，如果没有中国文化和教育的传播，也就不可能保持其鲜明的特征。华人认同在宗亲和方言组织中保持着活力。"②

庄国土教授所著的《华侨华人与中国的关系》中，也有对海外华人社团的深入论述。③ 庄国土教授的《近30年来东亚华人社团的新变化》一书中，社会资本视野中的华人社团研究、新加坡中国新移民社团的兴起、广西籍华人社团的发展变化以及泉州籍东南亚地缘社团的发展变化等章节，对研究当代华人社团的类型和新的变化具有一定的参考价值和启发意义。④

东南亚华人社会研究的学者中比较典型的有美国著名人类学家施坚雅教授（William G. Skinner），他对泰国华人社会进行了长期的观察和研究，完成了《泰国华人社会：历史的分析》一书。书中介绍了中国与暹罗的

① 颜清徨：《新马华人社会史》，中国华侨出版公司，1991，第265页。
② 颜清徨：《新马华人社会史》，中国华侨出版公司，1991，第300页。
③ 庄国土：《华侨华人与中国的关系》，厦门大学出版社，2001。
④ 庄国土：《近30年来东亚华人社团的新变化》，厦门大学出版社，2011。

历史关系，华人移民的背景、通婚和同化模式以及泰国政府对华人的政策。他以大量丰富的资料和实证方法阐述了泰国华人的同化问题，提出了著名的民族（族群）同化模式，在20世纪60~70年代的世界族群研究领域风行一时，影响了数代华侨华人研究和民族研究的学者。

马来西亚陈志明教授在其著作《迁徙、家乡与认同——文化比较视野下的海外华人研究》中继承并拓展了人类学研究的整体观，强调华人族群意识的形成，不仅基于其自身的生活经验，更与其所在国的政治经济环境及其与中国的关系息息相关，由内（迁徙、寓居、认同、归属、适应、涵化、整合、地方化）至外（民族国家、民族主义、族群互动、政治、经济、意识形态、阶层、宗教、全球化、跨国网络等）的系列概念与实践体系。书中着重阐述本土化与华人认同、本土化及其对文化与族群认同的影响等的复杂问题，并将其与东南亚以及全球其他地区的华人研究相关联。

人类学家李亦园教授在《一个移植的市镇——马来亚华人市镇生活的调查研究》中，从“文化范式”的角度对马来亚的华人，麻坡镇的华人，麻坡华人的经济结构，麻坡华人的社区组织、社区领袖的结构、社区领袖的变迁，麻坡华人的家庭生活、麻坡华人的宗教等方面做了个案调查和研究。关于李亦园的麻坡研究及成果，陈志明这样评价：该书描述了一个市镇的华人群体认同、华人经济结构和地方领袖制度的关系，并论述了华人的家庭和宗教生活，展现出一个人类学者如何运用参与观察、访问和问卷方法研究一个市镇的族群，对人类学和东南亚华人研究具有重要的参考价值和学术价值。①

李明欢教授在其代表作《当代海外华人社团研究》中，将华人社团作为一个“整体研究对象加以剖析、研究”，运用政治学、社会学、人类学、组织学、历史学、文化学等多学科理论，通过大量的资料综合、分析，追溯华人社团的历史发展轨迹，从海外华人社团组建动因、宗旨、组织结构、组织运作、组织形态的特点与内涵、社会功能等方面进行了深入

① Tan, Chee Beng, Li Yih Yuan and the study of Chinese in Malaysia，台北：“中央研究院”民族学研究所集刊 89，2000，17-31。

的探讨与阐述。她将社团视为人际关系的结合体，并以此为出发点研究了当代华人社团的三大功能：协调海外华人族群内部关系、协调华人族群与当地的社会关系、协调华人族群的国际性联系网络。

曾玲教授在其专著《越洋再建家园——新加坡华人社会文化研究》一书中，试图以多元的视角、历史学与人类学相结合的考察方法，以新加坡华人社会文化的内部运作模式和演变为出发点，考察这一具有新加坡本土特色的华人社会文化是如何在中国传统文化及新加坡社会与政治变迁所共同作用而形成的。通过对帮群坟山、祖先崇拜及民间信仰、岁时节日的考察，具体而翔实地探讨了华人移民通过传承祖籍地文化资源的方式在当地社会文化中再建华人社会结构的过程；以新加坡华人社团的跨国活动为例对其认同状态和跨国网络进行了分析。最后在结语中，作者指出："由于特定的历史环境，民间文化成为新加坡华人文化的主流；它的演变也经历了一个调适的历史过程，并发展出具有本地特色的形态。新加坡华人民间文化的一个重要和基本特征是它的社会性以及由此产生的整合功能。社会性和整合功能原本是中国民间文化的重要特征之一。新加坡华人把民间文化的这些特征强化到极致。可以说，一部新加坡华人史，就是一部以中华传统民间文化建构和发展新加坡华人社会的历史。"①

曹云华教授的《变异与保持——东南亚华人的文化适应》从文化适应的角度，运用民族学、人类学等方法，把东南亚华人作为一个整体，揭示其共同特征及其与东道国主体民族之间的关系。他认为东南亚华人与当地民族的关系是民族关系而不是文化关系。②

宋平教授的《承继与嬗变——当代菲律宾华人社团组织比较研究》在分析了以往学者对华人社团功能研究的优缺点之后，在帕森斯（T. Parsons）的 AGIL 理论的基础上提出了有关社团功能的新看法。他认为宗亲会以血缘关系来认同，同乡会以祖籍地关系来认同，行业组织以行业关系来认同。没有认同的功能的组织也就不存在了。由此认同功能，社团才能延伸出经济功能、政治功能、社会功能和文化功能等四大

① 曾玲：《越洋再建家园——新加坡华人社会文化研究》，江西高校出版社，2003。

② 曹云华：《变异与保持——东南亚华人的文化适应》，中国华侨出版社，2001。

功能。[①]

刘宏教授在《战后新加坡华人社会的嬗变：本土情怀·局域网络·全球视野》中着重于将战后新加坡以及华人社会的变迁置于三个重叠而交互作用，但又在自身独立空间的进程之下加以分析，即本土化趋势、区域网络的建构和全球化的影响。在本书中，作者更多的是深入华人社会的内部，从华商与政治的关系、华人社团组织与华教的互动等结构性变化去探讨这一转变。而这一转变是在历史延续性中的变迁，既承接了传统的某些机制又应环境的改变而有所变动。作者把战后新加坡华人社会的嬗变置于社会与政治的变迁之下加以详细考察，从而建构了本土化、区域化、全球化之间复杂的多维空间关系。作者在导论中提出了两组理解战后新加坡华人社会变迁的纵横交错的审视线索：一是纵向的历史发展角度和时间轴上的审视，亦即本土化、区域网络和全球化趋势；二是横向的、比较的空间视野，亦即多元种族社会中的华商及其组织、华人的迷思和国家—社会关系。其中，国家—社会关系这一横向视野在与纵向时间轴的交错中，集中地体现了新加坡华人社会变迁中特殊性与普遍性的对立统一。

除了华人社团问题的专著，还有许多较有分量的论文也从文化、认同、族群等角度对华人社团问题进行了探讨，如庄国土的《关于华人文化的内涵及与族群认同的关系》《中国价值体系的重建与华侨华人》《论早期东亚华人社团形成的主要纽带》，韩震的《全球化时代的华侨华人文化认同问题研究》，代帆和张秀三的《论海外华侨华人的文化认同》，曾玲的《认同形态与跨国网络——当代海外华人宗乡社团的全球化初探》《调整与转型：当代新加坡华人宗乡社团变迁》，李明欢的《Diaspora：定义、分化、聚合与重构》《构筑华人族群与当地国大社会沟通的桥梁——试论当代海外华人社团的社会功能》。

这些关于华人社团的研究著述，从不同学科、不同视角对华人社团进行了研究，在华人社团与中华文化的关系上也有诸多涉及，但比较分散零散，较少有系统的梳理和研究，而且较多的是从族群或族裔文化传承的角度给予关注，而在传承基础上进行传播的问题尚较少涉及。

---

① 宋平：《承继与嬗变——当代菲律宾华人社团组织比较研究》，厦门大学出版社，1995。

第三节 研究对象、研究方法与关键概念

1. 研究对象与研究方法

本书着重以海外华人的五缘性社团作为研究对象，在对海外华人社团的历史发展脉络进行梳理的基础上，对海外华人社团在传承和传播中华文化中所发挥的作用及其传播机制进行系统阐述，研究华人社团传播中华文化与跨国华族的族群建构的关系，进而探讨华人社团对于中华文化传播的当代价值。

该项研究主要运用了社会学、人类学、历史学、文化学、传播学和跨国主义的研究理论和方法，有宏观性的研究也有个案的研究，案例研究中选择了有代表性的国别如马来西亚、新加坡、泰国、菲律宾等国家华人社团的案例进行研究；有历史的也有现状的研究，并结合华人社团对提升中华文化软实力的助力作用，提出华人社团对于中华文化海外传播具有独特价值。能够发挥中国官方无法达到的、不可替代的作用，因此，要从中华文化海外传播的战略角度，善用海外华人社团的社会资源。

2. 关键概念

（1）华人

国内外许多专家学者从不同的立场出发有不同的解释。根据国籍法的定义，海外的移民可以分为华侨（持有中国国籍）、华人（已加入当地国国籍）、华裔（在中国本土以外地区出生、成长）。通常用“Overseas Chinese”指“华侨”，而东南亚学者在英文写作中常用“Ethnic Chinese”指代“华裔”，而在中文写作中用“华人”来指代华人自己。最早对“华侨”这一术语进行讨论的是王赓武教授。“二战”以前大多数华人认为自己是“华侨”，但现在他们已经是不同国家的公民了。如果用“Overseas Chinese”来指代全球华人似乎有些偏颇。近些年也有用“散居族裔”（Diasporas）来指称华侨、华人。但是中国的学者和大多西方学者仍然用“Overseas Chinese”来指代海外华人。陈志明教授认为“Ethnic Chinese 指

具有华人血统，且仍视自己为华人的族群”。[①] 为了行文方便，本书使用“华人”来包括华侨、华人、华裔。

（2）华人社团

社团即社会团体的总称，是当今社会一种普遍存在的社会组织形式，也是人类社会中最广泛的社会现象之一。在人类社会漫长的进化过程中，社团始终是人类赖以生存和发展的主要形式。离开了社团，就没有人类社会的过去、现在和未来。所谓社团，简单而言，就是对人和事物按照一定的任务和形式进行有效的组合。[②] 刘崇汉先生在《马来西亚华人社团》一文中有这样的表述：“华人注册社团（简称华团）是基于共同宗旨（包括地缘、血缘、业缘性原则或利益）而建立起来的传统性或非传统性组织。”[③] 这种定义主要是一种学术性的定义。华人无论走到哪里都会成立一些自愿团体。在中国，会馆一类的组织历史悠久，同一地域或同一行业的人会在城市中成立此类组织，以照顾成员的利益。作为社团，其集合华人之社会、文化、经济及政治需求的组织功能，对身处各地的华裔调适、适应居住国家的社会而言，显得至关重要。[④] 美国华人学者周敏说过：社会团体作为跨国活动的载体发挥着重要的作用，是个人身份寻求社会地位补偿的创造，它实现了“from nobody to somebody”的质变。

本书的研究对象“华人社团”，是指华人自愿结合的非营利性的合法团体。至于那些为了自身利益组织一些“特殊社会团体”或囿于多种原因加入一些旨在反对中华民族的反动组织、反对中国政府的政治性组织，这类华人社团则不属于本书考察和研究的对象和范围。

（3）华人文化

就渊源看，中华文化是海外华人和华人文化的根。但华人文化并不简单等同于中华文化，也不能看成是中国文明的分支，更不能被视为中国沿

---

① 陈志明：《迁徙、家乡与认同——文化比较视野下的海外华人研究》，商务印书馆，2012。

② 任进：《政府组织与非政府组织——法律实证和比较分析的视角》，山东人民出版社，2003。

③ 刘崇汉：《马来西亚华人社团》，《南洋学报》第53卷，1998。

④ 陈志明：《迁徙、家乡与认同——文化比较视野下的海外华人研究》，商务印书馆，2012。

海省份文化的变种。[①] 当然华人文化也不是简单地将中华文化与当地文化相加，而是“在中华传统文化的基础上，吸收融汇其他各种类型的文化，尤其是所在国本土文化和西方文化，在不同的自然的、人文的环境下生成和发展”。[②] 华人移居到海外，在异国的政治、宗教、文化环境的强烈影响下，血统、生活方式、习俗、语言、宗教信仰等都会发生变化，既有别于中华文化，也不同于当地国文化。诚如王赓武教授所指出的，“海外华人的文化的确都是源自华南诸省，但它们是在外国领土上华人的少数民族文化与主流民族文化碰撞的产物。看不清或忽视这个区别，就很难理解海外华人及其文化，华人的散居族裔文化更无从谈起”。[③]

---

① 王赓武：《华人与中国》，上海人民出版社，2013，第103页。

② 龙登高：《中华文化在海外的移植和分异》，《华侨华人历史研究》1998年第2期。

③ 王赓武：《华人与中国——王赓武自选集》，上海人民出版社，2013，第101页。

第二章　华人社团的历史脉络与现实分类

第一节　历史发展脉络

中国人移民海外已有上千年的历史。中国人与海外的联系可以追溯到秦汉时期。唐朝就有中国人移民海外，直到宋元交替时期出现了第一次的海外移民高潮。到明朝时移民海外的中国人已经遍及东南亚各地。17世纪初以后，海外贸易与移民的互动导致中国人开始大规模移民定居国外，逐渐成为华侨。随着华侨牵引亲友，相伴而居，繁衍子孙，久之成村落，成为唐人街区的雏形。唐人街区经过发展便形成华侨社会。移民增多之后，华侨就开始建造妈祖庙、土地宫、关帝庙等，这些既供奉从家乡引来的神祇又成为祭奉和聚会的场所。由庙宇再发展出各类的神缘、地缘、族缘等各类社团。社团也因此成为华侨社会的核心。[①] 经过数百年的变迁，"华侨社会"逐步向"华人社会"转变，逐步融入所在国社会中。早期的华人社团也是中华文化在海外最直接的体现者、传承者和传播者。华人社团中传达的认祖归宗意识和儒家思想的价值观，以及对海外华人社会秩序的确立，等等，无不体现着中华文化巨大的影响。可以说，中华文化是华人社团最早建立的基础和华人族群认同的文化根基。接下来我们将分析华人社团发展的三个阶段。

---

① 庄国土、刘文正：《东亚华人社会的形成和发展》，厦门大学出版社，2009，第235页。

一 华人社团的草创

1. 早期华人社团组织的形成

根据马斯洛的需求层次理论，当生理上的需要和安全需要得到满足后，社交需要就会凸显，进而产生激励作用。在马斯洛需求层次中，社交需求这一层级是与前二层级截然不同的另一层级。这一需要如果得不到满足，就会影响人的精神，导致高缺勤率、低生产率、对工作不满及情绪低落。华人到海外谋生，当生活安定以后，社交（爱与归属）的需要就凸显出来了。

从明代开始，在海外定居的华人日益增多。先在海外定居的中国人以男性居多，因为传统不允许妇女移居海外。传统的儒家思想也使他们必须经常返乡孝敬父母。随着国内政治形势的变化、社会的动荡，许多女性开始随着丈夫出国，这使得华人社会（男女比例）趋向稳定。因为生存的需要、孤独的情感，以及在落难时能够有靠得住的人互相帮忙，华人开始把自己的宗亲移民到海外。最早出国的华人常常来自同一个地方，比如福建、广东。而每个地方又细分为不同的方言群体。此外，当地的统治者“以华治华，分而治之”的政策导致华人与本地人分开居住，并在华人中选举华侨首领“甲必丹”来管理华人。华人社会常常是按照方言群地区而非是按照省籍来划分，比如福建（主要指闽南方言）、广府、潮州、客家、海南五大方言群体。因此，海外的华人社会里，操着同一种方言，来自同一个地方的人居住在一起，呈同乡聚居状态。“早期来自中国各地移民为居住和谋生的方便，基于地缘、族源、神缘等因素，彼此结成团体，在异域守望相助，共谋生存和发展，社团遂以产生。”①

在方言群基础上成立的同乡会馆与以宗亲关系为主的宗亲会馆，二者都是早期华人社团的主体。中国封建社会中的主要社会结构就是宗族。封建社会的宗法制度和遍布各个乡村的宗族组织对每个中国人的影响是深入骨髓的。中国人即使走出国土到了异域他乡，仍然会按照原乡地的宗族组织结构根据血缘关系建立相应的宗亲组织。宗亲会是以同宗为基础结合而

① 庄国土：《论早期东亚华人社团形成的主要纽带》，《南洋问题研究》2010 年第 3 期。

成的。所谓“同宗”，包括了五服内的世系群，五服外的“堂亲”或“族亲”，而其极限则远及实际上毫无关系的同一姓氏的个人。在早期海外华人移民社会里，五服内的世系群实际上并不存在。移民多为单身汉，其父老妻儿仍留在家乡。因之，不可能建立真正血缘关系的宗族组织，只能建立以同宗为基础的宗亲组织。由于同一姓氏的移民在同一移居地往往人数不足以构成单独的宗亲组织，因此海外姓氏宗亲组织常采取数姓联宗的办法。①

海外华人社团最早的雏形可追溯到江西侨商 1623 年创立的日本长崎兴福寺。起初以寺庙为基础建立组织，人数不多，内部结构也很简单。这些寺庙既是华侨宗教信仰的精神支柱，也是以神缘作为纽带团结华侨的团体。而由福建人甲必丹郑芳扬于 1673 年创立的马六甲青云亭，则是东南亚早期的华人社团中最负盛名的。青云亭以祀奉观音为主，也叫观音亭，同时也兼拜大伯公、土地神、关公等。“青云亭”即含有通贸积财、青云直上之意。1894 年刻立的《重修青云亭碑》中说：“亭以青云名，意有在也。想其青眼旷达，随在寻声救苦，慈云远被，到处拯厄扶危，而因以取之乎。”② 这说明了早期华侨希望青云亭成为他们在当地“拯厄扶危”、互助合作的场所。借鉴李明欢对早期青云亭功能的归纳：其一，青云亭供奉大量华人先民的牌位，是当地华侨祭祀祖先神灵的地方；其二，青云亭附设有义山，并主持办理克死当地华侨的丧葬祭奠；其三，青云亭渐次增设的议事堂、慈善堂等，既为华侨排难解纷，消除争端，也起着救苦恤贫、团结侨社的作用；其四，青云亭还附设有义学，专门招收当地的华侨子弟入学，传授中华文化。③ 如今青云亭拥有可观的动产和不动产，并有各街小寺庙、公墓、义学、慈善堂等一系列附属设施，负责全马来西亚的事务。因此，这种神缘性的团体寺庙，实际上已经具备了亲缘性、地缘性、业缘性、物缘性会馆的社会功能。由此可见，早期华人社团以寺庙的形式出现，但是其实际行为已超出了宗教仪式的范围。

---

① 丘立本：《从历史的角度看东南亚华人宗乡组织的前途》，《华侨华人历史研究》1996 年第 2 期。

② 陈铁凡、傅吾康合编《马来西亚华文铭刻萃编》，马来亚大学出版部，1985，第 259 页。

③ 李明欢：《当代海外华人社团研究》，厦门大学出版社，1995，第 27 页。

2. 19 世纪中叶至 20 世纪中叶华人社团的发展

19 世纪后，由于欧美国家在东南亚殖民扩张的需要，大量中国劳工进入东南亚各国，使得华侨社会的人口迅速增加，华人社团的种类也相应增加。这个时期华侨间的行会组织开始出现。华侨移民到异国他乡，通过宗乡组织、方言会馆和宗教寺庙来实现彼此之间的互助与关心。在此基础上，华侨也希望在同行业的人群中建立一种组织，来协调他们在该行业遇到的问题、困难，以及互通行业信息，即来源于中国传统社会中的行会组织模式就被搬到了海外的华人社会中。新加坡北城行是新加坡的第一个业缘社团，它于 1869 年成立，依附一座“鲁班庙”，以广肇籍从事建筑行业的华侨为主。

19 世纪末 20 世纪初，中华总商会开始出现在海外华侨集中的地区。晚清政府为了拉拢和控制海外华人社会，先后在海外华人社会中建立了数十处领事馆。在清朝政府的扶持下，海外华人社会陆续建立中华总商会，作为领事馆的外围组织和华人社会的最高社团。海外华人中华总商会的作用主要有四个方面。一是成为领事馆的外围机构，并代表华人社会对外交涉。总商会是合法社团，有权代表当地华商与当局交涉，对一些限制和歧视做出抗争。二是协调华人社会的内部矛盾。总商会与同时期的各个会馆相比，更具有代表性，隐然凌驾于各种方言、地域、血缘的社团之上，而且商会的政治色彩不那么浓烈。另外，商会在举办华埠慈善事业、筹办文化机构等方面也发挥了相当大的作用。三是为清朝政府所利用，对抗海外反清活动。总商会的要职几乎都由当地华人社会的上层人物担任。中华总商会向当地政府申请豁免注册，却向清朝商部备案核查，接受商部的章程与指导。实际上商会领导几乎等于清朝官员，维新党或革命党人很难争取到华人社会上层人士的实际支持。四是组织社团活动，作为中介机构沟通华人与祖国的关系。举凡国内号召赈捐救灾、回国投资，皆由总商会出面协调组织。从民国初年到抗日战争，海外总商会都发挥了巨大的作用，是联系海外华人社会和祖国的纽带。①

---

① 庄国土：《论清末海外中华总商会的设立——晚清华侨政策研究之五》，《南洋问题研究》1989 年第 3 期。

总之，这个阶段的海外华侨华人无论在政治上还是在文化上都认同中国和中华文化，身份上也认为自己是中国人。而华人社团就是海外华侨华人保持和传承中华文化，与祖国交往联系的重要媒介。

二　华人社团的本土化

1. 何为华人的本土化

曾玲认为，移民到世界各地的海外华人社群，虽然承袭由中国祖籍地带来的传统文化，然而因时代的演变，以及当地自然与人文环境的调适，各地的华人社群无论在语言、物质、生活方式、思想信仰等文化内涵，或是在制度、规范、结构等社会面向，往往发展出各自不同的社会文化变异现象。这种以移民带来的传统文化为主，同时因应移民所在地的特殊历史社会环境所产生的文化变异，可以定义为华人社会的本土化。[①] 陈志明则认为华人的本土化有别于全球化理论，是指“使之具有地方性，包括对地方地理和社会环境的文化调适，以及本土认同的形成。文化适应不仅包括受地方力量影响的被动过程，同时也是积极的参与和创造。本土化存在着文化维度的本土化，即文化本土化；同时也存在着意识层面的本土化，亦即成为本土的一部分并认同于其中”。[②] 华人无论将家安在哪里，他们都会在居住国的环境下被本土化。例如，我们常常会听到华人被美国化、被印尼化或者被泰化，等等。简而言之，海外华人在居住国，要融入当地的政治、经济、社会文化生活等方面，就要学习当地的语言、接受当地的风俗习惯等，这一过程即为本土化。即使是在全球化席卷世界的背景下，海外华人社会早已存在的本土化进程仍一直在继续着。

2. 华人社团本土化的渊源

20 世纪 50 年代，国际环境错综复杂，两大阵营对立，帝国主义阵营对新中国的敌对与封锁也影响到了海外的华侨华人。1955 年中国政府与印度尼西亚政府签署合约，不承认双重国籍，允许当地华侨自由选择国

---

① 曾玲：《新加坡广惠肇碧山亭的建立及其社会文化意义》，《新马华族文史论丛》，新加坡：新社，第 227~250 页。

② 陈志明：《迁徙、家乡与认同——文化比较视野下的海外华人研究》，商务印书馆，2012，第 4 页，

籍，选择当地国籍的华侨就必须放弃中国国籍。1957 年当时的中侨委主任廖承志说到，中国政府的国籍政策“是为侨胞的长远利益着想，鼓励更多华侨加入当地国籍，在当地生根”。[①] 至此，海外华人的国家认同发生了重大变化，“华侨社会”转变为“华人社会”，“落叶归根”转变为“落地生根”。1956 年新加坡中华总商会董事公开表示“我们是马来西亚华人而不是华侨”的观点，表明了“华侨”时代的结束，“华人”时代的到来。华人社团的社会功能也相应进行了调整，开始转为面向当地社会。而今，半个多世纪过去了，海外华人社团的本土化进程依然继续发展并不断完善。海外华人只有融入当地社会，才能在当地国站稳脚跟并为自己的族群争取正当的权益。

3. 华人社团本土化的表现

海外华人本土化的一个首要问题就是如何重新界定与祖籍国的关系，并确立自身在当地国社会中的定位。在这个过程中，华人社团的性质和功能也做出了调整，逐渐地由原来对祖籍国的关注转向对居住国的关注。无论是社团的参政意识，还是投资、捐款等，都体现了华人社团的本土化。1966 年新加坡中华总商会成立六十周年时，会长孙炳炎就谈道，“……首先从华侨团体的性质转变为华人团体，其次是服务对象也从华人团体扩大而为整个社会、整个国家。这种显著的进步，适足以看出新加坡的华人，已经具有适应新时代的新观念。……当前新的形势要求本会扮演的角色，不仅是一个为华族服务的华人团体的角色，而且是一个为全国各族人民效劳的华人团体的角色”。[②]

政治上，华人社团参与当地国政治意识不断加强。在新加坡，华人社会的最高组织中华总商会参与了 1955 年新加坡的第一次民主选举，巩固了华人对当地的归属感。在马来西亚，华人社团一直积极参与当地政治。1990 年全马华人社团的最高领导机构马来西亚中华大会堂联合会成立是华人社团与当地政府关系发展的关键点。虽然华人社团无法成为华人政党，但在维护华人权益方面做出了贡献。印尼的华裔总会在印尼政府取消

① 廖承志：《在 1957 年中侨委第二届第一次全体委员会议上的讲话》，《侨务政策汇编》第 3 辑，1981。

② 《新加坡中华总商会庆祝钻禧纪念特刊》，新加坡中华总商会，1966。

原住民和非原住民的差别后，在政治表现上愈发积极，不仅主动参与和协助了印尼 2006 年新国籍法和 2008 年反歧视法令的颁布，更成为当今每届总统候选人进行交流、沟通、对话以争取华族支持的重要对象。[①] 欧美地区华人社团的参政意识一直以来比较明显。2013 年 1 月，美洲中华青年促进中国和平统一联合会、全美中华青年联合会、美华国际青年商会、全美华裔优秀青年联谊会等全美多个大型华人社团联合发表公开信，强烈谴责美国国务卿希拉里发表的有关钓鱼岛问题的言论，呼吁美国政府慎重考虑全美华裔的立场和中国政府维护钓鱼岛主权的决心，更不要忘记日本在历史上发动侵略战争的史实和本质，以确保东亚地区的和平与稳定，并构建符合美国长远利益的美中关系[②]。

经济上，华人社团扮演着促进华人融入当地社会经济的重要角色。在菲律宾，传统型的华人社团大多已在其组织宗旨中加入"谋求菲国经济发展"、"繁荣菲国经济建设"和"促进地方经济建设发展"等新内容。于 1954 年成立的商总，在其组织宗旨中明确提出："协助促进菲律宾工商事业之发展与成长，鼓励对农业之投资以加速农村之发展。""衷诚与菲律宾政府合作，支持政府的经济发展及其他种种方案。"足见其经济功能取向的转变。因此，这类华人社团都纷纷与菲律宾工商界加强联络，谋求在菲律宾经济建设中发挥更大作用。[③]

文化教育上，华人社团做了相应的调整以适应当地社会文化需要。新加坡宗乡总会近来修改了自 1986 年成立以来的总会章程，明确指出总会在弘扬华族文化及价值观的同时，也将肩负起促进社会和谐以及种族融入的责任。[④]

从以上分析，我们可以看出本土化的过程不仅是客观环境所造成，更是华人为适应当地社会的主动选择，他们将本土化作为适应新环境的一种有效策略。而华人社团作为华人社会的重要组织，在本土化的进程中起到

① 《印尼华裔总会成立 14 周年》，（印度尼西亚）《国际日报》2013 年 4 月 11 日。

② 《美侨团公开信强烈谴责国务卿希拉里关于钓鱼岛的言论》，http：//home. aacyf. org/info/info_ detail. asp？intArticleid = 607&intSortId = 7。

③ 宋平：《论战后菲律宾华人社团的当地化》，《厦门大学学报》（哲社版）1995 年第3 期。

④ 《宗乡总会第 26 届会员大会通过修改章程》，新加坡宗乡会馆联合总会编《宗乡简讯》第 74 期。

了重要的作用。

三 华人社团的再华化

1. 何为华人的再华化

随着中国的崛起，华人新移民人数的增长，东南亚一些国家（如印尼、菲律宾、泰国）一部分土生土长的华人群体出现“再华化”的现象。刘宏将“再华化”定义为“东南亚土生土长的华人对华人文化和身份认同的再确认或新寻求（包括同中国及祖籍地联系的建立与强化）”。[①] 当然，此“再华化”并非“再次中国化”，更不是让海外华人“落叶归根”回归中国。正如京都大学东南亚研究所教授施蕴玲（CarolineHau）所界定的，再华化是指“那些被贬值的、被封闭的和被压抑的华人性（Chineseness）的复兴，广义地说，它指的是在东南亚和其他地区华人更为公开和活跃、被接受和更强的自信心。”

2. 华人社团再华化的原因及表现

19 世纪末 20 世纪初在新加坡、马来西亚曾经掀起了一系列的“华人再华化”的运动（Re-Sinicization）。当时的海峡殖民地（新加坡、槟城、马六甲）在英国殖民统治下逐渐“西化”。华人社会中的上层知识分子为了唤醒华人族群的华人意识，掀起以传统文化为基础的改革和中华文化复兴运动。当历史进入当代，在东南亚一些国家再次出现了“再华化”的现象。华人通过学中文和中华文化来重新确认自己的华人文化认同，而华人社团作为华人社会中的重要支柱起到了关键的作用，从而使华人社团也呈现“再华化”现象。笔者归纳为三个方面的原因：

一是华人性的再次复苏。无论在哪落地生根，海外华人心中对自身的身份认同、族群认同、文化认同的火苗是永不熄灭的，这是华人族群的特质。不管是客观的被压抑，或是主观上的“西化”，华人族群对“我是谁”这个问题的探究，追本溯源，最终都会回归到中华文化中去。另一方面，新移民群体的增多也促进了华人社会对中华文化的认同。

---

① 刘宏：《中国崛起时代的东南亚华侨华人社会：变迁与挑战》，《东南亚研究院》2012 年第 6 期。

二是随着中国国际地位的提高以及中国向外输出移民的增多，中华文化在世界各地得到更为广泛的传播，这促使当地华人对中华文化的认同加深。中国的日渐崛起使得越来越多的人，其中既包括华人也包括非华人的当地居民开始学习汉语。例如在马来西亚，越来越多的马来人以及土著人会把自己的子女送到华校接受教育。不论是出于实用价值的功利目的，或是发自内心对中华文化的向往，这都反过来促进华人对中华文化的自豪感和认同感。马来西亚的华人社团在传播中华文化中所做出的努力和获得的成果有目共睹。马来西亚华社资料中心、沙捞越华族文化协会、沙巴华人文化协会等社团组织的成立，在保护和弘扬中华文化、华人文化中起到了重要的作用。

三是华人所在国家政治环境的宽松。以印尼为例，1965 年“9·30”事件后，印尼的华人社会受到极大的冲击，作为华社三大支柱之一的华人社团也陷入低潮。除了极少数的同乡会或以基金会名义成立的华人社团，以及一些宗教和慈善组织被允许活动外，绝大多数华人社团不允许存在和复办。1998 年“五月骚乱”后印尼华人社团渐渐涌现。据不完全统计，1998 年后出现的新的华人社团大约有 700 多个，如果再加上在苏哈托时期留下来的近 200 多个，目前印尼华人社团共计有 1000 多个。[①] 2000 年之后，印尼成立了 400 多个华人社团，出现了十余份华文报纸，以及 50 多个三语（印尼语、华语和英语）学校。2000 年印尼全国人口普查中，仅有 240 万即全国总人口的 1.2% 承认自己的族群身份为华人，而到了 2010 年，这一比重增加至 3.7%，即 880 万承认自己为华人。[②] 印尼西加孔教总会为当地华人的生存与发展做出了许多贡献，而且还带领华人发扬、扩展中国传统文化的核心要素，传承中国的传统习俗。其表现之一是组织和开展每年一度的“烧洋船”活动。其中谒祖、拜义冢、恤孤等一系列的活动激发了华人族群文化认同的意识。

---

① 郑一省：《当代印尼华人社团与中国的软实力建设》，《东南亚研究》2012 年第 3 期。

② 刘宏：《中国崛起时代的东南亚华侨华人社会：变迁与挑战》，《东南亚研究院》2012 年第 6 期。

第二节　现实分类体系

海外华人社团如何分类是我们研究的一个基础。海内外学者基于自身的研究对华人社团的分类各有千秋。

1. 西方学者的分类

麦尔福德（Melford Weiss）等一些西方学者将华人社团分为传统主义（来自大陆的移民成立的社团主要是宗亲馆、会馆、中华公所）、现代主义（出生在当地的华人成立的社团主要是文体俱乐部或者同学会）和激进主义（否认自己是中国人，不组织社团，而是加入当地国的主流社团，融入主流社会）三大系统[①]；魏安国（Edgar Wickberg）在研究菲律宾华人社会的时候把菲律宾的华人社团分为中式社团（血缘、地缘、业缘、秘密会社、寺庙等）和西式社团（商会、防火会、校友会、教会等）两大类。有些学者将华人社团按主要功能分成20类，除了传统分类之外，还分成武术团体、医药团体、艺术团体等。[②]

2. 华人学者的分类

颜清徨（《新马华人社会史》）把早期新加坡、马来西亚的华人社团大致分为方言组织、宗亲组织和秘密会社三类。刘宏也将新加坡华人社团大致分为地缘（方言）、血缘和行业组织，“这种侧重点跟海外华人社会的一般模式相一致”。“地缘组织或会馆的原则就是同乡（包括省、县、村，有时是方言或两者的结合）；宗亲组织，是根据实在的或虚拟的血缘关系而建立；同业公会，代表那些从事同种商业或经济活动的人士。”[③] 李亦园则把华人社团组织分为方言性或地方性社团、宗亲会或地区性宗亲会、职业公会、俱乐部及娱乐文化社团、宗教及慈善社团、全社会学社团等六类。[④]

① 参阅 Melford Weiss, *Valley City: A Community in America*, Cambridge, 1974.

② Edgar Wickberg, “Chinese Organization in Philippine Cities Since World War Ⅱ: The Case of Manila”, Paper prepared for the LDSG Conference.

③ 刘宏：《战后新加坡华人社会的嬗变：本土情怀·区域网络·全球视野》，厦门大学出版社，2003，第74页。

④ 李亦园：《马来西亚华人社区领袖之研究》，《东南亚华人社会研究》（下册），台北正中书局，1985，第63页。

3. 国内学者的分类

国内学者李明欢认为社团的分类“可以根据不同的标准做多种划分：依照社团成员的联系纽带，可以分为血缘、地缘、业缘、文缘、神缘、情缘团体等；依照社团的组织规模，可以分为地区性、全国性、世界性社团等；依照社团的主要功能，可以有政治、经济、文教、联谊、服务等划分”。[①] 她将海外华人社团作为一个整体，根据不同的专题需要对华人社团进行分类。宋平将菲律宾华人社团分为血缘团体、地缘团体、业缘团体、政治团体、文化团体、宗教团体、公益慈善团体、联谊互助团体、全社会性团体。[②]

一些中国大陆学者将海外华人社团分为血缘、地缘、业缘、会党和联谊等五类；台湾侨史学界则将华人社团分为综合团体、乡族团体、社会团体、职业团体、文教团体、政治团体、救国团体等七大类。在这些名目繁多、着眼点不同的分类中，最基本的有三种，即地缘性组织、血缘性组织和业缘性组织。

4. 本书对华人社团的分类

根据颜清徨先生和我国其他学者的划分方法，以及海外华人社团目前的发展状况，本书将把华人社团大致分为六类：地缘性社团（方言会馆或乡团）、血缘性社团（宗亲会馆）、业缘性社团、宗教慈善社团、文化社团、新移民社团。[③]

本书所采用的海外华人社团分类体系及研究案例如表 1。

表 1　海外华人社团的类别及案例

海外华人社团类别	案例
地缘性社团	新加坡福建会馆
血缘性社团	马来西亚沙捞越彭城刘氏公会

① 李明欢：《当代海外华人社团研究》，厦门大学出版社，1995，第 22 页。

② 宋平：《承继与嬗变：当代菲律宾华人社团比较研究》，厦门大学出版社，1995，第 4 页。

③ 本书中，因为研究的重点在中华文化的传播，所以华人社团的宗教社团不包括教会组织。

续表

海外华人社团类别	案例
业缘性社团	菲律宾商联总会
宗教性社团	泰国华侨报德善堂
文化社团	马来西亚沙捞越华族文化协会、马来西亚华社研究中心
新移民社团	泰国华人青年商会、新加坡华源会、美国华人社团联合会

在华人社会的各类社团中，以血缘（宗亲）、地缘（同乡）和业缘（同行）为最多，约占社团总数的90%以上。一般而言，早期的海外华人社团在组建的时候会依照中国传统的血缘、地缘、业缘和神缘来区分，也就是根据亲属关系、地域关系、方言、行业关系、宗教信仰等区分。地缘性社团、血缘性社团、业缘性社团、宗教性社团是传统华人社团的典型，与中国传统文化有着密切的联系。而文化社团和新移民社团是在20世纪七八十年代后出现的两种区别于传统型社团的新型社团。

血缘性社团，是指血缘性的宗亲组织，也俗称宗亲会。其任务主要是举行一些中华传统文化如祭祀和春节团拜等活动，以此来联络宗亲的感情。同时也举行一些其他活动，其中重要的如提供助学金、奖学金和贷款给会员子女。

地缘性社团，是指以国内原籍所在地的省、县、乡为名称和单位而形成的地域性组织，这类组织大多称为会馆，也有称同乡会和公司的。其主要任务是举办学校、奖优助贫、捐款赞助家乡建设、排解纠纷、举办公益慈善事业，有的会馆还举行祭祀活动。

业缘性社团，是指各行业所组织的工商行会。行业社团组织可分为商人组织的行业商会和工人组织的行业公会或工会。商人成立商业公会完全是基于商业的利益，其目的是联络同业的感情，团结同业，以谋事业的发展；工人组织的行业公会，其宗旨是谋求工友间的合理待遇及其他福利。在职业工会成立以前，这类行业组织曾扮演重要的角色。

宗教慈善社团，是指海外华侨华人依靠同样的宗教信仰组织在一起，而大部分的宗教信仰来自中国，依托中华文化，如中国化了佛教、儒教、道教等中国民间传统宗教，这些宗教性社团在医疗、救济、社会公益事业等方面都做了不少好事。因此，华人宗教社团多从事慈善活动。

文化社团，华侨华人文化体育社团繁多，以弘扬中华文化、砥砺青年品德、锻炼身体为宗旨。如各地设立的图书馆、书报社以及学术团体；各地成立的励志社、篮球会、足球会、羽毛球会、游泳会、健身会和传授中国功夫的精武体育会，等等。

新移民社团，是指 20 世纪 70 年代以后，随着世界格局的变化与中国改革开放后放宽出国限制形成的移民群体，在借鉴传统型华人社团的基础上，建立的新的华人社团。新移民初到移居国后，与在当地生活了几代华人之间难免有隔阂。在异国他乡，他们需要建立新移民群体的组织来联络感情，互相帮扶。新移民社团正是在这样的背景下产生的。

华侨华人社团是通过血缘（宗亲、血亲）、地缘（同乡）、业缘（同行）以及宗教等关系组织起来的，不但是华侨华人不同帮派各自利益的代表者和维护者，也是华侨华人社会相互扶持的自助性组织。各种社团的功能虽有所不同，但都因为有民族的共同利益而具有凝聚力，在华侨华人社会发展的历史过程中发挥了重要作用，在传播中华文化中各自贡献出了自己的力量。

第三章　和而不同的中华文化传播机制

第一节　分析维度

随着华人移居海外，中华文化也广泛传播开来。其中华人社团作为联结海外华人的纽带，在传播中华文化方面起到了重要作用。而这些以地缘、血缘、业缘、神缘、文缘等因素组成的海外华人社团通过不同的方式将中华文化传播到移居地，并且在传播内容和传播效果上各有差异，形成各具特色的中华文化传播道路。

新加坡南洋理工大学研究员李元瑾在比较新加坡、马来西亚、印尼三国在传播中华文化的差异后指出，三国分别采取了政治主导的“以文保根”、教育主导的“以校保根”及宗教主导的“以教保根”模式，认为三国在中华文化的传播过程中经历了从同轨到分道，从互动到疏远，从中国元素主导到本土元素主导的变化，在受到西方文化与回教的文化挑战时，都做出了积极反应，并不同程度上保留了中华传统文化。[①] 尽管在传播中华文化上存在差异，但是从传播内涵上看，有共通的一面，因此在研究华人社团传播中华文化的机制方面，需要结合不同类型的华人社团的传播活动进行总结归纳。

要探讨华人社团传播中华文化的机制，首先要了解“传播”的概念，学界关于“传播”的定义有很多，其中霍本（Hoben）认为，“传播是以言语交换思想或观念”，伴随着这种交换行为，一个人原有的思

① 万来志：《中华文化的跨境传播：“海外华人研究”国际学术研讨会综述》，《华侨华人历史研究》2014 年第 1 期。

想或观念也就变成与他人共同拥有的思想或观念。[1] 这种定义着眼于传播的内容信息的共享。而文化传播是“人类特有的各种文化要素传递扩散和迁移继转的现象，是各种文化资源和文化信息在时间和空间中流变、共享、互动和重组，是人类生存符号化和社会化的过程，是传播者的编码和解读者的解码互动阐释的过程，是主体间进行文化交往的创造性精神活动”。[2]

美国政治家哈罗德·拉斯韦尔（Harold Dwight Lasswell）在1948年发表的《传播在社会中的结构与功能》一文中，阐明了社会传播的三大功能，分别是环境监视、社会协调以及文化传承。在海外华人社会中，环境监视的功能主要由以华报为代表的大众传媒机构负责；社会协调的功能主要由政府机构承担；文化传承的功能则是以华人社团为核心，华校、华报等共同承担。在这个意义上，海外华人社团担负着实现中华文化海外传播的社会功能的任务。

哈罗德·拉斯韦尔在阐释社会传播的三大功能的基础上，将传播过程分为五大要素，即“五W理论”，这五个W分别是英语中五个疑问代词的第一个字母，即：Who（谁），Says What（说了什么），In Which Channal（通过什么渠道），To Whom（向谁说），With What Effect（有什么效果）。

这个过程模式虽然带有单向性和直线性的缺陷，但它明确勾勒出了传播学研究的五个主要领域：控制研究、内容分析、媒介研究、受众研究和效果研究。[3] 按照“五W”的传播模式，要探讨华人社团传播中华文化的机制也需要从这几个方面着手分析。

从文化的传播者来讲，每个人都是文化的个体，当华人移居海外时将耳濡目染的文化习惯带到移居地，成为中华文化的潜在“知识传播者”。华人社团成立的宗旨虽然不同，但有着鲜明的文化联结烙印。在华人社团发展比较成熟的阶段，具有超帮群性质的文缘性社团在强调文化传播方面更为明显。比如马来西亚华社研究中心一直以“发展民族文化事业，以

① 周晓明：《人类交流与传播》，上海文艺出版社，1990，第3~4页。
② 庄晓东主编《传播与文化概论》，人民出版社，2008，第3页。
③ 周庆山：《传播学概论》，北京大学出版社，2004，第9页。

推动文化学术活动，弘扬华族文化”为社团发展的主要任务。[①] 在传播内容上，中华文化细分为中国价值观、中国文学、中国历史、中国民俗等，在不同的国家和地区传播内容的侧重并不相同。在分析海外中华文化传播内容方面，应根据文化层次理论，不仅包括饮食、建筑、服饰等物质文化，也包括制度文化、行为文化，更包括华人在行为过程中产生的风俗习惯、文化心理等心态文化。[②]

在传播渠道上，地缘、血缘等华人社团通过宗亲和族群联系，加强新老社团成员的交流；神缘性社团则以宗教和民间信仰活动为主，并且在发展的过程中，受到当地社会文化差异的影响，将宗教活动扩展为宗教慈善活动，扩大了活动的范围和对象，提高了在整个社会的认可度和影响力。中华文化的表现形式多种多样，根据不同的载体，华人社团也采用了不同的传播方式，比如支持华校兴学传播华文教育；举办多种多样的民俗活动；利用大众媒体的力量，支持华报发展，在华人社会形成良好的传播氛围。

此外，还应注意意见领袖的作用。意见领袖广泛分布于社会各个阶层，一般与被影响者处于平等关系，而且社交范围广，信息渠道多，对大众传播信息接触量大，在大众传播效果形成过程中起着重要的中介和过滤作用。大众传播的内容往往是由大众传媒流向意见领袖，然后在其与人进行交往时，影响他们要影响的人。[③] 各个华侨社团的领袖在传播中华文化方面起到重要的媒介作用。

在受众分析上，包括对受众原有文化结构和文化接受心理、受众对中国及中国文化的认知水平等方面进行分析，寻找不同传播效果造成的个体差异和共性特征。血缘性社团存在新老成员的层次结构，老成员通过言传身教将上一辈的中华文化传承给下一代，完成代际的传递过程，进一步扩大中华文化的传播范围。业缘和文缘性社团则通过具有较为明确的活动内

---

① 文平强主编《乘风破浪济沧海·华社研究中心二十周年　1985—2005 纪念特刊》，吉隆坡：华社研究中心，2005，第 1 页。

② 廖典：《孔子学院海外文化传播策略研究：基于马达加斯加孔子学院的调查分析》，2011，第 24 页。

③ 廖典：《孔子学院海外文化传播策略研究：基于马达加斯加孔子学院的调查分析》，2011，第 22 页。

容进行传播，受众接受文化的程度也千差万别。比如海外华人商会组织及工会组织、行会、同业公会等都是典型的海外华人业缘性团体。此外，校友会在一些节日活动、晚宴活动中也体现着中华文化的元素，各类校友会发挥着校友自身素质高、融入主流社会快的优势将中国文化带到世界各地，同时也吸收其他文化，不同文化之间的碰撞、融合让世界更为进步。

在效果分析上，传播效果或反馈是指受众对传播者所传信息的反应或回应。根据受众分析的反馈，从认知的改变和行为的改变上研究中华文化传播的效果。对中国文化的认知、态度和行为做对比分析。一是对受众对中华文化的态度、立场、观点、倾向等进行研究。二是在中华文化的影响下，移居地自身的文化与中华文化融合交流，形成独具特色的当地文化，从而推动国家和地区间的合作交流。

此外，美国传播学家提奇诺提出的“知识沟”理论认为，“由于社会经济地位高者通常能比社会经济地位低者更快地获得信息，因此，大众媒介传送的信息越多，这两者之间的知识鸿沟也就越有扩大的趋势”。[①] 因此，在效果分析时，不仅要分析社会精英的文化接收，更应考虑普通大众的信息获取情况，全面把握海外中华文化传播机制。

华人社团传播中华文化的机制不断地进行自我调适，中华文化在传播的过程中与当地文化不断交流碰撞，并吸收融合，形成各具特色的移居地华族文化。分析各类华人社团的中国文化传播机制，将有助于我们从整体上把握海外中华文化传播情况，并从中归纳总结出共性和特性，在文化传播的带动下，促进国家地区的和谐发展。

第二节 传播机制

一 地缘性华人社团

海外华人社团是建构华人社会的基石，是研究海外华人社会文化首先

---

① P. J. 提奇诺等：《大众传播过程与知识增加的分化》，《舆论季刊》1970 年第 34 卷第 2 号。

就要面临的重大课题。而在这些数以万计的华人社团中，地缘性社团无疑是数量最多、建立最早、影响最大的一类，它们的建立缘于从中国带来的对乡土的眷恋和根深蒂固的地缘情结，它们的身上深深地打上了中华传统文化的烙印。所以，这些地缘性社团建立之后所开展的各种活动，都明显地体现了中华文化的特点，这为中华文化在海外这片新的土地上生根发芽、传承、发展并传播至更远的地方提供了契机。

（一）海外华人地缘性社团概述

1. 海外华人地缘性社团的历史渊源

中国人移民海外尤其是南洋地区的历史由来已久，从唐代开始算起，已有上千年。自明代以后，更多的人走上远赴重洋、到异域他乡谋生的道路。当他们经历千难万险到达南洋这片陌生的土地时，生存何其艰难，于是许多人以地域为纽带开始互帮互助，在这片土地上打拼求生。历史上，朝廷对华侨的敌视态度，使这些海外的炎黄子孙出国之后再难返乡，许多华侨虽希望叶落归根，可最终客死异乡。于是，为处理他们的身后事，许多同乡开始建立一些义山以掩埋这些客死者，并组织了相应的团体专门管理同乡华侨的丧葬事宜。后来，又因对故土神灵的共同信仰建立了许多寺庙、宗祠。这些机构算是海外华人社团的雏形。

久而久之，在华人聚居区慢慢出现了一个个具有鲜明中华传统文化特色的社会性组织，它们“都是以原来故乡故土之地缘、血缘关系为组团结社的天然纽带，并且以同乡、同宗之间的互助互帮、祈神庇护、恤死送终作为团体组织活动的主要内容”。[①] 其中，中国人的乡土之思历来深厚，这种对故土的眷恋之情在远隔重洋的异国则表现得更为明显，所以以地缘为纽带的社团在整个海外华人社会中占有极其重要的地位。

2. 海外华人地缘性社团的发展历程

为了帮助同乡处理身后事，早期华人社会以地缘为纽带建立了各自的义山、寺庙。但是随着华人社会内部事务增多，又因殖民政府放任不管，这些义山、寺庙渐渐开始承担一些社会、教育事务，比如为华侨排难解纷、救苦恤贫、建立义学等。青云亭是迄今所知的马六甲第一座华人寺

① 李明欢：《当代海外华人社团研究》，厦门大学出版社，1995，第31页。

庙，由马六甲第二任华人甲必丹、富商郑芳扬于 1673 年建立。虽然青云亭看来只是一座供奉观音的寺庙，但是它在以后的两百多年的运作和发展中，逐渐显示出华侨社团的许多功能。

18 世纪中国本土的天地会传入南洋，这种结义的秘密会社形式的组织适应了移民社会的需要，在南洋地区普遍建立起来。

这些义山、庙宇、秘密会社虽然在许多时候起着管理华侨社会的作用，但在宗旨纲领、组织结构等各方面都不健全，于是随着移民社会的发展，在这些地缘性机构的基础上，宗旨纲领明确的、组织结构完整的、公开的、正式的地缘性社团纷纷建立。

3. 选择新加坡福建会馆为案例的原因

前文已述，海外华人地缘性社团自带的中华文化特色决定了它们所组织的活动有助于中华文化的传播，传承与弘扬中华文化本身就是此类社团的功能之一。然而，这成百上千，甚至是成千上万的地缘性社团在传播中华传统文化这一点上所做的努力，毫无疑问是有相似之处的。所以，选择一个极具代表性的华人地缘社团，通过对这一个具有典型意义的社团活动的解剖分析来研究地缘性社团的中华文化传播机制，不仅省时省力，而且能够取得更好的效果。

新加坡因其优越的地理位置，自开埠以后迅速发展，吸引了大批商人前来经商，逐渐发展成为一个多元种族和文化的区域性大都会。在殖民地时代，新加坡华人社会就在整个东南亚华人社会中非常活跃，可以说新加坡是东南亚华侨社会许多活动的中心。在独立建国之后，虽然它是中国以外唯一一个以华人为主体的国家，但是由于政府压制华族文化的政策，其华人社会与东南亚其他国家无异。所以，选择既有特殊性又有普遍性的新加坡华人社团来进行分析，极具价值。

东南亚华人祖籍多为闽粤地区，其中，闽籍华人在不少国家都是最大的地缘群体，新加坡就是典型代表，福建帮是新加坡最大的华人帮群；福建会馆是新加坡闽籍华人覆盖面最广的地缘性社团，也是福建帮的最高宗乡会馆组织，其影响更深入到整个新加坡华人社会，在新加坡华人社会曾具有实际的领导地位。

因此，我们以新加坡福建会馆为例，通过剖析其一百多年发展历史中为传承和传播中华文化所做的努力与贡献，来探讨海外华人地缘性社团的中华文化传播机制。

（二）海外华人地缘性社团与中华文化传播

1. 新加坡福建人概况

新加坡地处马来半岛的最南端，扼守马六甲海峡，是欧洲到亚洲、印度洋到太平洋海上交通的必经之地，地理位置十分重要。然而，在西方新兴的资本主义浪潮席卷全球之前的漫长历史时期里，新加坡一直是一个人烟稀少、尚需开发的荒岛。直到英国殖民者发现新加坡巨大的潜力将其开埠招徕移民，新加坡的人口才迅速增加，城市也才开始发展。因此，要探讨新加坡闽帮总机构福建会馆的发展历程，首先得从华人移居新加坡开始说起。

（1）华人移居新加坡

中国人移居东南亚的历史，至少在唐代就已开始，其中移民新加坡的却为数甚少，具体情况难以考证。“1330 年，中国元代航海家汪大渊首次来到新加坡，在所著《岛夷志略》一书中将其称为‘单马锡’，据他记载，当时已经有华人在此居住。”① 新加坡华人的大量增加，最初始于明代中期。明中叶开始，政治腐败、贪官横行、社会动荡、民不聊生，加上人口日增与土地面积日减的矛盾，使许多人无法忍受地主阶级的剥削和压迫，背井离乡出洋谋生。16 世纪欧洲资本主义兴起以后，葡、西、荷、英等国在开发殖民地过程中产生了巨大的劳动力需求，形成中国人移民海外的外部拉力。当然，这一时期的下南洋规模由于明清两代统治者实行的海禁政策还不算特别大，最大规模的移民浪潮还是在两次鸦片战争中国门被打开之后，当时的新加坡已经开埠，因其处于东西方交通咽喉要冲，又是英属马来亚的殖民统治中心，大量移民都选择到新加坡谋生。

开埠之前，新加坡只是一个仅有 150 名居民居住的小渔村，然其优越的地理位置和巨大的发展潜能为莱佛士所发掘，于 1819 年开埠。开埠之后，其与中国及东南亚和欧洲的商贸往来频繁，迅速发展成为一大转口贸

① 贾冉冉：《新加坡的社会变迁与福建会馆文化教育功能之演变》，硕士学位论文，厦门大学历史系，2009，第 8 页。

易商港，再加上殖民政府实行自由贸易政策，良好的经济前景吸引了各地商人前来新加坡经商。英国殖民者为了促进新加坡的开发，大肆招募世界各地的移民。在 1860 年中英《北京条约》签订之前，欧人就常常非法拐卖华工到世界各地从事开发矿山、修筑铁路等苦力活；《北京条约》签订之后，准许华工出国的条款使掠夺华工的猪仔贸易变得合法化、公开化，于是更大规模的华工出国浪潮兴起。由于新加坡特殊的地理位置，大多数劳工都要先到新加坡中转，所以“19 世纪中叶以后，新加坡成为中国劳工到东南亚谋生的通道”,[①] 许多人到了新加坡之后就留了下来。于是，“新加坡很快就发展成为一个多元种族和文化的区域性大都会”[②]。在这个多元种族社会中，华人因其经济实力的强大从一开始就占有重要地位，到后来华人人数更是超过马来人，成为新加坡第一大族群。

（2）新加坡华人社会中福建人的角色

从 1819 年莱佛士开埠到 1959 年新加坡自治政府成立，是新加坡的英属殖民时代。在这一百多年的殖民统治期间，整个新加坡社会是一个移民社会，包括华人、马来人、印度人以及其他族群。由于殖民政府实行“分而治之”和“间接统治”的政策，各个族群之间壁垒纵横。不仅如此，在华人移民内部也由于祖籍地不同、所操方言有异以及风俗习惯的差别而形成大大小小的不同帮群，各个帮群通过建立自己的社团和组织来维持华人社会的运作。殖民时代的新加坡主要有五大华人帮群：讲闽南方言的福建人（闽帮、福建帮，主要指明清行政区划中福建省以漳州、泉州二府为主体的讲闽南话的闽南人，并非指整个福建省的人），讲潮州方言的潮州人（潮帮、潮州帮），讲广府方言的广府人（广帮），讲客家话的客家人（客帮）和讲海南话的海南人（琼帮、海南帮）。在这五大族群中，闽南人一直是人口最多的族群，因其多从事商业，在五帮中经济实力最强、势力最大，居于当地华人社会的领导地位。“来自马来半岛和印尼廖内群岛广客两帮的手工艺技工是最早移居新加坡的华人。在莱佛士的重

① 新加坡福建会馆编纂《波靖南溟：天福宫与福建会馆》，《新加坡福建会馆 150 周年特刊》，2010，第 11 页。

② 新加坡福建会馆编纂《波靖南溟：天福宫与福建会馆》，《新加坡福建会馆 150 周年特刊》，2010，第 11 页。

商政策下，这批垦荒者受到排斥。以商人为主干的福建帮，在当局与欧籍商人的扶掖下，后来居上成为新华社会的当权派。1824 年英荷条约签订后马六甲归英人管辖。1825 年后，马六甲漳泉商人开始大批涌入新加坡而成为新加坡福建帮的当权者，领导新加坡华人社会。”①

（3）新加坡福建人的地缘性社团：从恒山亭到天福宫再到福建会馆

中国人自古以来最重视身后事。尤其是漂泊在异域他乡的游子，忍着故土之思在外努力奋斗，毕生最大的心愿便是有朝一日能够拼搏出一番事业，然后衣锦还乡、荣归故里，移民东南亚的这些华侨也不例外。然而，能够真正实现这个梦想的人少之又少，绝大部分人尽管总是北望故土想要落叶归根，可是由于种种原因只能客死异乡。于是，为了帮助这些魂系故里却终究只能埋骨他乡的同乡处理身后事，各个方言群纷纷建立内部的公冢（义山），让逝者有个安息之处，并在公冢的基础上成立了各自管理义山事务的社会组织，这是东南亚移民社会早期华人社团的萌芽。

图 1　新加坡恒山亭

资料来源：新加坡福建会馆编纂《波靖南溟：天福宫与福建会馆》，《新加坡福建会馆 150 周年特刊》，2010，第 12 页。

① 新加坡福建会馆编纂《波靖南溟：天福宫与福建会馆》，《新加坡福建会馆 150 周年特刊》，2010，第 11 页。

新加坡福建帮于1828年建立了恒山亭来管理义山，同时恒山亭也是许许多多背井离乡前来新加坡的闽南新移民联系乡情、互相照顾的机构。当时恒山亭的头领是来自马六甲的闽南人薛佛记，他是新甲两地有名的侨领。“恒山亭还订条规，规定凡漳泉帆船商队及漳泉人，有捐香资者才可葬在恒山亭坟山。后来也开放给永春及其他福建邑人。规条还规定每年清明节，中元普渡及中秋节举行祭祀活动。”① 这些在当时看来已经比较完善的管理制度，很好地解决了华人的身后事问题。但是，随着新加坡开埠后闽南移民的不断增加，尤其是两次鸦片战争后华工大量出国的浪潮兴起，加上殖民当局的间接统治政策，华人社会有许多经济、教育等问题亟待解决，只管死人公冢不管活人事务的恒山亭已无法满足社会的需求，于是福建帮又于1840年兴建了供奉妈祖的天福宫。

图2　摄于1960年的新加坡天福宫

资料来源：新加坡福建会馆编纂《波靖南溟：天福宫与福建会馆》，《新加坡福建会馆150周年特刊》，2010，第20页。

天福宫的兴建源于新加坡福建华侨对妈祖的崇拜，也顺应了那个时代

① 新加坡福建会馆编纂《波靖南溟：天福宫与福建会馆》，《新加坡福建会馆150周年特刊》，2010，第12页。

大量新客华侨移民对妈祖信仰的需求。《南京条约》开放广州、厦门、福州、宁波和上海为通商口岸，方便了欧洲殖民者在东南沿海地区招募廉价华工，《北京条约》更进一步使华工出国合法化，此后，英、荷殖民者就开始利用各种渠道招募大批华工到东南亚当苦力。这些华工多是在本地求生艰难，走投无路的情况下才选择离妻别子，漂洋过海到东南亚去谋生。他们乘船远赴新加坡，路途遥远，要在茫茫大海上漂泊一两个星期，见不到陆地，前途未卜、命运堪忧；船上往往超载严重、拥挤不堪、卫生条件极差，他们还常受虐待，无助的人们只能默默地祈求海上女神妈祖的保佑。当他们到达陆地时，为了感谢妈祖的保护，想给妈祖敬香还愿，因此天福宫实际上解决了大批华人的宗教信仰需求问题，而“天福宫”之名则是由“神灵默佑如天之福也”而来。

1850 年《建立天福宫碑记》中提到：“宫殿巍峨，蔚为壮观，即以中殿祀圣母神像，特表尊崇，于殿之东堂祀关圣帝君，于殿之西堂祀保生大帝，复于殿之后寝堂祀观音大士，为我唐人会馆议事之所。”① 可见天福宫不仅仅是一间庙宇，还起着福建帮宗乡会馆的作用，处理华人社会的各种事务。天福宫创始理事由三名大董事和九名大总理组成，陈笃生居三大董事之首，后其子陈金钟继承了他的地位，再后来天福宫经过陈武烈时代到薛中华时期正式进入了福建会馆时代。

从 1840 年天福宫建立到 1915 年天福宫福建会馆正式定名并向殖民地政府备案注册这 75 年间，天福宫组织涣散，制度不全，有欠民主，于是改组。薛中华是改组后福建会馆的第一任正董事，他在任十五年，最为人所知的事就是以福建会馆主席的身份调解了福清和兴化人力车夫的矛盾冲突。后由陈嘉庚取代。陈嘉庚在任二十余年，贡献巨大，但在新中国成立之后坚持回国，将会馆交给了陈六使领导。陈六使在任期间正值新加坡从殖民地走向独立国家之际，面对这个崭新的局面，他为福建会馆的生存和转型做出了很大的努力。陈六使辞职之后黄祖耀当选为新一届主席，领导福建会馆进入了一个更新的时代。

---

① 新加坡福建会馆编纂《波靖南溟：天福宫与福建会馆》，《新加坡福建会馆 150 周年特刊》，2010，第 27 页。

图 3　新加坡福建会馆现会址

资料来源：http：//www. shhk. com. sg/properties/。

2. 新加坡福建会馆的中华文化传播活动

(1) 新加坡福建会馆的教育功能

在服务闽帮和华人社会的同时，福建会馆十分重视通过兴学育才来传承与传播中华文化。众所周知，早期的中国移民都把自己看作中国人，其精神世界是一个中国世界。所以，“各方言和宗亲组织一直认同于中国。在这里，我们无须特别去探讨侨民们的族源等关系，因为各类方言和宗亲组织所具有的文化与宗教的职能，已为保持这种文化的认同创造了有利的条件”。[①] 天福宫福建会馆最初的功能就是对宗教信仰和文化传统的传承，由于在异国他乡谋求生计步履维艰，前途渺茫，共同的祖先崇拜、宗教信仰和文化传统成为闽南人聚集到一起的纽带，这些民族文化与宗族传统又是需要通过教育延续到下一代的，由于殖民政府

① 颜清徨：《新马华人社会史》，中国华侨出版公司，1991，第 265 页。

对华人的教育问题不闻不问，在华人社会兴办教育的重任自然落到了宗乡会馆的肩上。

新加坡的华人教育史，可分为两个阶段：一是殖民地时代的华校教育阶段，二是独立建国后的华文教育阶段。在殖民地时代，华校教育的办学主体是宗乡会馆，教学内容和管理方式都沿袭中国本土的模式，且用华语教学，实际上是中国传统教育在新加坡的延伸，带有中华传统文化的印记。20世纪初晚清政府改革教育制度之后，华社也随之建立了一些新式学校，在教学内容和管理制度上做出了重大的变革。独立建国之后，政府将宗乡会馆所创办的学校收归国有，由教育部统一管理，并且改变了以往通用华语作为教学媒介的做法，使华人教育变成了华文教育，华语受到严重压制，华族文化也流失严重。为此，尽管学校管理权已收归国有，以福建会馆为代表的多家会馆仍为拯救华语和华族文化做出了不少努力。

A. 殖民地时代的华校教育阶段

萃英书院。福建会馆兴学育才的传统由来已久，早在19世纪中叶的天福宫时代，闽帮富商侨领陈金声就创立了崇文阁和萃英书院，为闽籍华人移民的子弟提供传统教育。在此之前，新加坡华校教育尚处于私塾教育阶段，其时的华人教育尚属萌芽，而崇文阁和萃英书院这两所义学的创建，是新马地区帮群办学的发端，随后其他帮群也纷纷效仿福建帮创立了各自的义学，比如嘉应客帮的应新学堂、广帮的养正学堂、潮帮的端蒙学堂。

崇文阁于1849年建于直落亚逸街天福宫西边，是最早讲习教化的华人文化场所，它被认为是新加坡华文教育的发源地。为适应发展的需要，陈金声又于1854年创立了萃英书院，附设于天福宫之内，招收五六岁到二十岁左右的闽籍华侨子弟，教授的内容仍是来自中国本土的《三字经》《百家姓》《千字文》《孝经》《大学》《中庸》《论语》《孟子》等传统的儒家经典，主要是培养土生华人的儒家传统伦理道德观念，使他们不因为身处异域而丢掉了作为中国人骨子里最根本的东西，将中华文化在这一方土地上继续传承下去。

从创建到1954年并入福建会馆主办的学校，萃英书院存在了约一百

图 4 1880 年萃英书院学生上课情形

资料来源：新加坡福建会馆编纂《波靖南溟：天福宫与福建会馆》，《新加坡福建会馆 150 周年特刊》，2010，第 31 页。

年时间。在这一百年里，萃英书院不仅培养了不少华侨子弟成才，它最大的贡献是将中华文化传播到了新加坡这块土地上，使中华文化在海外华人社会仍能延续不断；此外，就萃英书院的创建对新马地区其他帮义学建立的榜样作用来看，中华文化传播的范围无疑是从新加坡发展到整个新马地区。因此，福建会馆前身天福宫创建的萃英书院在早期移民社会对中华文化的传播贡献巨大。

直属五校。当然，福建会馆在教育功能上成效最为显著的还是五所新式华文学校的创办。“新马现代华文学校的开办，是与中国大陆现代教育的发端紧密地联系在一起的。”① 20 世纪初，晚清政府对国内教育制度的改革也影响了海外华人社会，富商张弼士于 1904 年在槟榔屿建立了中华学堂，这是新马地区第一所现代华文学校。随后，创办新式学校的浪潮开始在整个新马地区蔓延开来。

1877 年，清廷在新加坡设领事馆，后升为总领事馆，保护海外侨民，并培养华侨的忠君爱国之心。19 世纪末，帝国主义掀起瓜分中国的狂潮，

① 颜清徨：《新马华人社会史》，中国华侨出版公司，1991，第 280 页。

国内动荡不安，先有以康有为为首的维新派要变法维新，后有以孙中山为代表的革命派要起义革命，他们和清廷一样尤其重视争取海外华侨的支持。他们在新加坡进行各种宣传活动，虽然政见不一，但对新式教育的提倡和重视却是一致的。

于是，在国内教育制度改革的影响和各派的大力鼓吹之下，新加坡各帮自1905年起纷纷建立新式学校。福建会馆于1906年创立了道南学堂，1907年正式招生，“七岁可报入学，课程包括‘中文英文分科教授，闽音官音互相讲解’”。[①] 道南学堂作为福建帮创办的第一所新式学堂，使闽籍华侨子弟有了接受新式教育的机会，它不但开设传统课程中的四书五经，也开设现代的国文、历史、地理以及西方的外语、数学、物理等科目，使受教育者全面发展，无疑能够培养出更多会通中西的人才，对新华社会的发展和中华文化的传播都有重要的意义。

图5　摄于1906年的道南学堂

资料来源：新加坡福建会馆编纂《波靖南溟：天福宫与福建会馆》，《新加坡福建会馆150周年特刊》，2010，第39页。

① 新加坡福建会馆编纂《波靖南溟：天福宫与福建会馆》，《新加坡福建会馆150周年特刊》，2010，第44页。

道南学堂成立之初，仍具有严重的帮派观念，只招收本帮学生，同时代其他帮派主办的学校亦然。后来由于革命党人在新马地区的活动宣传，华人社会逐渐认识到帮派林立不如团结合作，道南学堂首先废除了这一制度，为促进整个新华社会的团结做出了贡献。

在道南学堂之后，福建会馆于1912年创办了爱同学校，此校长期经费短缺，几乎停办，幸得殷商陈嘉庚、邱国瓦、林推迁等人的大力支持方能维持下去。1927年陈嘉庚对福建会馆进行教育改革之后，爱同学校开始接受会馆资助，成为会馆直属学校。

1915年，福建会馆又创办了其下第一所女子学校——崇福女校，校址设于天福宫戏台后街。会馆此举显然是深受维新派和革命派宣传的影响，开始抛弃落后陈旧的“女子无才便是德”的封建观念，向新时代迈进。值得一提的是，“崇福”二字是妈祖的封号之一，从此命名我们可以看出，尽管华人社会也开始走向现代文明，但是他们骨子里带有的中华文化的痕迹是抹不掉的。

由于海外华校的师资多是来自中国，1937年日本全面侵华之后，师资短缺。于是，当时的会馆主席陈嘉庚于1941年创办南洋华侨师范学校以培养师资。中国内战时期，南洋华侨都不敢送子女到中国求学，加上因内战到南洋的中国文人增加，师资充裕，所以福建会馆于1946年决定停办南侨师范学校，在原址上建立了南侨女子中学兼附小学。除南侨女中之外，福建会馆又于1953年建立了光华学校，以解华侨子女入学之急。光华学校原名光前学校，因李光前出资最多，为表彰其卓越贡献，故名，后由于李光前坚决反对，改名为光华学校，这是福建会馆属下的第五所华校。

殖民地时代的新加坡，海外华校都要向中国教育部注册，使用中国校历，引进中国师资，实质上是中国国内教育在海外的延伸。由于无论是在教学大纲还是教学内容上，海外侨校都与国内教育制度联系紧密，所以中华文化通过学校的系统教育便能顺理成章地传播到新华社会。福建会馆这五所学校在传承与传播中华文化上的贡献是不容小觑的。

清亡之前，道南学堂和其他华校一样，在组织教学上都是按照清廷学部所规定的章程来进行运作管理的，其培养目标之一是要让学生学会忠君爱国，向清政府效忠。民国时期亦如是，“1929 年中国教育部通告全体学校包括海外侨校，除外语外，各班功课概以华语教授。训育方针是把学生培养成一个有教养，合群，守纪律，有科学头脑与爱国心的好公民”。①

南洋大学。由于殖民政府的不闻不问，移民时代华人社会的教育一直以来都是自力更生，华校学生高中毕业后一般都是到中国上大学。然而，1949 年新中国的成立切断了新马华人子女到中国升学的通道，从中国引进师资也无可能；同时由于就读华校难以升学，许多华人改读英文学校，华校生源流失严重，中华文化的延续堪忧。新马华人社会亟须创办一所自己的大学来解决华人子女的升学问题。

图 6 南洋大学图书馆（现为南洋理工大学属下中华语言研究中心和华裔馆所在）

资料来源：新加坡福建会馆编纂《波靖南溟：天福宫与福建会馆》，《新加坡福建会馆 150 周年特刊》，2010，第 44 页。

为维护中华文化的永续长存，福建会馆新一届主席陈六使提出兴办华人自己的大学——南洋大学，并捐献五百万元作为建校基金，又以福建会馆主席的身份献出五百英亩地皮作为校址。在陈六使的积极倡导下，新加坡中华总商会董事举行会议共商办学大计。在全南洋华社的支持下，南洋大学终于于 1956 年举行隆重的开学仪式，成为全南洋华文教育的最高学

① 新加坡福建会馆编纂《波靖南溟：天福宫与福建会馆》，《新加坡福建会馆 150 周年特刊》，2010，第 56 页。

府。南大成立后，福建会馆继续为其发展做出重大贡献："自 1959 年至 1971 年，福建会馆再献捐 60 万元供建南大礼堂，10 万元充作礼堂设备用途。1971 年 4 月执监委会议决捐建三座学生宿舍或捐 30 万元供扩建学生宿舍用途。"[①] 因此，南洋大学虽非福建会馆独办，但是福建会馆在南大从创立到发展整个过程中都起着重要的作用，所以南大也是福建会馆教育功能的重要体现。陈六使在倡导华人齐心协力创办南大时说："余当发动联合各地侨界各方人士，共同襄赞，使华人大学早日实现……使吾侨子弟，读毕小学继入中学，然后再入大学，永保吾人固有文化。"[②] 从中我们仍可以看出，南洋大学的诞生，对保存中华文化在华人社会的继承、发展与传播具有积极的意义，这也是福建会馆在传播中华文化上所做的努力。

B. 独立建国后的华文教育阶段

独立建国后福建会馆教育功能式微。新加坡 1965 年独立建国以后处于冷战的世界格局之内，由于华人占多数，又身处马来回教世界的包围之中，为避免背负"第三中国"的嫌疑以及与马来人的种族矛盾，华人主导的政府极力强化"新加坡人"的国家认同，强化英语语言文化的地位，来淡化华族的语言文化。

新加坡政府虽实行双语政策，但以英语为政府用语和商场用语，强化了英语的地位，使华语使用频率大大减少。又由于教育管理体制改革，政府将所有华校收归国有，统一英语作为所有学校的第一教学媒介语，华语教学仅仅保留在华校中某些单科课程中，英语逐渐成为新加坡各民族的共同交流用语。然而，伴随英语的普及，华语在新加坡华人社会中的地位却岌岌可危。虽然华校中仍保留了华语教学，但许多学生只是为了考试学习华语；为了好就业，多数家长都主张子女好好学习英语，对就业帮助不大的华语便被华人们冷落一旁。语言是文化的载体，丢失了华语便是丢失了华族文化，双语政策和教育制度改革对华人传承华族文化产生了极其不利

① 新加坡福建会馆编纂《波靖南溟：天福宫与福建会馆》，《新加坡福建会馆 150 周年特刊》，2010，第 90 页。

② 新加坡福建会馆编纂《波靖南溟：天福宫与福建会馆》，《新加坡福建会馆 150 周年特刊》，2010，第 85 页。

的影响。

由于五校被收归国有，福建会馆失去了对它们的管理权；又由于新加坡华人的政治认同从中国转向新加坡和土生华人人口比例增加，传统的宗乡会馆面临严峻的生存危机，福建会馆曾经最辉煌的教育功能走向式微。在这期间，福建会馆已完全成为具有宗教职能的民间组织，只能通过传统的宗教活动和民间习俗来传播中华文化。然而，面对危机，福建会馆并没有坐以待毙，而是进行内部改革，以适应政府文化教育政策的调整，来进行其文化教育功能的转型，继续为华文教育与中华文化的传承与传播而努力。

政策转变后福建会馆教育功能的转型。“新加坡华人主导的政府在有意压制华族传统文化和民族特性的基础上成功地塑造和巩固了国家意识，基本实现了社会和谐和经济的健康发展，也与邻国、各大国建立了良好关系，但也失落了很多华族优秀文化传统和牺牲了某些族群利益。所幸的是新加坡领导人已意识到这一点，并开始重新寻求华族传统精神文化，作为国家意识形态的主要支柱之一。”[①] 20 世纪 80 年代末 90 年代初的东欧剧变标志冷战时代的结束，国际局势缓和并向多极化方向发展；同时改革开放后的中国迅速崛起，东南亚华人重新建立了与侨乡的联系。在国内民族文化缺失与国际环境好转的内外因共同影响下，新加坡政府确立了“多元文化的国策”，并改革双语制度，挽救不断衰落的华文教育，拯救华族文化。

在这种政策的大背景下，福建会馆又重新恢复其文化教育功能。正如会馆现任主席黄祖耀在 2005 年三大庆典上的致辞所言：“虽然时代变迁，但是福建会馆的基本宗旨是不会改变的。我们将会继续支持教育事业，参与社会福利和公益活动，以及促进中华语言和文化发展。”[②]

由于当代的福建会馆与五校关系已发生质的变化，所以其文化教育功能主要是指“福建会馆以属下五校为媒介，在国家教育体制下而向华族学生进行的华人华语教育和华人文化教育，以实现在新加坡青年一代华人中

① 庄国土：《华侨华人与中国的关系》，广东高等教育出版社，2001，第 317 页。

② 新加坡福建会馆编纂《传灯》，《新加坡福建会馆会讯》2005 年第 33 期，第 3 页。

推广华语、华文，传承中华优秀传统文化之目的的一系列文化教育活动”。[①]

因城市的发展需要和五校建筑屋龄已老，福建会馆将为五校搬迁新校址的计划提上日程。会馆在设计新校址时，还有意识地将许多中华文化的元素融入进来，如光华学校重建时，“在学校行政楼前学生集会的广场上，铺设了以易经六十四形组合的图案地砖，每一个图形代表一个中华文化的做人价值观。校方希望通过这些图形提高学生对中华文化的兴趣与学习，向学生灌输易经里的一些做人道理”。[②] 福建会馆为五校设计的牌楼也是中国特有的建筑艺术，并且牌楼上都有对联，这些基础设施的建设不仅实用，而且使学生在平时耳濡目染中华文化，促进了中华文化的传播。

此外，福建会馆通过举办五校小学生华文作文比赛、设立福建会馆文学奖、举办华文学习营、联合华人社团举办华文华语比赛来促进华语教育的发展，设立福建会馆文化艺术奖学金、增加属校传统文化课程、利用文化艺术团（1986 年成立，下一章详解）开展学习交流活动、开展浸儒游学活动、举办孔子诞辰日常年颁奖礼、开展节庆教育[③]来对华人学生进行华族文化的教育。

在已经失去对五校的主导权之后，在当代新加坡华文华语已江河日下的情况下，福建会馆仍能积极在国家教育体制下为华人教育与华族文化的延续做出这些努力实属不易。在华族文化严重流失的当代新加坡，面对社会的不理解，人们的不认同，福建会馆仍坚持将中华文化继续传承下去，更加难能可贵，意义非凡，相信福建会馆继续下去能将中华文化传播得更远、更深。

（2）新加坡福建会馆传播中华文化的其他活动

前文已述，福建会馆作为新加坡闽帮和整个华人社会的领导团体，非常重视中华文化的传承与传播。针对比例日益增大的侨生华人群体，主要通过兴办教育来向他们灌输博大精深的中华文化，因为这些土生的青年一代华人对中国和中华文化是很陌生的，教育无疑是最好的方式。然而，虽

① 贾冉冉：《新加坡的社会变迁与福建会馆文化教育功能之演变》，硕士学位论文，厦门大学历史系，2009，第 41 页。

② 新加坡福建会馆编纂《传灯》，《新加坡福建会馆会讯》1996 年第 10 期，第 3 页。

③ 贾冉冉：《新加坡的社会变迁与福建会馆文化教育功能之演变》，硕士学位论文，厦门大学历史系，2009，第 52 页。

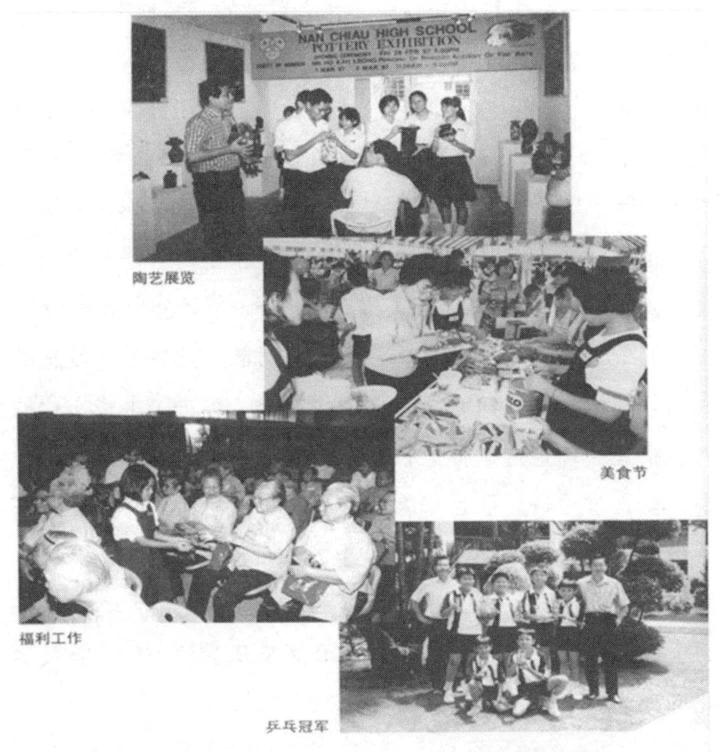

图 7　新加坡福建会馆属校学生的各项课外活动

资料来源：新加坡福建会馆编纂《波靖南溟：天福宫与福建会馆》，《新加坡福建会馆 150 周年特刊》，2010，第 54 页。

然教育是向下一代传承中华文化最有效的途径，但是整个华人社会不只是年轻人需要华族文化的熏陶，老一辈华人的华族文化意识更加强烈，对传统的中华文化有着本能的眷恋，所以不仅不需要通过教育去向他们传播中华文化，而且当华社举办各种宣传中华文化的活动时，他们还会积极参与，为传播他们所钟爱的传统文化尽自己的一份力量。

因此，针对生于中国长于中国的第一代移民，福建会馆只需要举行一些传统的社会宗教文化习俗活动，便能激起他们对传统文化的热情，因为他们在南来之前成长的环境已经赋予了他们挥之不去的中华文化情结，举行各种社会文化活动能使他们在异国他乡也能感受到一直眷恋的故土文化，这对他们的精神世界无疑是一种极大的安慰，那些对中华文化一直比较陌生的青年一代华人也能从这些活动中切身感受到中华文化的魅力。福建会馆便在这些方面积极开展组织各种社会活动，延续中华文化。

A. 宗教活动：天福宫迎神赛会

前文已述，天福宫的建立源自新加坡闽人对妈祖的崇拜，虽然天福宫一开始就具有福建帮总机构的作用，但它最直接的功能还是作为一间庙宇，以满足华人宗教信仰活动的开展为初衷。因此，具有宗教职能的天福宫在处理闽帮社会、经济、文化、教育事务的同时，也年年组织迎神赛会，将妈祖文化在这个远离闽南故土的地方传承下去并传播开来。

“迎神赛会，以天福宫为中心，由迎神队伍分别前往市区三大庙宇，迎请恒山亭大伯公，凤山寺广泽尊王，金兰庙清水祖师三神像，一起到天福宫‘作客’观戏。三神像在天福宫与天后妈祖一起接受信众拜祭，长达两个月，然后才又举行热闹的送神回銮活动，大批盛装队伍奉各神明在市区各大街道巡游，才分别送各神回原来宫庙。”①

第一次迎神赛会是在天福宫建立之初。当时天福宫主神妈祖的神像在中国定做，从兴化湄洲湾运来，为了迎接天后的到来，福建人举行了盛大的迎神赛会，恭请天妃娘娘入庙。“在过去几天，坡中锣鼓响个不停，华人都涌到街上举行喧哗的迎神赛会，热烈迎接最近从天朝运来的女神像。但是，星期一的迎神赛会真的值得一看。这一回的迎神行列，长达三分之一英里，可说锣鼓震天，彩旗蔽日。而最精彩的还是那些彩女，都是五到八岁的小姑娘。一队队出现于行列中扎彩的花台上，穿的是满汉衣服。”②此状可谓盛大空前。

此后，天福宫的迎神赛会成为定例，每三年举行一次，每次都非常隆重。“以1901年为例。该年中秋节日诸源顺街，顺丰街，中街，兴隆街以及三美街五股头值年协理到天福宫，祀神后在神前求神杯卜定阴历十月初八日迎请恒山亭大伯公、凤山寺广泽尊王与金兰庙清水祖师三神像到天福宫观戏，十二月初四日送神回庙。”③ 从迎神到送神的整个过程都是热闹

① 新加坡福建会馆编纂《南海明珠天福宫》，2009，第24页。

② 柯木林：《古色古香的天福宫》，林孝胜、张夏帏等《石叻古迹》，（新加坡）南洋学会，1975，第49页。

③ 新加坡福建会馆编纂《波靖南溟：天福宫与福建会馆》，《新加坡福建会馆150周年特刊》，2010，第41页。

非凡，有台阁鼓乐马队以及各仪仗队和舞狮队相伴而行。“各马队还要装扮民间故事，如八仙过海，水淹金山寺，王昭君出塞等。一路上浩浩荡荡送神回庙。”①

是源自故土的民间宗教信仰让华人们聚集在这迎神赛会上，这种信仰还包含了他们从故土南来新加坡一路上的艰辛，是对妈祖等神祇的精神寄托让他们平安到达异域，开始打拼谋生，谋生的不易使他们对故土文化更加眷恋，他们需要这种精神寄托，天福宫每三年一次的迎神赛会便传承下来并传播开去。

B. 传统习俗：春到河畔迎新年

谈及中华文化，人们总能马上想到中国的传统节日，在所有的传统节日中，农历新年的春节无疑是所有中国人最重视的。新加坡的华人虽然自新加坡建国以后纷纷入籍，在政治认同上不再认为自己是中国人，但是他们骨子里的华人血统与中华文化打在他们身上的烙印是没有办法抹去的，春节这一传统节日在新加坡华人的眼中还是和以前一样重要，成为华族文化的重要组成部分。

成立于 1986 年，由福建会馆、潮州八邑会馆等七大会馆发起组成的新加坡宗乡会馆联合总会自 1987 年开始，每年春节都要举行“春到河畔迎新年”的农历新年庆祝活动，而福建会馆历年都出钱出力积极支持这项活动，以传承华人的优良传统，为节日营造气氛。

C. 福建会馆文化艺术团

由于新加坡在独立建国以后实行双语政策，压制华语和华族文化，英语成为莘莘学子的第一语言，华语式微。“随着年青一代汉语能力的下降，异族通婚的增加，以及人口结构的改变，社团的文化功能趋于衰落。因此，近几年来，有些社团不遗余力冀图强化其文化功能。”② 面对伴随宗乡会馆生存危机而来的传统文化教育功能的式微，眼见中华传统文化在新华社会日益丢失，为推动华族传统和文化在年轻人中传播以及举办年轻

① 新加坡福建会馆编纂《波靖南溟：天福宫与福建会馆》，《新加坡福建会馆 150 周年特刊》，2010，第 42 页。

② 宋平：《承继与嬗变：当代菲律宾华人社团比较研究》，厦门大学出版社，1995，第 10 页。

人感兴趣的活动以推动年轻人培养参与会馆活动的热情，福建会馆于1986年在直落亚逸街的会所成立了文化艺术团，来提倡和发扬中华传统文化艺术。

新加坡　福建会馆文化艺术团
SINGAPORE　HOKKIEN HUAY KUAN ARTS & CULTURAL TROUPE

图8　新加坡福建会馆文化艺术团团标

资料来源：http：//www. shhk. com. sg/arts-cultural-troupe/。

文化艺术团所开办的有演艺班、舞蹈班、中华书画班、语文班、少年写作班等，课程均用华语教授，目的是让学生在培养艺术才能时，耳濡目染学习华语，并使优秀的中华传统价值观在学生心中潜移默化。正如现任福建会馆主席黄祖耀在文化艺术团20周年纪念特刊《回眸20》的献词中所言，“我们希望通过有趣的方式来激发学员学习华族文化的兴趣，将我们文化中极富魅力的艺术与优良的传统发扬光大”。文化艺术团通过营造华语的交流环境和培养学生对华族文化的兴趣来传播中华文化，成立十多年后就已经培养出了数以万计的掌握华语并且热爱中华传统文化的人才。

此外，福建会馆文化艺术团还起了榜样作用，带动了其他民间团体和个人开办同类培训班，使华语使用环境更宽松，华族文化在更广泛的渠道中传播。

（三）小结

1. 海外华人地缘性社团的中华文化传播机制

新加坡福建会馆作为新加坡闽帮总机构和新加坡华人社会的领导团体，一直以来都以服务整个华人社会为己任。他们看重作为华人标志的中华文化的传承，不希望华人尤其是土生华人在远离故土之后就对传统文化失去兴趣，所以福建会馆大力兴办教育，希望通过教育将中国的语言文字和文学艺术传承给在新加坡生活的下一代。在教育下一代的同时，那些本身中华文化意识就特别浓厚的华人在宗教信仰和传统习俗上也会产生巨大的需求，因此他们建立庙宇、坟山，举办迎神赛会，为了庆祝传统节日也组织“春到河畔迎新年”等民俗活动。

在独立建国之前的新加坡社会，华人的政治认同毫无疑问是倾向于中国的，他们都认为自己是中国人，即使是在当地出生的侨生华人也不例外。所以，作为中国人，传承中国文化是理所当然的事情，失去对文化的传承对他们来说才是可怕的事。

然而，新加坡独立建国之后，华人认同纷纷转向新加坡，他们不管是在国籍上还是在心理上都从一个中国人变成了新加坡人，新加坡才是他们的祖国，华人族群只不过是新加坡这个国家中最大的一个民族而已，在国际上，中国与新加坡也是完全不同的国家，他们唯一的共同点就是以汉族人为主体。所以，新加坡福建会馆在新加坡传承自己民族的文化，在中国本土看来，却是中华五千年文化的向外传播。另外，福建会馆在新加坡传承的华族文化，不只在新加坡华人中有影响，对马来人、印度人也有影响。这样，中华文化不仅在中国之外的其他国家传播，还在其他国家的不同种族中间传播。一个社团如此，遍及世界各地的海外华人地缘性社团亦如此，这样交织往复，中华文化的影响力便越来越广泛。

因此，从新加坡福建会馆来看，海外华人地缘性社团在整个发展历程中，逐渐形成了一套传播中华文化的机制，包括传播主体、传播对象、传播内容、传播方式和传播效果几个方面的内容。

传播主体，即传播者是海外华人地缘性社团，它们的建立就是因为受到中华传统文化的影响，需要通过地缘关系建立社团互帮互助，因此传播中华文化是地缘社团义不容辞的责任。值得一提的是，它们最初只是以作为中国人必须传承中华文化的心态在东南亚这块异域的土地上传播中华文化，这对于在世界上任何一个角落的中国人来说都是理所当然、责无旁贷的。然而，在东南亚各国纷纷独立建国之后，华侨纷纷入籍当地国，政治认同也转向当地国，不再认为自己是中国人，这时候地缘性社团仍然坚守作为华人必须传承下去的中华文化，这种对传统文化的钟爱与眷恋在华人社会中可以说是弥足珍贵的。也正因海外华人地缘性社团一以贯之地继续传承中华文化，源于中国本土的传统文化传播到了世界各地。

海外华人地缘性社团传播中华文化的对象主要是世界各地的华侨华人，当然从他们的种族属性来看是传承，但是由于其身处海外，并且在二战之后绝大多数是已经入籍当地国的华人，加上所在国仍有许多其他种族人群，这样他们会不可避免地受到华人的影响对中华文化产生兴趣并主动了解，中华文化便成功地通过华人地缘社团传播到了世界各地。

传播内容主要是华文华语、源自中国本土的宗教信仰、传统习俗和文化艺术，主要是日常生活中常常接触到的那些最基本的文化内涵。

传播方式主要是通过兴办教育来向下一代灌输华文华语及其所携带的文化因素，另外也举办宗教活动、庆祝传统节日和沿袭传统习俗来激起华人对中华文化的热情，让华人不至于丢掉这个族群的标志这一最基本的东西。

海外华人地缘性社团对中华文化的传播取得了良好的效果，一方面，共同的文化印记使在世界各地的华人对彼此有一种天然的亲近感，这增强了华人社会内部的凝聚力和认同感；另一方面，植根于中国土地的中华文化通过华人社团传播到世界其他地方，让世界各国对拥有五千年悠久历史的华夏文明有了更深的了解，这对中国在国际上影响力的提升有重要作用。此外，它们还通过中华文化这个纽带加强了华人所在国和祖籍国中国的联系与文化交流，促进了中国与其他国家的友好往来。

2. 海外华人地缘性社团中华文化传播活动的存在问题和发展趋势

从新加坡福建会馆整个历史发展过程和它为传播中华文化所开展的活动来看，主要有以下几个问题。

第一，在传播对象上，福建会馆大力兴办学校来传播中华文化，其受众主要是青年一代，对其他年龄段有影响的活动局限于迎神赛会等宗教活动和传统习俗庆祝活动。应多开展一些老少皆宜的文化活动，使整个华人社会都弥漫着中华文化的气息。

第二，在传播内容和效果上，主要是在学校中教授华语来传承华族文化，虽然也通过创办文化艺术团来传承中华才艺，但是文化艺术团最大的作用还是让孩子们有一个学习华语讲华语的环境，中华才艺传播的重要性往往被人们所忽视。因此，地缘性社团传播中华文化，收效最多的只是人们对华文华语的运用。虽然语言是文化的载体，但是文化不仅仅是语言，在语言之外还有很多内涵丰富的东西，应该开拓文化传播的领域，以华语为媒介，让人们接触到博大精深中华文化的其他东西。

新加坡福建会馆在传播中华文化上所存在的问题是几乎所有地缘性社团都有的，所以海外华人地缘性社团在这些方面仍需更加努力。随着中国的和平崛起，中华民族伟大复兴指日可待，越来越多的外国人对中华文化产生了浓厚的兴趣。在这样的大背景下，海外华人在传播中华文化方面具有突出的优势。地缘性社团在传播中华文化上虽然有不少问题亟待解决，但总体上还是在往好的方向发展，所以海外华人地缘性社团在传播中华文化方面会越走越远，使中华文化的影响力遍及世界各地。

二　血缘性华人社团

海外华人社团的历史最早可追溯至明清时期。海外华人社团在明清时期形成的原因是，一方面，中国封建政府实行严厉的海禁政策，视移居海外者为“弃民”“贱民”，甚至在清朝的康熙年间，朝廷下达了“以后入海者不许归国”之类严酷的禁令；另一方面，当时受西方殖民统治的东南亚商埠虽然积极地采取各种措施招募华人，但是又因害怕当地华人族群发展壮大而采取限制华人的措施，甚至屠杀华人，如 17 世纪初在菲律宾发生的屠杀当地华商事件。海外华人在祖籍国与移居国的双重压迫下，唯有通过建立社团的方式来团结乡亲，保护当地华族的利益。“血缘、地缘文化是华侨华人社团建立的原动力。”① 早期海外华人将地方观念和宗族观念带到海外华人社会，因此，血缘文化和地缘文化是早期海外华人结社的主要纽带，海外华人以这两种主要纽带分别建立起海外华人地缘性社团（以下简称“地缘性社团”）和海外华人血缘性社团（以下简称“血缘性社团”）。虽然地缘性社团在规模、数量、影响力等方面超过血缘性社团，但是血缘性社团在海外华人社会中依然占有重要的地位。在海外传播中华文化方面，血缘性社团发挥着重要的作用。本节将对海外华人血缘性社团与中华文化的关系进行探讨，先概述海外华人血缘性社团的历史渊源及发展历程，随后以马来西亚砂罗越彭城刘氏公会作为个案来分析血缘性社团对中华文化的传播，最后对血缘性社团传播中华文化过程中所形成的机制以及不足之处进行探讨总结，并进行展望。

---

① 黄英湖：《血缘、地缘文化与华侨华人及其社团》，《八桂侨刊》2004 年第 6 期。

（一）海外华人血缘性社团概述

1. 海外华人血缘性社团的历史渊源

血缘性社团是以姓氏相同为原则而组建起来的，讲究的是血缘关系。血缘性社团除以祠堂、堂号及公司命名之外，也有以公会、公所、宗亲会、联宗会、家会社、家庙等命名。我们从各种不同的命名大致上就可辨别有关血缘性组织的活动内容及其所肩负的功能。比如：以祠堂、家庙命名者多以奉祀祖神以及进行致祭大典为主；以家族会命名者只招收其同乡家族为会员，不同家族之同姓人士，不被接受为会员，其所推展的活动多以家族为主；以堂号命名者则其堂号内所包括的姓氏都可入会。

血缘性社团可以划分为“单姓社团”和“多姓社团”两大类。单姓社团是由同一姓氏的人组成的，称为单姓宗亲会。例如李氏宗亲会、王氏宗亲会等。多姓社团是由两个或两个以上姓氏族人组成的，称为多姓联宗的宗亲会。例如，新加坡曾邱公会，由曾、邱两姓人士组成；庄严宗亲会，由庄、严两姓人士组成；泰国六桂堂宗亲总会，由方、汪、洪、江、翁、龚六姓的人参加。还有一些社团名称与堂号相连，即在姓氏之上加同族代号。一姓氏多堂号、一堂号多姓氏的情况间或有之。例如新加坡296个姓氏当中有堂号71个，而多堂号的姓氏也有52个之多。[①] 堂号又分为郡望堂号和自立堂号两种。郡望堂号多为祖先发祥地，自立堂号则取字意吉祥，或为纪念祖先功德，或出于历史典故。常见郡望堂号与社团对照见表2。

表2　常见郡望堂号与社团对照

姓氏	堂号	郡望所在地	相应社团
王	太原堂	汾州两府及保德、平定、忻州等地	太原堂王公司、太原王氏宗亲会
李	陇西堂	甘肃旧兰州、巩昌、秦州诸府	陇西公所、陇西李氏宗亲会、陇西堂
陈	颍川堂	颍水流域，辖河南旧许州、陈州、汝宝、汝州诸府	陈颍川堂、颍川陈氏宗亲会、颍川青年会
黄	江夏堂	在湖北云梦境	江夏堂黄氏宗祠、江夏黄氏宗亲会
林	西河堂	山西离石县	西河公司、西河林氏宗亲会、西河别墅

① 彭松涛：《新加坡全国社团大观》，（新加坡）文献出版公司，1983，第12~14页。

续表

姓氏	堂号	郡望所在地	相应社团
郭	汾阳堂	山西阳曲	汾阳公会、汾阳公司、汾阳郭氏宗亲会
蔡	济阳堂	山东定陶县	济阳蔡氏公会
杨	弘农堂	河南灵宝县内	弘农杨氏公会、弘农杨氏宗亲会
郑	荥阳堂	河南省荥阳、成皋一带	荥阳堂、荥阳郑氏宗亲会
吴	延陵堂	江苏武进县	延陵联合会
沈、尤	吴兴堂	浙江省吴兴	吴兴堂
柯、蔡	济阳堂	山东定陶县	济阳家族会、济阳柯蔡宗亲会
甄、汤	中山堂	河北正定县境	中山馆、甄汤中山会馆
张、廖 简、颜	清河堂	河北清河及山东清平等地	清河堂、清河互助会

资料来源：方雄普：《海外侨团寻踪》，中国华侨出版社，1995，第24~27页。

2. 海外华人血缘性社团的发展历程

血缘性社团的历史源远流长。新加坡曹家馆（1819年）、马来西亚槟城的梅氏家庙（1842年）、新加坡四邑陈氏会馆（1848年）、新加坡台山黄家馆（1854年）等是较早的血缘性社团。初期的血缘性组织以血缘和地缘相结合为特征，其除有祭神、祭祖的功能之外，也在为后来的移民安顿衣、食、住、行，甚至为他们寻找职业。若是不幸客死异乡之宗亲，则这些社团助殓或助葬遗骸。

19世纪中叶，鸦片战争爆发，闭关锁国的清政府被迫打开国门，开始融入世界体系。“当中国历史翻开了空前屈辱之沉重的一页时，中华民族绵绵不绝的海外移民潮也掀起了新的波澜。”① 由于清政府在威迫利诱下逐渐放宽移民政策以及西方列强的殖民地、半殖民地对劳动力的需求日益增长，大批华工走向东南亚，走向美澳，走向世界。海外华人社团随着海外华人数量的增多以及分布范围的扩大而得到进一步的发展，因此，血缘性社团在这一时期其规模得到了扩大，不仅分布于东南亚各国，而且还分布于欧、美、澳、非等洲。同时其数量得到增长，活动范围也日益扩

① 李明欢：《当代海外华人社团研究》，厦门大学出版社，1995，第31页。

大，“除了扮演社会、经济、文化、教育和政治的角色，也把活动推广到侨乡和中国政府。他们提供捐款，以赈济中国的灾难”。[①]

1941 年太平洋战争爆发后，日本对东南亚的侵袭导致血缘性社团的活动基本处于停顿状态，直到 1945 年日本投降后才开始恢复。“二战”期间，在日本侵略者的残酷统治下，不少会馆领袖遭到迫害，宗族会馆不得不关闭，许多会馆的档案和记录被销毁于战火之中。

“二战”后至今，血缘性社团逐渐发生了质的改变，其演变过程大体可分为三个时期。第一阶段是战后至 20 世纪 50 年代末。该时期是血缘性社团的恢复发展时期，原有的宗族会馆恢复活动，新的血缘性社团不断成立，同时出现了社团联合倾向，如菲华各宗亲联合总会。第二阶段为 60 年代至 70 年代中期，是血缘性社团低落阶段。其原因是排华风潮在东南亚悄然而起，血缘性社团的发展受到了冲击。同时，中国处于“文革”时期，基本上处于孤立的状态，无法为海外侨胞提供有效的保护。此外，“宗族社团的逐渐饱和，年轻华人后代宗族意识的日益淡薄，致使新成立的宗族社团不多，也是主要原因之一”。[②] 因此，血缘性社团的发展走向了低谷。70 年代末至今是血缘性社团在“二战”后发展演变的第三阶段。随着国际政治格局的变化，尤其是在二极格局终结以后，多极格局逐渐形成，血缘性社团得到了重新发展并且其发展程度要比以往高，其主要体现在血缘性社团的联合程度得到进一步发展且形式更为多元化，不仅宗亲组织之间进行更大范围的联合，而且宗亲组织也尝试与其他类型的海外华人社团进行联合。

目前学界上关于战后血缘性社团嬗变的研究成果颇为丰盛。[③] 血缘性

① 钟临杰：《新加坡华人会馆功能改变的反思》，转引自翁奕波《战后海外华人宗族社团的演变及其特征》，《汕头大学学报》1997 年第 13 期。

② 翁奕波：《战后海外华人宗族社团的演变及其特征》，《汕头大学学报》1997 年第 13 期。

③ 相关的著作有李明欢的《当代海外华人社团研究》、宋平的《承继与嬗变：当代菲律宾华人社团比较研究》、庄国土的《近 30 年来东亚华人社团的新变化》、区德强主编的《海外华侨华人社团的发展趋势国际研讨会论文集》、吕伟雄主编的《海外华人社团新透视》、方雄普和许振礼的《海外侨团寻踪》等。相关的期刊论文有陈乔之的《试论海外华人社团的国际化趋向》、翁奕波的《战后海外华人宗族社团的演变及其特征》、汪玲的《试论当代华侨华人社团的若干特点》等。下文对血缘性社团嬗变的阐述也主要参考上述成果。

社团的嬗变是海外华人社会转型的结果。在海外华人社会从“华侨社会”转变为“华人社会”后，血缘性社团为了适应变化的社会环境以求得自身发展，在其性质与认同方面、组织形态方面、社团功能方面进行转变。

第一，社团性质与认同的转变。随着海外华人政治认同的转向及其文化认同的当地化，海外华人社会发生转变，血缘性社团从华侨社团转变为华人社团，进而导致血缘性社团对社群、社会的认同以及对文化的认同也出现了转变。一方面，由于“二战”前的海外华人社会的分化，血缘性社团往往只认同于其所属社群，只认同于自己所属的宗族。另一方面，早期主要移居东南亚的海外华人往往会认为“自己的风俗比别的群体更优雅高尚，而鄙夷其他群体的风俗”[①]，这导致血缘性社团在文化认同上只认同于自己所属社群文化习俗，也只认同于祖籍国的文化传统。然而随着海外华人的政治认同转向移居国，血缘性社团走向了当地化，在坚持与延续其原有的社群认同的基础上，加强了对移居国社会的认同。在政治认同转向的基础上，海外华人在文化上逐渐认同于华族其他社群以及移居国其他民族，文化认同转向多元化。血缘性社团的文化认同也随之出现了转变，他们在坚持中华文化认同的基础上认同于移居国的多元文化。最终，其所开展的活动以及服务范围也不再局限于其所属的社群，而是向华族其他社群和移居国其他民族开放。

第二，组织结构的转变。社团的组织结构分为“内系统结构”与“外系统结构”。一方面，内系统结构是指社团内部的运行机制。“二战”后，随着世界民主化进程的推动，血缘性社团组织结构也逐渐地凸显出“民主性”原则。其主要表现为在每个血缘性社团的社团章程中，几乎都明确以“会员大会”为社团最高的权力机构或最高的决策机构，并对会员大会的地位、职权、召开等方面做出了明确的规定。其次，颜清徨先生在研究战前新马华人社会结构时曾经指出，自19世纪20年代之后，新马华人方言、宗亲组织的结构基本出现“三层状”：常务委员会、理事会和普通会员。[②] 战后，血缘性社团的内部运作机制出现转变，以理事会制、

① 颜清徨：《新马华人社会史》，中国华侨出版社，1991，第33页。

② 颜清徨：《新马华人社会史》，中国华侨出版社，1991，第48页、72~73页。

委员制、理事会与监事会并列制为主。最后，海外华人社会的人口结构产生了新的变化，妇女和青年所占的比例比战前明显上升。与此同时，老人的赡养问题日益凸显。因此，在血缘性社团下一般设有青年团、妇女组、老人组或乐龄社等。另一方面，血缘性社团的外系统结构顺应社团联合的趋势，这主要体现在以下两个方面。一是宗族社团的组合由地域性向跨地域性转化。如成立于 1966 年的新加坡翁氏总会，就是在琼崖翁氏公会等宗亲会馆的基础上联合组建的。“其成员的地域性分布如下：潮汕籍 75 人，琼崖籍 31 人，福建籍 154 人，台湾金门籍 62 人，大埔籍 5 人，另外还有广东新会、浙江温州籍少数成员。”① 在跨地域性联合加强的基础上，出现了国家性的联合，如菲律宾各宗亲会联合总会等。宗族社团之间的联合最终逐渐扩大到世界性的大联合。如世界林氏恳亲大会、世界韩氏宗亲联谊总会等。二是海外华人社团的大联合。这种大联合是在血缘组织与地缘组织联合的基础上形成的，其实行的载体则是囊括了地缘性社团、血缘性社团、业缘性社团等多种类型海外华人社团的华人社团联合会。如欧洲华侨华人社团联合会、美国华人社团联合会等。

第三，社团功能演变。随着华人社会的变迁，血缘性社团的功能出现了一系列的变化。一是社团功能实施的出发点发生改变。血缘性社团在实施其功能时由主要偏袒本会宗亲向顾及当地华族社会的安定团结转变，进而向维护当地社会的安稳转变。一个突出的例子是社团的福利事业由仅以宗亲会成员为对象逐渐扩大为以移居国主流社会为对象，如资助当地的慈善福利事业，当国家出现天灾时踊跃捐款与赈灾。这种转变缘于血缘性社团对社群与社会认同的转变。二是血缘性社团仍然以社会功能为主，并出现了新的特点。其中一个显著的特点是设置专门的机构来实施组织社团的福利事业，如设立专门的奖学助学基金机构或增设教育股。设立专门的机构可使社团的福利事业更制度化、专业化。三是社团的社会功能被削弱。比如：民间协调解纷及做公亲的角色已被法庭所取代；为宗亲寻找职业的角色已被职业介绍所取代；殡殓的角色已被殡仪馆所取代。而社团的经济功能有明显增强的趋势。这不仅表现为各宗亲成员利用国家性或世界性宗

① 《翁氏总会成立十二周年纪念特刊》（新加坡）第 121 页。

亲联合会这一有利平台来开展其经济活动，而且还表现在宗亲成员利用散布世界各地的宗亲网络，以组织考察团为契机，促进宗亲之间的经济合作，进而开展世界性的经济活动。

综上所述，血缘性社团所发生的一系列的嬗变是海外华人社会变迁的结果。然而，“随着年青一代汉语能力的下降、异族通婚的增加，以及人口结构的改变，社团的文化功能必将趋于衰落”。[①] 社团的文化功能主要表现为对中华文化的传播。面对这种衰落的倾向，有些社团积极投身于传播中华文化活动之中，以增强其文化功能。

（二）海外华人血缘性社团与中华文化传播

血缘性社团自成立以来就将传播中华文化视为己任，并为此付出了诸多努力。面对海外华社中华文化传播的衰落，有的社团采取各种措施以试图挽回这局势。其中一个具有代表性的社团是马来西亚砂罗越彭城刘氏公会（以下简称“公会”）。

1. 马来西亚砂罗越彭城刘氏公会的概况

公会成立于 1978 年 4 月 14 日，由邦光、灿源、贤英、乃荃、泳芝、嘉金、会干、贤任、世南等人以团结宗亲、教导宗亲不可忘本、缅怀先祖的目的而发起筹组公会。1978 年 11 月 9 日，砂罗越彭城刘氏公会正式获准成立，为砂州首个刘氏公会。公会是以会员大会为最高的权力机构，下设理事会，理事会由会长、会长顾问、副会长、秘书、财政等构成。理事会之下有秘书处、总务组、文教组、福利组、公关组、康乐组、乐龄组及讲演会，同时以青年团和妇女组为两大辅翼。庞大的刘氏会员及成功人士，在背后为推动活动不遗余力。其首个会所在公会成立后的短短两年内，得以落实。同时，它与各社团有良好的合作与互动，促进海外华人社团之间凝聚力的提升，传播中华文化。因会员的增加和会务蓬勃的发展，在理事会及全体会员的全力推动之下，公会于 1996 年发起购买于船澳安都达板东路门牌 8、10、12 的三间新会所。其成立，“至今已有三十余年，会员已达三千余名。公会每年所筹办的活动不下 40 项，公会已成为砂罗

---

① 宋平：《承继与嬗变：当代菲律宾华人社团比较研究》，厦门大学出版社，1995，第 10 页。

越州活跃的社团之一”。[①]

图 9　砂罗越彭城刘氏公会会徽

资料来源：http：//www. spclau. com/。

2. 马来西亚砂罗越彭城刘氏公会的中华文化传播活动

公会为传播中华文化开展的活动主要集中在以下三个方面。第一，强化社团内部的中华文化意识。公会意识到唯有采取各种措施才能强化社团内部的中华文化意识，才能更好地开展中华文化传播活动。公会的署理会长刘久生曾表示：“俗话说：‘参天之木，必有其根；怀山之水，必有其源’。无论时光流逝，无论疆土阻隔，都改变不了汉文化的传承。”为此，一方面，公会完善其本身的社团章程，使会员在潜移默化中传承中华文化。这方面的工作可以从公会的会歌和会徽中体现出来。会徽所体现的中华文化韵味可谓深厚。“中间之圆形图案远看像中国窗，代表华人文化。朱红色代表忠勇、和气、吉利。图案中心乃‘刘’字。旁边两颗植物茂盛青翠，代表繁荣。它们各由一手托住一颜色橙黄，表示黄种（中国人）。双手意义在于刻苦耐劳，白手亦能起家。”[②] 公会的会歌名为“刘氏祖训颂”，从歌词“早晚勿忘亲命语，晨昏须奉祖炉香；苍天佑我卯金氏，二七男儿共炽昌”[③] 中我们可体会到公会对中华文化的传承，尤其是宗族文化传承的重视，并视之为其使命。另一方面，顺应海外华人社团联

① 《携手走过三十年——沙罗越彭城刘氏公会三十年纪念特刊》（马来西亚），第 274 页。

② 《砂罗越彭城刘氏总会寻根问祖恳亲团代表团名册》（马来西亚）第 4 页。

③ 《第十六届砂沙汶彭城刘氏宗亲嘉年华会》（马来西亚）A。

合趋向，谋求与其他社团联合，进而扩大中华文化传播活动的规模。公会可以说是在社团联合的趋势中走在前头的社团之一。2000 年 3 月 8 日，在公会的发起下，公会与砂罗越州的其余六个彭城刘氏公会组成了砂罗越彭城刘氏公会联合总会，公会的成员在联合总会中担任要职，表现活跃积极。到了 2007 年，砂罗越彭城刘氏公会联合总会发起倡议筹组马来西亚刘氏总会，并为此建立了筹委会。在公会任要职的刘虔材、刘乃桢担任了筹委会的主席和秘书。在联合总会的全体人员的努力下，马来西亚刘氏总会正式获得了社团注册官的批准。公会在世界刘氏宗亲联谊总会中也占有一席之地，并发挥着重要的作用。公会会长刘利民担任了第七届刘氏宗亲联谊总会首届执行主席兼第七届刘氏宗亲联谊总会理事长。2010 年 10 月，第七届世界刘氏联谊大会在马来西亚的诗巫举办。这次大会是由马来西亚刘氏总会主办，砂拉越彭城刘氏公会协办。大会的主题是“同族、同根、同梦想”，规模盛大，有两千余名来自世界各地的刘氏宗亲参加。此外，公会加入了马来西亚龙冈亲义总会与诗巫省华人社团联合会，从而达到与其他姓氏的血缘性社团或其他类型的华人社团进行联合的目的。

另外，公会通过举办各种活动来加强公会内部的凝聚力，加强对中华文化的认同感。(1)“独在异乡为异客，每逢佳节倍思亲”这句诗可以说是写出了海外华人的思乡之情。公会为了减轻宗亲成员的思乡惆怅之情，在春节、元宵、中秋等中国传统节日时举办联欢晚会，让宗亲们共聚一堂，使宗亲们能够在海外感受家的温暖，以此来团结宗亲，传承中华文化中的宗亲文化的观念。(2) 公会的青年团、妇女组联合举办各种活动，争取青年人对公会的向心力的同时让他们传承“饮水思源”“孝亲敬老”等中华传统美德。其中一个例子是青年团和妇女组每年都会举办孝亲节敬老会，敬老会上年轻人与老人们欢聚一堂。会长刘利民表示：“作为联系同宗子女与弘扬中华文化的血缘性组织，宗亲会非常重视孝亲节，也一直都在大力弘扬孝亲节的意义，目的是唤醒时下年轻人在忙于工作之际，不要忽略在家里的父母以及对他们的关怀。”① (3) 设置乐龄组以专门负责

① 《砂罗越彭城刘氏公会青年团妇女组联合主办 2014 年孝亲节》，砂罗越彭城刘氏公会联合总会网站：http：//www. spclau. com/? p=13075。

为老人提供福利工作，并举办相关活动来让老人们欢聚一堂，如每年在圣诞节时举办乐龄卡拉 OK 歌唱赛。为了更好地发扬敬老尊老精神，公会乐龄组发起倡议，与砂罗越其他彭城刘氏公会的乐龄组一起组成砂罗越彭城刘氏总会属下的乐龄组，从而更好地为乐龄人士提供服务。（4）组织考察团回祖籍国寻根、问祖、恳亲。公会成立以来，多次组织考察团回祖籍国，不仅回祖籍地寻根探亲，而且还到其他省份参加相关的文化活动。我们要注意到的是组织考察团的另一目的是资助祖籍国的公共事业与福利事业。考察团里不仅有中老年华人，而且还有青年一代的海外华人。他们的到来总会受到祖籍国当地宗亲的热烈欢迎。（5）组织人员参加由海外华人主办的相关活动。比如，公会曾多次组织人员参加砂罗越姓氏公会华语歌唱比赛，并取得了不错的成绩。2014 年 8 月，公会组织人员参加由诗巫省华青团主办的婆罗洲文化节——“华族文化风采”，并组织人员参加文化节里的娱乐项目。（6）成立演讲会以锻炼宗亲成员的华语能力。公会的演讲会成立后，已举办大约 150 场的练习会。练习会的授课内容主要是围绕如何提高宗亲的华语演讲能力而展开。此外，演讲会组织幽默演讲及讲评比赛，以竞赛的方式激发宗亲们尤其是年轻一辈对华语的兴趣，增强他们对华语的自豪感。（7）修纂刘氏族谱。公会自成立以来已进行了三次的修谱工作。修纂族谱可以让宗亲们了解本身的渊源，并且致力于刘氏文化的传承。

第二，加强海外华社对中华文化的传承。上文已提及中华文化的传承在海外华人社会发展的过程中所出现的问题。因此，公会在完善其内部文化建设的基础上，开展各种活动来确保中华文化传承在海外华人社会中的延续性。其所开展的活动主要有三个方面。

首先，公会在顺应当代海外华人社团联合化趋势的基础上，与其他社团一起联合举办相关的文化活动，或者响应其加入的联合会的倡议，以主办方或协办方的身份开展活动。一个最为典型的例子就是每年举办砂、沙、汶宗亲嘉年华，又称三邦宗亲嘉年华。该嘉年华已经开展了三十余届，由砂罗越、沙巴、文莱宗亲的刘氏公会联办，由三地宗亲中的刘氏公会主办，参与者是各属会的会员。其活动项目从刚开展的五项，发展到现在的十余项综合性节目，其中包括艺术性比赛，如书法、绘画、演讲、讲

图 10　砂罗越彭城刘氏公会寻根问祖恳亲团合影

资料来源：《携手走过三十年——沙罗越彭城刘氏公会三十年纪念特刊》（马来西亚），第 180 页。

故事等；也有体育项目的竞赛，如篮球、羽毛球、保龄球等球类比赛以及不同的趣味性户外运动。举办嘉年华在于凝聚各地的刘氏宗亲，增强宗亲们对宗族的认同。“各地宗亲会的领导人都会说嘉年华会很有意思。除了可以每年一次相聚，也学会了如何办事，如何处理人际关系等学问，尤其对团结与合作的现实看法。”① 此外，2014 年 3 月，公会响应马来西亚刘氏总会的倡议，公会的青年团妇女组以协办方的身份，协助马来西亚刘氏总会青年团妇女组举办第一届马来西亚刘氏宗亲嘉年华会。该嘉年华会的项目与三邦宗亲嘉年华，举办的目的是“体现‘刘氏一家亲’的精神，以便达致加强全国宗亲的联系与宗谊。”② 2014 年 9 月，公会青年团妇女组以协办方的身份，协助雪隆刘氏公会青年团妇女组主办第六届马来西亚刘氏宗亲常识比赛。该次比赛首次采用网络比赛的形式，分为小学组、中学组和公开组/媳妇组，题目是选择题，其内容是刘氏宗亲历史

① 《第十届砂沙汶三邦刘氏宗亲嘉年华会暨十周年纪念特刊》（马来西亚）第 25 页。

② 《第一届马来西亚刘氏宗亲嘉年华会开幕礼暨欢迎宴》，砂罗越彭城刘氏公会联合总会网站，http：//www. spclau. com/？ p=12757。

等资讯以及国内外时事常识。利用网络力量，活动不仅可以让更多的宗亲更方便地参与，而且还可以以生动的方式让宗亲们了解刘氏宗族的历史渊源。

图 11　砂罗越彭城刘氏公会青年团妇女组联合主办
第 26 届砂沙汶彭城刘氏宗亲嘉年华会歌唱组选拔赛兼闭幕礼

资料来源：http：//www. spclau. com/？ p=9805。

其次，公会通过各种方式来支持当地华文教育事业的发展。重视教育是中华民族的优良文化传统。“早期在海外的华侨深受没有文化的苦痛，为了发展经济，丰富生活，更为了日后子孙的发展，接受祖国的文化知识和优良传统，自然就必须办教育，兴学校，以培养年轻一代。”[①] 为此，公会积极投身于马来西亚华文教育事业中。一方面，公会以物质资助的方式支持当地华文教育事业。公会的资助主要分为个人资助和公会集体资助。公会的发起人之一，已故的拿督斯里会干博士宗长是公会个人资助的代表之一。刘会干作为一个成功的华人企业家，饮誉东南亚。刘会干热心于社会公益事业，担任许多马来西亚华人社团要职。他对传播中华文化与提倡华文教育，更是情有独钟，不但自己带头捐款支持华文小学和华文独

① 罗晃潮：《华侨华人与中华文化海外传播》，《岭南文史》1998 年第 5 期。

立中学，还组织开展各种活动筹集办学经费，帮助学校解决经费困难。刘会干被誉为“华教功臣”“华教栋梁”。以公会的名义对华文教育支持的一个例子是2013年10月，公会捐献诗巫华文独中董联会主办的“爱我独中”astro筹募教育基金慈善义演活动。另一方面，公会建立奖助学金体系，以支持宗亲子女接受更好的教育。公会中主要的奖助学金是每年度颁发的刘氏宗亲子女教育奖励金暨刘雅芬师姑奖励金。这项奖励金的设立目的就在于鼓励宗亲子女们努力学习并学会感恩，饮水思源，将来学成造福社会，回馈社会。同时在2015年，公会的名誉顾问刘利康捐资50万令吉给公会以建立刘氏教育基金。公会主席刘本武指出：“已故拿督斯里会干宗长博士的三位公子，天猛公利民，拿督利康，利强，对教育及‘华文独中’不但出钱出力，还领导全砂华文独中，全马董联会独中的工作，为全国华文教育做出了积极贡献。”①

图12　“爱我独中”astro筹募教育基金慈善义演活动

资料来源：http：//www.uca.org.my/v12/2012-09-12-04-54-29/2012-09-12-05-11-21/3932-astro-4-10-2013。

最后，公会投身于华文报刊事业。海外的华文报刊是海外华人文化重要的组成部分，也是构成海外华人社会三大支柱之一，它不仅反映所在国

① 《关心教育慷慨解囊，刘利康捐50万刘氏教育基金》，《国际时报》，http：//www.in-times.com.my/index.php/2013-09-08-02-08-40/item/17006-50。

的社会、经济和文化等方面的情况，促进华侨华人对当地社会的认识。而且也是加强海外华人与故国联系的一座桥梁，是促进各国先进思想文化的传播，以及推动经济文化交流重要的一环。刘会干宗长意识到办华文报刊的重要性。1952 年，刘会干宗长创办了《诗华日报》[①]。《诗华日报》是马来西亚婆罗洲岛上最大和最畅销的中文日报，覆盖文莱、马来西亚沙捞越、沙巴州北部海岸岛屿和苏丹国，同时也是大马华文报纸中历史较久的华文报纸。到了 2002 年，刘会干宗长名下的启德行集团创办了新的华文报刊——《东方日报》。《东方日报》虽然创办时间比较短，但目前是西马成长最快速的日报。刘会干宗长对华文报刊的投资和创办，不仅促进了马来西亚华文传媒的发展，而且还维护了华人福祉，传承中华文化，帮助华人融入当地社会，同时也让世界更好地认识华人，更好地了解中国。

第三，公会积极投身慈善福利事业，弘扬慈善文化。公会的慈善福利活动面向居住国以及祖籍国。面向居住国的慈善活动，公会每年都会举办两项慈善活动。第一项是公会将内部的旧报纸变卖以及倡议成员捐款，其所筹得的款项都作为捐赠诗巫肾脏基金会的善款。另一项则是公会与砂罗越州其他的刘氏公会联合主办“爱心捐血运动”。公会的成员们都积极参加捐血运动，为当地国社会贡献一分力量。此外，“刘钦侯医院纪念馆”是由刘钦侯宗长所捐献建造的一所医院。医院创办于 1936 年。当时刘钦侯宗长眼看诗巫的医院的规模无法满足人民的需要，于是变卖自身的产业捐献给政府以建立较为完善的医院，体现了中华文化中造福社会、回馈社会的传统美德。在诗巫中央医院启用后，刘钦侯医院就改换成刘钦侯医院纪念馆。纪念馆是马来西亚全国首创的医疗博物馆，“是为了纪念以及褒扬刘钦侯宗长的仁风义举及爱心永垂而建的”。[②] 另一方面，尽管砂罗越的刘氏宗亲已移居海外，但是他们仍然心系祖籍国，热心关心家乡事业，

① 《马来西亚报刊列表》，维基百科：http：//zh. wikipedia. org/wiki/%E9%A6%AC%E4%BE%86%E8%A5%BF%E4%BA%9E%E5%A0%B1%E5%88%8A%E5%88%97%E8%A1%A8。

② 《提供医疗服务半世纪，大马刘钦侯医院变身纪念》，中国新闻网：http：//www. chinanews. com/hr/2014/05-14/6170953. shtml。

为家乡的发展做了一定贡献。比如，刘会干宗长领导的启德行集团曾在福建、四川、浙江、云南等地，独资或合资兴办企业。1995 年 9 月，闽清县政府聘请他担任闽清县海外联谊会的名誉会长，并授予他“造福桑梓”的荣誉奖牌，表彰他对故乡的贡献。而刘增钦宗长及其夫人张乐熙女士捐资改建、扩建河南叶县的瓦店小学和昆阳镇中学。这两所学校在硬件设施上得到了很大的改善，为了纪念他们的善举，分别改名为“乐熙小学”和“乐熙中学”。

综上所述，砂罗越彭城刘氏公会通过加强社团内部的中华文化意识、加强海外华社对中华文化的传承、支持移居国与祖籍国的慈善福利事业这三个方面来开展中华文化传播活动。笔者认为，公会的中华文化传播活动已形成一种中华文化传播机制。通过这一机制，公会得以统筹有效的进行中华文化传播活动。因此，公会所取得的成效是值得肯定的。

（三）小结

1. 海外华人血缘性社团的中华文化传播机制

马来西亚砂罗越彭城刘氏公会在进行中华文化传播时，主要由传播者、传播对象、传播方式、传播内容、传播效果这几方面协调运作。

传播者主要是马来西亚砂罗越彭城刘氏公会。公会顺应海外血缘性社团联合趋势程度的加深，导致了社团之间联合进行对中华文化的传播，从而使中华文化传播活动的传播者也不再仅仅是公会，传播由公会与其他刘氏公会，或与其他姓氏的宗亲组织，或与其他类别的海外华社共同承担。

传播对象主要是公会内部的宗亲成员们。随着公会的认同转向当地化以及社团之间联合程度的加深，传播对象逐渐由公会内部的宗亲成员扩大到砂罗越内刘氏宗亲及砂罗越其他族群，再扩大至马来西亚内刘氏宗亲及马来西亚其他族群，最终扩大至世界范围内的刘氏宗亲及其他族群。然而传播对象主要还是以刘氏宗亲为主。

从传播方式来看，公会主要通过三种方式来进行中华文化传播。（1）加强公会内部的中华文化意识。这方面的工作内容主要是优化公会内部的组织系统，如在公会的会徽、会歌中体现中华文化的元素以及与其他社团进行联合，从而扩大其传播中华文化活动的规模。此外，公会通过举办各种活动来加强内部宗亲们的中华文化意识，而且十分注重不同年龄层之间的互动，如在中华民族传统节日举办晚会、每年举办孝亲节敬老会、组织考察团回祖籍国寻根恳亲等。(2) 维护与加强海外华社内部的中华文化的传承。为了防止海外华社内部的中华文化传承断层的加深，公会与其他社团一起联合举办相关的文化活动，或者应其加入的联合会的要求，以主办方或协办方的身份开展活动。与此同时，公会以物质资助等方式支持马来西亚华文教育和华文传媒的发展。众多学者认同的海外华人社团、海外华文教育、海外华文传媒这三个被喻为海外华人社会中的“三宝”，是海外华侨华人进行中华文化传播的三种主要的载体。海外华侨华人的中华文化传播活动主要靠这“三宝”的相互支持、相互协调来开展。公会支持马来西亚华文教育和华文传媒的发展则是上述观点的有力例证。(3) 支持居住国与祖籍国的福利慈善事业，弘扬慈善文化。其活动的形式多样，如在移居国与祖籍国兴建企业、医院、学校等，或举办爱心捐血、爱心义卖等活动。

公会对中华文化传播的内容主要是以刘氏宗族文化为主，其传播的目的也主要是让刘氏宗亲能够了解自己宗族的文化和历史渊源，致力于刘氏宗族文化的传承。然而随着海外血缘性社团在战后发生了嬗变，尤其是社团之间的联合加强，公会对中华文化的传播开始注重对中华文化的整体性进行传播，而不再局限于对刘氏宗族文化的传播。

公会对中华文化的传播所取得的传播效果主要表现在两个方面。一方面，公会对中华文化的传播使海外华人社会的中华文化意识加强，并维护了海外华社对中华文化的传承，进而避免在中华文化的传承过程中出现断层问题。在公会的传播活动中，维护海外华社的中华文化传承是从公会内的宗亲开始，进而逐步扩大到海外华社的整体。另一方面，除了成功地维护海外华社内部的传承，公会还成功地将对中华文化的传播范围从砂罗越扩展至马来西亚，进而扩展至世界各地，使世界各民族的人们可以更好、更充分地了解中华文化。

总之，以马来西亚砂罗越彭城刘氏公会为代表的海外华人血缘性社团在传播中华文化的过程中，已形成一套有效的中华文化传播机制，其传播活动对象从刘氏宗族逐渐扩散至世界各族群，传播范围从砂罗越逐步扩散至世界各地，最终使中华文化在世界范围内传播开来。

2. 海外华人血缘性社团中华文化传播活动存在的问题和发展趋势

马来西亚砂罗越彭城刘氏公会是海外华人血缘性社团的代表之一，其中华文化传播机制反映了海外华人血缘性社团中华文化传播机制的一些普遍性特点。比如，传播者这一角色从由一个宗亲组织来承担，逐步发展为由多个宗亲组织共同承担，最终发展为由多个不同类型的海外华人社团共同承担；传播内容从偏重宗亲组织所代表的宗族文化逐渐发展为注重中华文化的整体性；传播对象从社团内部的宗亲成员扩展至世界各个族群，其传播范围从宗亲组织内部扩展至世界各地。笔者认为，海外华人血缘性社团的中华文化传播机制的发展得益于海外华人社团的嬗变，尤其是海外华人社团之间联合趋势的加强。

海外华人血缘性社团的中华文化传播机制已发展到一定的程度，然而在机制的发展过程中存在以下三个不足之处。

第一，尽管海外华人血缘性社团顺应海外华人社团嬗变的趋势，其社会认同转向了当地化，即认同于当地国社会，其文化认同也转向于当地的多元文化，进而导致其传播中华文化的活动扩展至世界各地。但是，由于血缘性社团自身的局限性，以及不同姓氏的血缘性社团之间以及血缘性社团与其他类型的海外华人社团之间的联合程度还不够紧密，活动参加者主要是各自所代表的宗族成员，其他族群较少地参与。另外，其传播的内容也主要偏向于各自的宗族文化，传播活动也主要是围绕各自宗族的利益来开展，而较少顾及其他不同的团体，从而使海外华人血缘性社团的中华文化传播机制具有一定程度的孤立性，这样的局限性是不利于海外华人血缘性社团的中华文化传播机制以及海外华人血缘性社团的长远发展的。

第二，血缘性社团的中华文化传播活动存在后继无人的问题。尽管血缘性社团的中华文化传播活动已经十分注重争取华人新生代的加入与支持，然而，“华人新生代与社团的疏离，使得青黄不接、后继无人成为社团普遍面临的问题”。[1] 由于华裔新生代在当地接受教育，观念上认同当地，社交圈子已不局限于华社，因此对参与华人社团缺乏兴趣。在华社

① 《东南亚华侨华人社团当地化趋势加强，后继乏人》，中国新闻网：http：//www. chinanews. com/hr/2011/08-15/3258247. shtml。

已经当地化，融合不断推进的大背景下，要争取新生代的会员，对血缘性社团来说的确是艰难的任务，从长远来看，社团后继无人的状况还将继续。

第三，“海外华侨华人传承和发扬中华文化表现主要包括三个层次：表层的器物文化、行为文化和习俗文化、华侨华人身上展现的中华传统文化价值观。[①]”从海外华人血缘性社团的中华文化传播活动来看，活动的形式较为表面，主要集中于对表层的器物文化、行为文化和习俗文化的传播，而较少地涉及华侨华人身上展现的中华传统文化价值观。这会使传播对象体会不到中华文化的精髓，使他们认为“中华文化也不过如此”。华裔青年与中华文化隔阂的拉大，导致血缘性社团的中华文化传播活动存在后继无人的问题，同时使其缺乏对于中华传统文化价值观的传播。上述两个问题最终会阻碍血缘性社团的中华文化传播机制的长久发展。

若上述问题不能得到很好的解决，那么海外华人血缘性社团的中华文化传播机制将会停滞不前。不过笔者仍有充足的理由相信，随着海外华人血缘性社团对中华文化传播重视程度的加深，血缘性社团在传播的过程中会逐渐意识到问题的存在并逐步解决问题，使中华文化传播活动得以继续并取得进一步发展。因此，海外华人血缘性社团会继续成为海外华人社团传播中华文化活动的主要力量之一，而海外华人血缘性社团对中华文化的传播也将继续向前，海外华人血缘性社团的中华文化传播机制将得到全面发展。

三　业缘性华人社团

业缘是海外华侨华人组建社团的联系纽带之一，由业缘组成的业缘性社团至今已有两百多年的历史，在海外华人社会中发挥着重要的作用，在传承和发扬中华文化方面亦是如此。以下笔者将对海外华人业缘性社团与中华文化传播的关系进行探讨，先简要概述海外华人业缘性社团的历史渊源与发展历程，然后以菲律宾商联总会作为个案来分析业缘性社团对中华

① 李其荣：《华侨华人在海外传播中华文化新探》，《广西民族大学学报》（哲学社会科学版）2013年第3期。

文化的传播，最后对业缘性社团在传播中华文化的过程中所形成的传播机制与不足进行探讨，并进行展望。

（一）海外华人业缘性社团概述

对海外华人业缘性社团进行简单介绍前，有必要弄明白何为业缘性社团？“业”在汉语中除了职业、行业、事业之外还有学业的意思。据此，业缘性社团是由于职业或行业特点及需要组成的团体。海外华人商会组织及工会组织、行会、同业公会、退伍军人联谊会都是典型的海外华人业缘性团体。另一种业缘性社团，即校友会，学生之间因为有过共同的学业联系建立起来的校友会，应属于业缘性社团的范围。也有一些学者称其为“学缘社团”。当然，除了上述两种业缘性社团，还有一种华人专业人士的社团，也属于业缘性社团的范围。如菲律宾的“菲华西医学会”、“美国华人针灸学会”、美国华人工程师成立的“中国工程学会”等。

据现存史料记载，海外华侨系统中正式业缘性社团组织的记录可以追溯到 18 世纪末 19 世纪初。日本长崎“八闽会馆”是主要代表。“八闽会馆始建迄今殆百年之久。为我帮上族议公之区，良辰宴会之所，由来久矣。”18 世纪末为旅居长崎的福建籍船主、商人之间的联谊互助团体[①]。虽然“八闽会馆”也具有地缘的联系，但不失海外华人业缘性社团的特点。

第二次世界大战爆发前，在世界各地的华人社会中社团活动正在成长。在美国，以业缘联系为主要特征的社团有客商总会、昭一公所等行会性组织。在拉丁美洲，1897 年建立古巴中华总商会。在新加坡，1906 年建立新加坡中华总商会，相继成立梨园堂（粤剧伶人的组织，成立于 1857 年，后易名为“八和会馆”）、甘蜜胡椒公局、北城行（土木建造业同行团体，成立于 1868 年）等业缘性社团。在马来西亚，1921 年建立英属巫来由中华商会联合会。在泰国，1910 年成立泰国中华总商会。在菲律宾，1904 年成立小吕宋中华商务总会[②]。海外华人社会最早是血缘联系和地缘联系占主导。人们远渡重洋、艰险万分，在一个陌生环境中生存

① 何瑞藤：《日本华侨社会研究》，（台湾）三民书局，1980，第 92 页。
② 李明欢：《当代海外华人社团研究》，厦门大学出版社，1995，第 38 页。

需要互相帮助，他们大多是因亲戚关系或同乡缘故来到海外的，通过几代人的艰苦奋斗和努力拼搏才有所发展。对于当地居民和殖民政府而言，他们成了居住在当地血缘和地缘社区以外的边外人，殖民地政府只允许华人在划定的一小块范围居住。华人既不像当地居民一样拥有土地，又不像殖民政府那样拥有权力，只好以商业活动谋求生存。久而久之，形成商会、行会、同业公会或其他业缘性社团组织。由于海外华人社会中的“同乡介绍、亲戚提拔”等因素，业缘、血缘与地缘的联系是不能完全割裂的。如在新加坡的理发行业中就有因祖籍地不同形成的“粤帮理发行”和“福建理发工会”。[①] 追本溯源，业缘性的社团组织最初的发展仍与海外华人社会中的地缘联系和血缘联系密切相关。即便是发展到现在，一些具有明显业缘联系的海外华人社团仍然不能被视作纯粹的业缘性团体。比如，菲律宾华商联谊总会，虽然业缘联系是主要特点，但是究其本质，它显然已经成为一个综合性的海外华人社团。同一行业中，行业主与行业工人会因经济水平的差异，分别组成该行业的同业组织。比如，美国的洗衣行业的同业组织中，有洗衣业同行工人组成的“西福堂”，也有洗衣店同行业主组成的“东庆堂”。旧票行业工人组成的行业工会叫“联合堂”，旧票行业主组成的行业工会叫“兆雪堂”。新票行业工人组成的行业工会叫“合益堂”，新票行业主组成的行业工会叫“大成堂”[②]。美国这种同一行业中出现由工人和业主分别组成各自的行业工会或商会的现象在东南亚的华人社团中同样存在。海外华人社会中也存在贫富分化的现象，这一点在社团会费上可以间接体现出来。如 19 世纪末 20 世纪初新加坡的“怡和轩俱乐部”和“中华为基利俱乐部”会费就相当高。怡和轩俱乐部的入会费，一次性需要缴 100 元，在当时 1 元比现在的 200 元人民币还要值钱。[③]“中华为基利俱乐部”的入会费竟高达 1500 元。[④] 这是经济分化的结果，不过这些社团在中日战争问题上曾做出过贡献。随着时间变化和经济快速发展，进入 20 世纪后，一大批综合性的业缘性团体纷纷成立，中华总商

① 李明欢：《当代海外华人社团研究》，厦门大学出版社，1995，第 37 页。

② 李明欢：《当代海外华人社团研究》，厦门大学出版社，1995，第 37 页。

③ 《怡和轩 90 周年纪念特刊》，新加坡大水牛出版机构，1985，第 46 页。

④ 周南京主编《世界华侨华人词典》，北京大学出版社，1993，第 825 页。

会建成。如“建立于1906年的新加坡中华总商会是在海外首批出现的华商组织之一”。[①] 新加坡中华总商会对于“一切有关华族前途的事情，本会无不挺身而出，尽力争取”。[②] 又如1910年建立的泰国中华总商会[③]等。这些商会组织多与政府方面关系密切，实力比较强大，可以反映当地华人的呼声，为他们代言。但是，由于系统庞大，人多，形势复杂，社团内部利益纷争，社团的正常发展受阻。

第二次世界大战爆发以前海外华人社会的发展受到限制，华人学校的数量不多，多数孩子的教育如同中国的私塾教学一样。以马来西亚为例，殖民政府对华人办学大多采取放任态度，因此华校数目不断增多。华人势力日渐庞大，殖民政府于1920年颁布《1920年学校注册法令》对华人学校进行限制和打压。第二次世界大战时期，日本入侵马来半岛，华人学校陷入停滞状态。战争结束后，伴着华人子女受教育需求的增加，华人学校纷纷建立起来。在这期间，殖民地政府先后颁布《1952年教育法令》《1956年教育（修正）法令》《1957年教育法令》和为数众多的报告书。独立以后，联邦政府采纳1955年的《拉萨报告书》和1961年的《达立报告书》颁布了《1961年教育法令》，大大地削弱了华文教育的发展，引起民间的极大反弹；为了维护华人接受华文教育的权利，董总和教总在1977年开始推动独中复兴运动，“这种长期为本族语言、文化存在与发展的运动，可说是一部可歌可泣的马来西亚人民争取基本人权斗争运动的组成部分，这与马来西亚董总的领导分不开”。[④] 但是，毕业后的学生面临着许多共同问题，如毕业后的就业问题、学历是否得到承认、待遇是否公平等，为解决这些共同问题，曾经在同一学校或同一地区求学的这种学业联系使他们组成各类校友会、同学会等社团。如南洋大学有很多学生来自马来西亚联合邦，但当地政府不承认南洋大学的毕业生。马来西亚大学按照名额比例录取华族学生，同一专业的华人学生成绩需要比马来族学生高

① 刘宏：《新加坡中华总商会与亚洲华商网络的制度化》，《历史研究》2000年第1期。

② 《新加坡中华总商会成立60周年纪念特刊》，新加坡中华总商会，1966，第21页。

③ 洪林、黎道纲主编《泰国华侨华人研究》，香港社会科学出版社，2006，第385页。

④ 国务院侨务办公室政研司编《“中国和平发展与海外华侨华人”研讨会论文集》，国务院侨办政研司，2006，第413页。

出很多。在工作应聘和入职待遇方面，南洋大学的毕业生不及新加坡国立大学和马来西亚大学。对母校的深情是促成校友会产生的首要原因，毕业生们大多以回馈母校为己任，奉献自己的价值进而促进母校的发展。为争取政府的承认，毕业生们组建了校友会。1980 年应政府要求，南洋大学停办，但全球的南洋大学校友会组织联系更加密切了。呼吁“复办南洋大学”成了南洋大学各地校友会的共同努力方向。校友会因学业联系而建，属于业缘性社团的一个重要部分。马来西亚的华校最具典型，因此校友会组织也比较多。据厦门大学李明欢老师在《当代海外华人社团研究》中的统计数据，马来西亚槟州华人大会堂所属的 294 个团体中，校友会组织有 44 个，占社团总数的 15%，其中有华文高等院校的校友会，也有华文独中校友会，又有华文小学校友会，还有多所华文学校的联合校友会（如，北海华文公学校友会）。东南亚留台校友会的建立同样有其原因，还形成了全国性的“马来西亚留台校友联合总会”。虽然在第二次世界大战爆发前就有校友会成立，但校友会多因战争和政治因素陷入停滞，其真正发展是在“二战”结束以后。战后，整体社会格局发生显著变化，同校的学生在社会地位和思想观念、学术研究等方面更加具有共同特点。校友会之间的联系因毕业生的发展需要显得更加密切和具有活力。随着中国经济的日益发展，1978 年改革开放以后，走出国门的高素质人才占很大比例。目前，中国已经成为世界第一大留学生输出国，教育部官方资料显示，自改革开放至 2013 年，中国出国留学总人数达到了 305.86 万。仅 2011 年底，在德国的中国留学生多达 28631 人。[①] 国外的华人校友会越来越多，一些节日活动、晚宴活动也体现着中华文化的元素，在一定程度上促进了中华文化与世界的传播和融合。各类校友发挥着自身素质高、融入主流社会快的优势将中国文化带到世界各地，同时也吸收其他文化，不同文化之间的碰撞、融合让世界更为进步。更为重要的是，各类校友会团结一致，支持华文教育，推动海内外学术交流和合作，为国内各领域的科技创新和科学发展输送新的血液，也为谋求华人在当地国发展做出了重要

① 参考黎家松、黄舍骄主编《外交“封”云 40 位前外交官讲述外交封背后的故事》，人民邮电出版社，2014。

贡献。

海外华人通过自身的艰苦奋斗、勤俭节约等优良品质不断积累财富、经验和知识，几代人的积淀，使得华人自身素质提高，逐渐建立起一些由高技术人才组成的专业性社团。虽说在第二次世界大战结束之前海外华人社会就已经存在一些专业性很强的团体，但是其大多都规模小、人数少，而且影响力有限。如菲律宾的专业性业缘社团“菲华西医学会”于 1993 年由郑汉淇、高祖霖、黄和声、蔡悟梯、李慧龄、吴长楠、李荣照等创办于马尼拉，原称菲律宾华侨西医学会。[①] 在邱于川会长任内，因会员已多入菲律宾国籍，故该会改称菲华西医学会，战后该会设于中华崇仁医院内。该会致力学术研究，也经常举办学术会议，曾于 1970 年抗争西医菲华案成功，同时也注意会友康乐会时不时举行多种活动和比赛。1982 年组团赴台湾考察医学，进行学术交流。1984 年和 1987 年曾组团访问中国大陆。1991 年创立救灾运动和贫寒补助基金。1993 年出版《医谈》双月刊，同年创设菲华西医学会图书馆崇基医院分馆及闽语大众医学座谈会。1983 年起，获菲律宾华商陈永栽资助，每年保送会员数人出国深造。学会逐步发展，会员从创会之初的 7 人，到 80 年代末的 400 多人，到现在“菲华西医学会”已经成为菲律宾华人社会中一个著名的专业性社团。从改革开放到现在，高素质、高技能、高学历的新人才移民流向美国的人数是总体移民中最多的。因此，在美国的华人社会中形成的专业性社团较多。如美国东部华人教授组成的“美东华人学术联谊会”[②]（1984 年成立）仅在 2014 年 8 月 17 日就陆续举办八场科技专题讲座。美东华人学术联谊会在 500 名会员的共同努力下，逐渐在海外华人社会中获得美誉并且培养出在全球各地各行业中扮演重要角色的优秀人才。还有由生物医药工作者组成的“美国华人生物医药科技协会”，为中美医药科技的交流做出了重要贡献。另外，由美国持有正式行医执照的针灸师组成的“美国华人针灸协会”，会员努力发扬古老的中医精神和中医文化。2014 年 10 月，美国医学会杂志发表了一篇关于针灸对慢性膝关节炎无效的学术论文，这

① 华人经济年鉴编辑委员会编《华人经济年鉴 1995》，中国社会科学出版社，1995，第 616 页。

② 廖小健等：《全球化时代的华人经济》，中国华侨出版社，2003，第 487 页。

彻底颠覆了针灸师的经验判断：关节炎是针灸应用最多的适应证之一。以李永明为代表的华人中医群体，发起了针灸进入美国 40 年以来最大的一场保卫战。海外中医针灸师一直试图在现代科学体系内，证明和捍卫自己的古老医学理论。经过几十年的抗争，华人中医师认清了现实：想要捍卫他们所代表的中医理论，影响美国主流社会的认识，联合是他们的唯一选择。这次论文事件后，华人中医师组成了好几个联盟，希望改变以往松散的架构，他们开始定期聚会，探讨重要议题。海外华人社会中还有很多这种专业性很强的业缘性社团，他们在交流专业技术、联合应对共同问题的同时，也向世界传播一种思想和文化。

上述三类海外华人社会业缘性社团的发展在不同的历史阶段呈现不同的特点。在第二次世界大战结束以前，各商会、行会和同业公会类业缘性社团占主导。从第二次世界大战结束至改革开放，各类校友会发展迅速。改革开放以后，专业性较强的业缘性社团比以往更具活力。“联系情谊、互助互利”是海外华人社团的最基本宗旨。这些海外华人业缘性社团在维护华人利益、提高整体族群意识、保存和发扬中华传统文化、促进海外华人融入所在国等方面都发挥了不可替代的作用。影响海外华人业缘性社团发展的因素很多，如海外华人人口情况、当地国的政治形势及文化传统、当地国与中国的关系、行业的发展趋势等因素。尽管如此，海外华人业缘性社团的发展仍存在一些问题：经费不足或使用不当，贪污，社团的继承，组织结构松散，与所在国文化差异，等等。

（二）海外华人业缘性社团与中华文化传播

1. 菲律宾商联总会概况

菲律宾商联总会原名“菲律宾华商联谊总会”，1956 年改称“菲华商联总会”，简称为“商总”，英文缩写为 FFCCCII，成立于 1954 年 3 月 29 日，属于海外华人业缘性社团。该社团通过商业联系了全菲的 170 个会员商会，但究其本质，它是一个非盈利的综合性社团。菲律宾商联总会的宗旨是“团结华商协同发展，配合国家执行政策，促进华人融入主流，发展工商促进繁荣，提高商业正规素质，维护华商合法权益，增进菲中人民友谊，扶助文教致力公益”。

早在 19 世纪中叶以后，菲律宾的华人社团就进入了繁荣时期，各类

图 13　菲华商联总会会徽

资料来源：http：//www.ffcccii.org/

社团纷纷建立。菲律宾商联总会可追溯到1904年成立的小吕宋中华商务局。小吕宋商务局即马尼拉中华商会的前身，它联结菲律宾主流社会与菲华社会，在20世纪20年代，发展成为菲华社会的最高机构。第二次世界大战结束后，民族主义的思潮席卷全球，菲律宾的民族主义开始在全国蔓延并逐渐走向极端。菲律宾的华人勤劳节俭，通过几代人慢慢积累起财富，他们用智慧做一些生意，成为商人，生活得到改善，但染上一些恶习。受一些极端民族主义分子的挑衅和蛊惑，菲律宾人误认为华人占据了他们国家的经济主导地位。加之菲律宾在第二次世界大战结束后沦为美国殖民地，对美国政策亦步亦趋。"反共亲台"成为菲律宾的政策。另外，菲律宾原住民认为华侨是不可能被同化的，民族文化的差异使他们对华人的误会、敌意和仇视愈加明显。于是，菲律宾全国上下，不论是政府还是人民，普遍对当地华人不满。华人被排挤在主流社会之外，时而受到政府一些政策的限制和打击。1905年的"阿雷瓦洛运动（Arevalo Movement）"鼓励菲律宾人开零售商店与华人零售业竞争。以零售业的菲化为开端，政府进一步限制菲律宾华人经济的发展，从而达到在整个经济领域的菲化。1935年3月24日，菲律宾又通过重新立法推行菲化政策，《资源与土地菲化案》《零售商菲化案》《菜市菲化案》等菲化案相继通过。这些法案的通过，对华人社会造成了严重打击。1946年7月4日，菲律宾共和国成立，罗哈斯（Manuel A. Roxas）担任第一任总统，他积极排华，通过各种手段对华人从各个方面进行限制和打击。菲律宾华人社会遭到恶劣打击，菲律宾的华人社团试图努力改变这一现状。马尼拉中华商会在这种背景下无法充分代表全体菲律宾华人社会的利益。有人提出，"必须有一个总的机构设立，作全盘计划，交涉不利法案，应对菲化浪潮，调查市场的供求，策划投资的趋向，研究工商的管理，人力的运用，以及改良侨社，维护侨益。这些任务，固非一个人，或一个少数人的集团所能胜任。"[①] 建立一个统一有效的组织解决面临的困难成为菲华社会的迫切需要，"商联总会"的筹建正在酝酿之中。1947 年，有人在"全菲中华商会代表大会"上提出这个建议，反响并不强烈。但随着菲化政策的加深，华侨损失巨大，更有大批华侨失业，于是在 1951 年 4 月 20 日"第一次全菲中华商会理事长会议"上，建立一个"中华总商会"作为全侨代表的议案再次被提出，但没有成功。同年的"第二次全菲中华商会理事长会议"上，这一提案被再度提出，但仍然没有成功。经过一系列的分化与斗争，最终于 1954 年 1 月 15 日，由 23 个商会参加的"岷里拉各途商会理事长联会"正式宣告"商联"成立。商联总会的成立也得到了外省商会的积极支持。为了突显商联总会的广泛性，在第三次会议上，商联将名称从"岷里拉各途商会理事长联谊会"改为"菲律宾各商业团体联谊会"，并且设立了一个办事处，组织了由七个人组成的会议小组来主持会务工作，马尼拉商会的参与加快了商总筹建的步伐。1954 年 3 月 26 日，在马尼拉皇后戏院召开"第一次全菲中华商会暨各途理事长大会"共有 216 个商会的 521 名代表参加。同年 3 月 29 日第三次会议上发表宣言，"为求发挥集体力量，以适应时代需求，做有组织有效果之对内对外要务的开展，本大会经以民主方式，一致决议成立菲律宾华商联合总会（Federation of Chinese Chambers of Commerce in the Philippines）"，联合总会作为菲华社会的最高机构，管理一切侨情事务，自觉担负护侨重任。[②] 为了避免与马尼拉中华商会的名称混淆，最终决定该最高机构的名称为"Federation of Chinese Chambers of Commerce in the Philippines"，中文为"菲律宾华商联合总会"。

从商总的成立背景可以看出，它是菲律宾华人抗争菲化和反对禁侨、维护自身利益的直接产物。但是在抗争零售商菲化案失败之后，商总遭遇

① 朱东芹：《冲突与融合——菲华商联总会与战后菲华社会的发展》，厦门大学出版社，2005，第 51 页。

② 参考朱东芹《冲突与融合——菲华商联总会与战后菲华社会的发展》，厦门大学出版社，2005。

了第一次权力危机。1954 年商总成立不到两个月的时间，菲律宾国会便以“紧急要案”之名，迅速通过零售商菲化案，震惊了整个华社和商总。为保护菲华社会的利益，商总积极联络各国商会和台湾“驻菲大使”陈质平，向马格赛赛总统表达意愿，但在 1954 年 6 月 19 日总统仍签署了此案。商总聘请了专业律师团队向最高法院起诉，阻止该条令的实施。菲律宾政府委派马尼拉市检察官答辩，否认该条令违反宪法，并请求最高法院撤销此诉讼案。律师团便想其他方法进行抵抗。律师团让华商杨卯、许可蛐以身试法，同时律师团争取最高法院解除禁令，然而最高法院并不理睬，反倒杨、许二人因此被拘禁。后来，律师团又经过多次与最高法院在庭辩论，1957 年 5 月 31 日，最高法院宣判该条令合宪。商总的抗争宣告彻底失败。人们对商总保护菲华社会的能力产生怀疑，对它的抗争结果大为失望。1960 年 1 月的菲律宾国会提出了包括木材、椰干、烟酒、米黍、糖、面粉、干鱼、劳工、教育等行业在内的全盘菲化法案。“外侨控制米黍业”成了人们信以为真的导致物价上涨的原因，但根据当时菲律宾商务局的统计，全菲律宾经营米黍业的菲律宾人占 65%，外侨只占 35%，经营碾黍业的菲律宾商人占 91%，经营碾黍业的外侨仅占 9%。1960 年 5 月 9 日，国会完成了米黍业菲化的程序。但 6 月 21 日，加西亚总统对该提案进行了否决。国会参议员小奥斯敏纳暗指加西亚总统受华商贿赂。国会再次对该提案进行审核，加西亚总统未坚持采用否决权。终于在 1960 年 8 月 2 日，总统将该提案签署成法令，于 1961 年 1 月 1 日正式生效。商总的抗争再次失败，因此陷入了第二次权力危机。菲律宾政府颁布了已经入籍的外侨不得参加外侨侨团的禁令，商总和华社的活动陷入绝境。1961 年 9 月，加西亚总统批准了最后几名禁侨保释，禁侨案终得解决。按照商总章程规定，理事长任期为两年，不得连续担任超过两届。由于时局不济，理事长一职无人愿意担任，第一任理事长杨启泰做了八年。1962 年，马卡帕加尔上任总统，他摒弃极端的民族主义政策，在经济上改为积极利用。当年的商总代表大会就有 150 多位官方人员出席，马卡帕加尔总统也出席了商总代表大会，代表大会选举蔡孝固担任理事长。1966 年商总代表大会推选高祖儒为理事长，华侨和侨社迎来了新的发展。商总作为华社的最高机构，支持马卡帕加尔总统的“五年社会经济发展计划”，并决定将“菲律宾华商联合总会”更名为“菲华商联总会”，以表示华商鼓励菲律宾人的加入，并且尊重全菲律宾人民的利益。

2. 菲律宾商联总会的中华文化传播活动

现在的商总，已经成为名副其实的华社代言人，它的活动已经深入菲律宾全国的经济、社会、民事、文化等各个领域。它的中华文化传播活动主要集中在以下四个方面。

第一，以经济活动为平台，直接或间接地传播中华文化。经济职能是商总的首要职能。在商总开展的一系列的经济活动中，中华文化的传播也在同步进行。“商总通过组建各种投资和商贸访问团到其他国家考察和访问，进而建立起商户对商户的关系，并以此为基础进入外国市场。商总与许多国际商会和商贸团体建立起合作伙伴关系。”① 商总通过这些活动建立菲律宾的市场链，同时也为菲律宾引进了必要的投资。商总历来鼓励向菲律宾的各个领域——如农业、旅游业、矿业、能源业、通信技术以及其他具有竞争力的产业投资。1972 年，商总组织东南亚贸易考察团，对中国台湾、中国香港、新加坡、马来西亚等地做访问调查近一个月之久。一方面，他们介绍菲律宾的商业情况，邀请这些地方的投资者投资菲律宾；另一方面，他们努力了解当地的投资情况，寻找与当地商人合作的机会。1963 年 4 月，商总加入了亚洲华商国际贸易联谊会，此后，商总参加该会议举办的一些专业性会议，如金融会议、药业会议、航运会议、旅游会议等②。商总通过这些方式不断寻求菲律宾华商的发展契机，也加强了与所到国家的联系。可以说商总在寻求发展的同时，也在行为上将华商的艰苦奋斗精神带到其他地区和国家。商总作为菲律宾华人社会的保护者，在保存和发扬中华文化方面不论是显性的或隐性的，也不论是潜意识的还是无意的，都在传播中华文化和菲律宾文化的过程中发挥着重要作用，是菲律宾政府和华社的中流砥柱。

商总并没有因为它是华社的最高机构而打压小企业的发展，相反，商总通过支持微型和中小型企业的发展，同时帮助制定促进这些企业发展的

① 菲律宾华商联总会编印《菲律宾华商联总会 60 周年特刊》，2014，第 38 页。

② 菲律宾华商联总会编印《菲律宾华商联总会 60 周年特刊》，2014，第 38 页。

方案，积极促进创业增长。商总为此举办了许多创业、提高生产力的免费课程、讲座、讨论会等，以鼓励经营者创建更多的事业和改善企业业绩。菲律宾华商和商总表现出的推己及人的高尚品质，正是中国传统文化中的优良品质。

商总还发起了“买国货创就业”的运动，这一运动的目的是鼓励菲律宾人惠顾本国产品和服务，鼓励更多的本地投资和外来投资，促进本地工业的发展，进一步创造更多的就业机会，带动就业。这不仅可以减轻社会的就业压力，增加人们的收入和当地政府的税收，也能减少游手好闲的人数，稳定社会治安，让社会变得更有序。中国文化自古就有求稳、求安、稳中求进的传统。商总的做法就是对这种文化的贡献，尽管其受益者多为菲律宾人，但当时的菲律宾已经成为他们的国家。商总为了传递有关劳工政策、法律和规章方面的信息，为公众和商家免费举办有关话题的讲座。商总也支持和配合有关单位和公司举办就业展，以招聘相关人员担任各种职务。这无疑促进了中华文化的传播。

第二，积极支持公共慈善事业的发展，弘扬中华民族传统美德。在公共事业上，商总也在不断发扬华人的美德。20 世纪 60 年代初，商总在华社倡导下成立了防火会及志愿消防队。“1976 年 3 月 1 日创立的菲华志愿消防队总会是民间的自发组织，由创会时的 5 个会员单位发展到现在有 30 个分会，共拥有 20 多部紧急救护医疗车、140 多部消防车、100 多位专业医疗卫生人员、1500 多名消防员。服务范围涵盖全菲各地，为当地人民提供每日 24 小时的义务服务。”① 菲律宾是一个热带岛国，风灾和火灾较为频繁，而且当时的菲律宾建筑多为木结构，也极易引起火灾。火灾发生后，往往有一些极端的民族主义分子利用火灾事件鼓动排斥华商。商总作为华社的最高机构，积极领导华商捐款捐物救助灾民。他们组织医疗队伍，为群众免费救治和发放药品，同时也提供防灾教育和宣传。“1960 年 5 月 10 日及 5 月 16 日，甲米地市连续发生两次大型火灾，当时有人谣传是华商房屋起火引发的火灾，立刻就掀起了排华风波，且情势十分严峻。商总立刻采取措施，向菲律宾当局和当地居民奔走解释，终于避免排

① 庄国土、陈华岳等：《菲律宾华人通史》，厦门大学出版社，2012，第 704 页。

华情势恶化。1965 年 5 月 7 日，罗申那市发生大火，又有人造谣华人纵火。新一波的排华风波又开始升级，在大火中不仅菲律宾当地人损失惨重，华人同样损失惨重。菲律宾当地人要求政府驱逐华人，将他们赶到市区之外，并且不许他们领取灾害的意外保险金。”[①] 形势陷入危机，一些工作无法顺利进行。商总立刻采取措施，联合当地军方和政府部门，奔走解释，经过多日的努力才平息了这场风波。1968 年一场大火吞噬了华人的德比索利亚批发中心。菲律宾消防总队不愿前往救援。“商总为维护华商的利益，改变这种不利于华人社会发展的局面，于 1976 年 3 月 1 日，在华人社会和其他各界人士的热心帮助下在马尼拉市成立了菲华志愿消防总队。现在商总拥有 150 多辆消防车，他们都拥有自己的无线电装置。”[②] 这些消防车和其他消防设备的资金全部由华人社团和华商个人捐赠。现在，消防总队已经扩展到 37 个消防分队，其中有 20 多个位于首都地区，其他消防分队则分布于菲岛的其他大城市，他们为民众提供全天候的志愿服务。首都地区有 80% 的消防任务由菲华志愿消防队承担，消防队为菲律宾减少了 90% 以上的火灾损失。队员没有薪水，大多是志愿的，其中大部分有自己的工作。一般在接到报警电话的 2~3 分钟一个消防队就可以待命出发，10 多分钟就能赶到现场。曾经在几次消防任务中，有几名菲律宾华人因公殉职，菲律宾当地人和当地华人一同纪念英勇的华人消防员。在菲律宾，菲华消防总队获得了菲律宾民众和菲律宾当局很高的评价。菲律宾政府也曾授予菲华消防总会永远常务委员颜期前先生第一届菲律宾国富何塞·黎刹社会服务杰出奖。这也成为菲华消防总队和华人社会的骄傲。从传播学的效果层面来看，通过人们的言行表现出来的，就是行动层面的效果。在菲华消防总队志愿者的感染下，当地也有一些人积极参加，支持和鼓励商总的志愿消防工作。也可以说，这产生了一种社会行为示范效果。

在遇到灾难时，商总会赠药免费救济人民。商总既有中医，又有现代

① 朱东芹:《冲突与融合——菲华商联总会与战后菲华社会的发展》，厦门大学出版社，2005，第 103 页。

② 朱东芹:《冲突与融合——菲华商联总会与战后菲华社会的发展》，厦门大学出版社，2005，第 103 页。

医学的西医和牙医。孔子说“仁者，爱人”，在中华文化中一直包含着“大爱、爱人”的传统思想和精神。商总不止爱菲律宾的华商和华人，对于生活在同一屋檐下的菲律宾本土人，商总一样提供无偿的帮助和救济。这是中华文化的种子乘着商总这股和煦、温暖的风，吹遍全菲律宾，给菲律宾的人民播下“仁、爱”的种子，并让这些种子在这里生根、发芽。

商总举办其他一些有关中华文化传播且有利于当地公共事业发展的活动，如税收宣传。商总经常举办有关税务政策的讲座，并鼓励商家遵守各项法律和规章。有关税务政策还时常印成海报和宣传册。商总还重视治安，商总成功地动员属下各单位和华人社会的其他团体，参加各项维持治安的活动，努力维护一个确保工商业顺利发展的良好环境。商总与诸多执法机构和社会人士配合，大家共同努力、提高警惕、通力合作、打击犯罪，为争取一个良好的商业环境和居住环境而努力。可以说，中华文化中的“和”的思想和“追求正义”的思想在这里得到了良好的传播。

图 14　2000 年陈永栽率领菲华商联总会到纳卯市捐建 12 座校舍

资料来源：菲华商联总会编印《菲华商联总会成立五十周年金禧纪念特刊》（上册），2005，第 159 页。

第三，通过支持教育事业的发展来传播中华文化。20 世纪 60 年代初，商总为菲律宾农村孩子修建校舍。在这之前，菲律宾乡村学校课室匮缺，孩子们往往要在风吹日晒的室外上课，教学条件苦不堪言。商总因此发动了捐建校舍运动。商总发挥华社最高机构的职能，以身作则，捐资兴建农村学校和宿舍，并且鼓励华商慷慨解囊。迄今，商总在菲律宾共援建校舍5000多家，商总的这一活动对于提高菲律宾人的教育水平和文化水平有重要意义[①]。菲律宾前总统科拉松·亚谨诺以及前总统亚罗育都先后拨巨资，委托商总经办农村校舍。参议长狄里俞从其参议长的特别基金中拨出5000万比索，交由商总兴建农村校舍。随后劳工部、教育部、外交部纷纷与商总协定，鼓励将海外菲侨捐献的部分基金用于兴建乡村校舍[②]。商总修建农村校舍的三大优势是："第一，坚固耐用；第二，建筑速度快；第三，价格公道"[③]。这个极受政府和民间肯定的修建校舍方案不仅促进了菲律宾教育事业的发展，而且促进了中华文化与菲律宾主流文化的交流与融合。从传播学的传播效果角度进行分析，商总的这一活动作用于人们的观念和价值体系，使菲律宾本土民众消除了长期以来对华社和华商的误会。人们对待华社和华商的态度发生了变化，这属于心理和态度层面的效果。

商总的活动中，不得不提华文教育，为了提高菲律宾本国学生在全球的竞争力，商总在1999年成立了华文教育委员会，大力支持华文教育。从2003年开始从中国聘请汉语志愿者教师，以提高本地教育的华语教学水平。商总还建立了菲律宾中国语言文化学院，为大众开设入门汉语、初级汉语、中级汉语和商务汉语等课程。商总已经超越了商业团体的范围，大力投身于社会工作，并且通过各项方案促进菲律宾人的福祉。世界上每一种语言都能够代表一种独特的思维方式，华语教育的推广是对中华传统思维方式的一种继承和推广，将古老的中华文化传播到全世界。为了扭转华校学生人数减少的局面，商总设立了"华校学生流失补助金"，以援助那些天资聪颖但家境贫寒的华校学生。目前每年资助1000名学生，每个

① 朱东芹：《冲突与融合——菲华商联总会与战后菲华社会的发展》，厦门大学出版社，2005，第106页。

② 朱东芹：《冲突与融合——菲华商联总会与战后菲华社会的发展》，厦门大学出版社，2005，第106页。

③ 《华侨经济年鉴（1988年）》，台北"侨务委员会"，1988，第213页。

学生资助 1 万元。商总同时配合首都银行基金设立人才培养基金（特别助学奖学金）为更多的学生提供就业机会。这一项，从传播学的效果来分析，对中华文化在世界的传播影响最大。

图 15　菲律宾中国语言文化学院 2012～2013 学年度开学仪式

资料来源：http：//www.shangbao.com.ph/qtdt/2012/07-10/7296.shtml

第四，举办有利于促进当地华人与当地社会交流的活动，促进文化的交流与融合。商总自成立以来，其工作内容不止于护侨。在开展护侨工作的同时也会做一些促进菲华社会和菲律宾主流社会融合的活动，这些活动无意间也将中华文化传播到了菲律宾社会，如举办华侨文艺讲习班。1963 年 5 月，商总和其他相关社团联合举办了文艺讲习班。讲习班对于提高华侨子女对中华文化的兴趣有很大的促进作用，可以说是将中国文化传播给新一代华人后裔的一种极佳方式。从文化传播的效果来看，商总发出的关于中华文化的信息，经过华侨文艺讲习班，传播给华侨子女，使华侨子女理解了中华文化。

商总曾在 20 世纪 70 年代建议菲律宾总统马科斯颁布简化入籍法令，同时协助逾期游客解决居留权。其后，又在 80 年代请求亚谨诺总统颁布“324”行政法令，在 90 年代推动国会通过第“7919 法案”解决逾期游客问题。近几年来，商总协助菲律宾本土生长的华人后裔通过“9139”号共和国法令申请入籍。总统也通过接洽移民局成员派来商总，协助居留在菲律宾的外侨办理常年报到①。此外，商总还支持科技研究，不论是菲律宾本土人还是菲律宾华人，只要有科学技术成果可以被使用的，都会获得荣誉和奖励。为了促进青少年的发展，肯定他们在国家建设中扮演的角色，商总提出了一些可行的方案。商总还与中国移民局对话，讨论菲律宾法律，以确保他们遵守菲律宾的法律和规定，尽量避免不必要的损失②。在这些活动中他们体现的热情、坚毅，在一定程度上可以促进中华文化的传播，他们对菲律宾社会的贡献也可以打消菲律宾本土人民对华人的对抗心理，从而助力中华文化在海外的传播。

商总还在一些传统节日或者一些特别节日，如中国的春节和菲律宾的传统节庆、菲律宾独立节、中菲友谊日等节日中开展各类节庆活动。商总会邀请一部分菲律宾本土人和一部分菲律宾华人共同参加，以增进感情和友谊。他们把中国的传统节日带到海外，节日中的中华文化可以感染其他地区人民，在文化的交流与融合中他们做出了重要贡献。

（三）小结

1. 海外华人业缘性社团的中华文化传播机制

菲律宾商联总会是中国文化和中国企业“走出去”与国际化的协助者。从 1978 年改革开放以来，中国的经济不断发展，同时伴随经济的发展，中国文化也紧随经济的脚步，走出国门。在世界舞台上，中国古老的武术文化、神秘的藏族文化和其他少数民族文化一直吸引着一大批学者和探险家。尽管如此，中国文化的影响力却不强，普通民众并不了解中国文化，只能通过小说和电影、电视剧等了解中国文化，他们对中国文化的误解和无知颇深。2004 年 11 月 21 日，全球第一所“孔子学院”在韩国首都首尔挂牌。截至 2009 年 11 月，全球已建立 282 所孔子学院和 272 个孔子课堂，分布在 88 个国家（地区）。国内 61 所高校和机构与孔子学院合作办学，它们主要提供到国外教授中文的教师和招募志愿者。截至 2009

① 朱东芹：《冲突与融合——菲华商联总会与战后菲华社会的发展》，厦门大学出版社，2005，第 135 页。

② 朱东芹：《冲突与融合——菲华商联总会与战后菲华社会的发展》，厦门大学出版社，2005，第 135 页。

年 10 月，亚洲已有 28 国设立了 70 所孔子学院；欧洲有 29 国设立了 94 所。可以说孔子学院的陆续成立，对中华文化的传播起到了一定作用。但不得不承认，孔子学院在传播中华文化的效果上，存在一些问题。文化的传播效果，指传播者发出的信息经媒介传至受众而引起受众在思想、行为和观念上的变化。传播效果可以分为三个层面：第一，外部信息作用于人们的知觉和记忆系统，从而引起人们知识量的增加和知识构成的变化，这属于认知层面的效果；第二，外部信息作用于人们的观念或价值体系而引起情绪或情感的变化，属于心理和态度层面的效果；第三，通过人们的言行表现出来的，即行动层面的效果。然而，孔子学院的建立和文化传播的方式引起了其他国家民众的排斥。中华文化的海外传播属于大众传播的范畴，它可能产生的效果有五种：第一，无变化；第二，小变化；第三，强化；第四，结晶（使态度明确起来）；第五，改变（态度发生逆转性效果）。菲律宾商联总会的中华文化传播机制与孔子学院的中华文化传播机制是两种类型。孔子学院的中华文化传播属于官方传播，而商总的中华文化传播属于民间传播。商总于菲律宾人民的贡献颇多，尽管商总的最初建立主要是为了保护侨社和侨商的利益，但是经历了几次危机后，商总意识到它必须立足菲律宾社会才能更好地发展，而不仅仅是立足于保护华商利益。商总通过民间外交的方式传播中华文化，取得了一定成果。丰富的交流活动和全心全意立足于整个菲律宾的发展，使得中华文化的传播在菲律宾效果更好。透过菲律宾商联总会的案例，我们得以窥见海外华人业缘性社团的中华文化传播机制。

2. 海外华人业缘性社团中华文化传播活动中存在的问题和发展趋势

海外华人社团的建立较早，业缘性社团是以业缘联系在一起的。它本身面临诸多问题，如校友会和同学会是因学业联系在一起，等到一批人老去后，随着第二代、第三代华人后裔的成长，他们本身对中华文化的了解越来越少，他们已经融入了当地社会，第一代华人离世之后，这些社团面临后继无人的困扰。因为行业原因联系在一起的商会、行会和行业公会，在这一方面问题不是那样明显。它们的问题在于，华商后裔继承家庭产业，他们是年轻的一代，他们能较好地融入当地社会，因此，他们对于中华文化传播并不是像祖辈那样热衷。但当地人对他们的心理抵触会比对他们祖辈少很多。

伴随全球经济、商业、科技的发展，海外华人业缘性社团联系日趋紧密，它们传播中华文化的趋势越来越明显和强烈。它们的中华文化传播大多是民间传播，这种民间传播的趋势会越来越明显。目前海外华人社团有三大变化，“这些变化主要表现在三个层面上社团活动的全球化：经常性的与大规模的社团全球集会；永久性的国际社团组织的建立；最重要的，这些渠道与机构被广泛地应用于促进海外华人之中及其与侨乡之间的商业与社会网络”①，这成为当今海外华人社团传播中华文化的新趋势。

四　宗教慈善类华人团体

在华侨华人研究领域，华人社团、华文学校、华文报纸是海外华人社会的“三宝”，也是中华文化在海外传播的三大支柱。其中华人社团又被认为是海外华人社会的基石。早期华人移民多以神缘、地缘、血缘、业缘等为纽带建立各种社团组织，海外华人宗教慈善团体便是其中的重要组成部分。早期华人远离故国，在新的土地上前途未卜，迫切需要宗教信仰作为精神支撑，于是伴随早期移民而来的宗教信仰在迁入地获得了发展的土壤，并得以发扬光大，宗教团体应运而生。海外华人宗教社团产生后致力于发展慈善事业，服务于华人社会，并扩展到移居国当地社会，在此过程中也推动了中华文化的海外传播。本部分拟先概括海外华人宗教慈善社团发展的基本情况，其次以泰国华侨报德善堂为例，从传播内容、对象、方式和效果的角度，分析海外华人宗教慈善社团在传播中华文化方面的活动，最后概括海外华人宗教慈善社团的中华文化传播机制，并对海外华人宗教慈善社团在传播中华文化活动中的不足与发展趋势进行评价。

（一）海外华人宗教慈善社团概述

1. 海外华人宗教慈善社团的历史渊源与发展历程

海外华人宗教慈善社团的产生是早期移民社会加强帮群组织团结的需要，是以宗教为纽带而建立的。按照张禹东的看法，早期的华侨移民为了

① 刘宏：《中国—东南亚学：理论建构 · 互动模式 · 个案分析》，中国社会科学出版社，2000，第242页。

在侨居国竞争激烈的生存环境中占据有利地位，来自同一姓氏或者同一祖籍的人往往以血缘或地缘为纽带，组成帮群。要将群体内成员间多样利益整合在一起，单靠世俗的力量是不够的，宗教因素的介入非常重要。出于加强帮群组织的团结，华人也抬出某个祖先或者神祇，以便用超自然的力量来加强对群体的控制，因此，神庙、宗祠往往和某一人群的社团机构相结合而产生和存在。[①]

按照建立的历史渊源，海外华人宗教社团可分为两种类型。第一，其宗教信仰来自中国，是伴随中国人移居海外而在海外发展起来的宗教性社团。这种类型的宗教性社团非常多，有因信仰中国传统的道教、儒教（家）和中国化了的佛教而建立的制度性宗教社团，也有融合了儒、释、道信仰的弥散性宗教团体，比如大量由民间信仰而建立起来的宗教性团体[②]。19 世纪末 20 世纪初，由兴化移民南来传入东南亚的三一教，其信徒在东南亚建立许多堂、祠、书院、洞、宫等；由廖帝聘于同治元年创立的真空教，通过著名的传道师福建武邑人黄道云南来马来西亚传道，并于 1906 年在马来西亚怡保建立首间道堂；信奉黄老仙师的慈忠会庙群，是由客家人廖俊创办，以慈善为服务宗旨，以追求世界和平、天下太平为目标，以慈、忠、信、义、礼、伦、节、孝、廉、德为信徒必须遵循的十大意旨[③]，1990 年，马来半岛包括新加坡，共有 38 个供奉黄老仙师的“慈教组织”，据非正式统计，当时它已接迎过 14 万人的信徒[④]；20 世纪 30 年代发源于潮州的德教，在 1952 年传入新马地区，在各地相继建立德教会组织，德教会阁的社会功能即行善布施，举办各种慈善活动，服务社会。第二，其信仰对象是由华人在移居地创造出来并加以崇拜的。比如，信奉原芙蓉华人甲必丹盛明利的仙师四爷庙，以及供奉华人矿工反抗英国

① 张禹东：《海外华人传统宗教的现代演变》，《世界宗教文化》2013 年第 1 期。

② 参照张禹东的《海外华人传统宗教的现代演变》，杨庆堃把中国社会中的宗教划分为制度性宗教和弥散性宗教，张禹东认为这种划分方法同样适用于海外华人社会，但这种区分更多是研究者为了学理上的说明方便以及政府为了统计上的需要而做出的，并没有什么特别重要的意义。

③ 石沧金：《马来西亚华人社团研究》，中国华侨出版社，2005，第 83~86 页。

④ 王琛发：《马来西亚客家人的宗教信仰与实践》，马来西亚客家公会联合会出版，2006，第 94 页。

殖民者的领袖刘善邦的“三义堂”“义德庙”。[①]

海外华人宗教性团体多从事慈善性活动，得到当地社会的认可和支持。以马来西亚德教会紫登阁和泰国华侨报德善堂为例，“2004 年 11 月 28 日，哥打丁宜德教会紫登阁举办庆祝该阁成立 41 周年纪念典礼。在庆典上，紫登阁捐献 6000 林吉（马币）给当地育华华小作为建校基金；捐给当地培华华小、新哥打华小、马威华小、泰丰华小各 400 林吉，作为它们的活动基金；颁发贫寒子弟助学金 4200 林吉给当地各族小学生；以及为哥打丁宜老人院、哥打丁宜市区及乌鲁地南老人院施赠贫老”。[②] 再如，泰国华侨报德善堂自 1910 年成立以来，在大峰祖师慈悲济世精神的指引下，广泛进行殓尸埋骨、施药赠医的活动，1936 年改组之后，不断扩展慈善福利活动的范围，建立华侨医院，帮助政府赈灾，战后援助新同侨、建立华侨崇圣大学和华文师范学院以培养专门人才，传播中华文化，等等。正是由于这些宗教社团积极发展慈善事业，为当地社会谋福利，得到当地社会各界的普遍认可，并在当地社会不断发展壮大。

从宏观方面来看，海外华人宗教慈善社团的发展呈现一种规模由小到大、数量由少到多、信仰对象日趋多样化的趋势。“早期的马来西亚华人宗教社团，或者由华人把原属中国本土的神祇移植域外而创建，或者是华人再加入一些新创的神，与中国社会的神一起，共同信仰，因而创建庙宇。”“1890 年至二战结束前马来西亚华人宗教社团所涉及的宗教派别也较多样了，不仅有一般华人所信仰的佛教、儒教等，还有了基督教等西方宗教派别。”“二战后，华人宗教社团组织中，佛教、德教、道教等华人宗教组织都有了较大发展，不仅成立的数量很多，各种宗教组织还建立了自己的总会组织。”[③] 目前，华人宗教社团的发展依旧非常显著，根据马来西亚华人学者刘崇汉先生对相关资料的整理，马来西亚共有华人宗教社团（包括佛教和民间宗教组织）3351 家，占全国同类型社团（即马来西

① 石沧金：《马来西亚华人社团研究》，中国华侨出版社，2005，第 91~92 页。

② 石沧金：《马来西亚华人社团研究》，中国华侨出版社，2005，第 93 页。

③ 参见石沧金《马来西亚华人社团研究》，中国华侨出版社，2005，第 424~440 页。

亚宗教类社团）总数的62.27%[①]，不管从数量还是比例上看，华人宗教性社团在马来西亚都占据着举足轻重的地位。

2. 海外华人宗教慈善社团的普遍性与特殊性

海外华人宗教慈善社团虽然纷繁多样，但就其作用而言，具有一定的普遍性。学者们多以东南亚的华人宗教性社团为切入点，从不同角度论述了海外华人宗教慈善社团的作用。

第一，海外华人宗教慈善社团在华人社群关系的整合以及华人融入当地社会的过程中发挥了重要作用。张禹东认为在东南亚“华人传统宗教是华人会馆、宗亲会、祠堂建立和运作的重要基础，也是华人社群关系整合的推动力量；华人传统宗教还是华人居住地种族和睦、社会和谐的重要促进因素”。[②] 高伟浓“从社会结构的视角考察马来西亚华人宗教，分析了宗教与移民网络的关系，宗教作为文化内核在华人族群整合中的功能以及华人同土著民族的族群关系”。[③] 钟大荣将转型后的东南亚华侨华人宗教在华人社会和所居地社会的共同价值概括为“获得信仰神灵精神力量战胜困难的勇气、整合华族各方资源、和谐国家社会政治经济关系、丰富人类文化多样性等四方面”。[④] 王爱平通过对印尼孔教、“三教”（即全印尼三教庙宇联合会）、佛教、基督教等宗教及华人宗教团体的实地考察，认为华人的传统文化借宗教的名义渗入印尼当地社会，为印尼华人进一步融入当地社会奠定良好的基础。[⑤]

第二，华人宗教慈善社团对于中华文化在海外的传播亦具有深远的影响。这方面的研究主要集中在微观领域，学者们通过对特定国家背景下的某一宗教团体的活动进行分析，揭示其在传播中华文化中的作用。张禹东

① 刘崇汉：《我国社团知多少》，载《2000-2001年全国华团研讨会资料汇编》，（吉隆坡）雪隆社团秘书公会，2002，第201~208页。

② 张禹东：《海外华人传统宗教与社会和谐——以东南亚为例的观察和思考》，《华侨大学学报》2011年第3期。

③ 高伟浓：《从社会结构视角看东南亚华人宗教信仰——以马来西亚华人宗教为例》，《东南亚研究》2010年第2期。

④ 钟大荣、张禹东：《东南亚华侨华人宗教的历史角色与当代价值》，《宗教学研究》2011年第1期。

⑤ 王爱平：《宗教对印尼华人融入当地社会的作用——以印尼孔教、“三教”为例》，《世界民族》2010年第5期。

在研究印度尼西亚全面同化政策下的华人宗教文化时，提出“印度尼西亚佛教是华人体现民族特性、保存民族传统文化最重要的纽带和形式”，比如华人所信仰的那些源于中国的神灵，所遵奉的那些民族传统习俗、仪式及其文物等都是通过依附佛教而保留下来的，被印尼官方禁止的华文也借助佛教的形式予以保存。[①] 陈景熙以新马德教紫系文献为载体，探究了海外华人文化传承的具体机制，“文章先后以乩手传承、仪式建构、文献传承与创建、文化传承为中心”展开讨论，在讨论的基础上，“从文化传承的主体、文化传承的方式和内容、文化传承的目的三个角度，归纳新马德教紫系运用宗教文书传承华人文化的具体机制”。[②] 王爱平通过探究孔教在印尼的发展史，以及中国传统思想文化以儒教为载体，在日常宗教仪式中得以强化和传承过程，认为“孔教仪式以中国传统的岁时节日为主体，以人们的日常生活为基础，形成了包括象征体系和身体操演的综合性实践记忆，为印尼土生华人的文化传承提供了重要途径和有效机制”[③]。

海外华人宗教慈善社团，以宗教为载体，传播中华文化，并对华人的文化认同产生深远影响，莫嘉丽指出，“印尼华人信仰多教混合，供奉多元神祇，呈现着一种重现世，重实用的色彩。这是中国民间宗教的多元取向特性在海外的延续，更是印尼华人主体意识的投射，是他们赖以进行文化身份定向的‘经验’”。[④] 张幸基于田野调查获得的资料，从文化认同的理论视角，探讨了加尔各答华人多元化宗教信仰。通过对其宗教信仰中“中国传承”和“住地创新”两方面内容的归纳分析，揭示了在印度加尔各答华人社区内，独特的中国及印度元素兼备的华人多元化身份特征及文化认同。[⑤] 受到移居地宗教信仰的影响，华人宗教信仰呈现多元异质性特点，不同的宗教信仰者其文化适应方向是不同的，曹云华通过分析东南亚

---

① 张禹东：《印度尼西亚全面同化政策下的华人宗教文化》，《华侨大学学报》2000 年第 3 期。

② 陈景熙：《海外华人宗教文书与文化传承——新马德教紫系文献（1947—1966）研究》，博士学位论文，中山大学历史系，2010。

③ 王爱平：《宗教仪式与文化传承》，博士学位论文，厦门大学历史系，2007。

④ 莫嘉丽：《印尼华人信仰的多教混合与华人文化认同》，《东南亚研究》2004 年第 6 期。

⑤ 张幸：《文化认同的传承与创新：印度加尔各答华人的多元化宗教信仰研究》，《华侨华人历史研究》2008 年第 4 期。

华人中三种类型的宗教信仰者：华人穆斯林、华人基督徒、华人传统宗教信仰者的文化适应情况，得出的结论是三种类型的宗教信仰者，其文化适应的方向是大相径庭的：华人穆斯林文化适应的方向是本土化，华人基督徒文化适应的方向是西方化，华人传统宗教信仰者文化适应的方向是中华化。因此，东南亚华人如果要保持中华文化，保持本民族的文化认同，信仰华人传统宗教，可能是一个很好的选择。①

但由于面临的客观发展环境不同，海外华人宗教慈善社团的发展状况各不相同，有的由于为当地政府的宗教政策所不容，或者无法适应华人移民社会的发展需要而逐渐衰落；有的则在适宜的主客观条件下不断发展壮大，成为一个具有广泛影响力的宗教慈善机构。泰国华侨报德善堂即是海外华人宗教慈善社团成功发展的一个典范，可作为海外华人宗教慈善社团的代表之一，之所以这么说，是鉴于以下几个因素。第一，有利的外部条件。泰国是一个信仰佛教国家，华侨报德善堂的大峰祖师信仰与佛教信仰有诸多共通之处，因此华侨报德善堂的发展得到了泰皇以及泰国政府的支持，有利的外部环境使得华侨报德善堂在泰国得到长足的发展，并在泰国内外也享有广泛的声誉。此外，宗教在泰国华人社会具有特殊而重要的意义。“泰国的华人社会主要还是以‘五缘’作为群众联系的基础，建立起互补互助的共利结构，其中宗教发挥了重要的文化凝聚力作用。”② 也就是说，相对于地缘、血缘、业缘和文缘性社团，神缘性社团在泰国华人社会具有十分重要的作用。譬如“在泰国广大乡村聚集的华人，其文化信息更为薄弱，主要还是靠宗教的信仰活动，来强化其对原乡文化的认同感情”③，可见在泰国，宗教性团体所举行的宗教性活动对于中华文化的海外传播和泰国华人的中华文化认同具有重要意义。第二，华侨报德善堂内部注重自身建设。华侨报德善堂建立初期是神道庙宇性质的，其活动主要局限在殓尸赠药方面，在侨社影响力不是很大。在认识到其活动局限性的

① 曹云华：《宗教信仰对东南亚华人文化适应的影响》，《华侨华人历史研究》2002 年第 1 期。

② 郑志明：《泰国华人社会与五缘文化》，载林其锬主编《五缘文化寻根与开拓》，同济大学出版社，2010，第 342 页。

③ 郑志明：《泰国华人社会与五缘文化》，载林其锬主编《五缘文化寻根与开拓》，同济大学出版社，2010，第 365 页。

基础上，1936年泰国华侨报德善堂进行改组，由总理制改为委员会制，性质转变为侨社有组织的慈善团体，不断扩展其活动领域，发展救死扶伤的事业，帮助政府赈灾，援助华侨中医院，发展教育培养人才等，全方位地发展慈善事业，其救助对象已扩展到整个泰国社会，在泰国享有广泛的影响。

（二）海外华人宗教慈善社团与中华文化传播

1. 泰国华侨报德善堂概况

（1）泰国华侨报德善堂的创建背景

泰华侨报德善堂的成立起初是为了供奉大峰祖师，并继承大峰祖师慈悲为怀的精神，进行殓尸赠药的活动。它的成立有特定的条件。一方面，18世纪后半期以来，泰国华人中潮州籍居多，发源于潮州的民间信仰伴随着移民浪潮被带入泰国，大峰祖师信仰便是其中之一。另一方面，大峰祖师信仰相对于其他民间信仰，更加适应于移民社会，因而在泰国华人社会生根发芽，茁壮成长。此外，华侨报德善堂的成立与泰国侨社潮州籍人士郑智勇的倡导也是分不开的。

华人移至暹罗是推拉因素交互作用的结果。从中国方面来说，清末以来华南地区人口过剩，鸦片战争以后，一些不平等条约的签订，开放广州、厦门和汕头等地为通商口岸，以及允许华工出国的政策促进了移民浪潮的发展；1848~1865年的太平天国运动在多方面推动了移民，“在很多地方，特别是潮州地区，太平天国运动后许多年的无政府状态和混乱一直保持着；而恢复秩序的方法又是那么残暴以致助长了人民逃出这个地区的动机”。[①] 即使如此，华南地区人口对于资源的压力依然沉重，在这一环境下，不同语系之间的利益冲突加剧到械斗的程度，械斗失败的一方被迫迁居他处。从暹罗方面来看，“暹罗从1855年开始一直到第一次世界大战的这一段时期不仅是一个和平时期，而且是一个经济无比繁荣与发展的时期”[②]。经济的发展导致对劳动力的需求增大，而当时泰国人口较少，无法满足本国劳动力需求，因而积极接受外来移民。从人口构成上来说，

① 施坚雅：《泰国华人社会：历史的分析》，厦门大学出版社，2010，第35页。

② 施坚雅：《泰国华人社会：历史的分析》，厦门大学出版社，2010，第36页。

"从 1767 年起以至于整个 19 世纪时期，以曼谷为主要进口港的泰国中部和内地，潮州人在华人人口中的比重有了惊人的提高"①。施坚雅估计，1917 年左右，"全暹罗华人的比例应该是：潮州人占 40%，海南人占 18%，客家人与福建人各占 16%，而广东人只占 9%"②。由此可见，18 世纪后半期以来，潮州人在泰国华人人口构成中占据优势，究其原因，施坚雅认为有以下几个方面："从 1767 年至 1782 年，暹罗王是个潮州人。他对本身所属的那个语系集团的慈爱态度，鼓励了潮州人移居暹罗。""却可里王朝初期，华人运输商和贸易商与泰族精英间所发展的商业合作，实际上主要是潮州人与泰人间的合作现象。""潮州人在种植园业方面传统的专业，无疑又是他们在暹罗迅速发展的一个因素。""厦门、汕头、海口三个港口从帆船运输变为轮船运输的大转变时机，是有利于潮州人、客家人以及海南人移往曼谷。"③

从上面的分析我们可以看出，自 18 世纪后半期以来，大量的潮州人移居泰国，而伴随潮州人迁入泰国的还有潮州人的宗教信仰，大峰祖师信仰就是其中之一，关于大峰祖师信仰在潮州的兴起及报德堂的建立，很多史料均有记载，根据林悟殊的考察，迄今为止，所能得到的大峰祖师史料，时间最早，可信度最高者是元代徐来所撰的《报德堂记》，现将其部分内容抄录如下：

> 潮郡之下邑有三：海阳、揭阳、潮阳是也。独潮阳当道要衝也。县治之西南三十里，有地曰"和平"；民居繁庶，往来络绎，文邑之乡。其间乃由大川横截，历代皆济以舟；或逢风涛时作，横潦奔溢，不免覆溺之患。凡贡水土诸物品，受上府教令，往往病涉。宋宣和丙申，浮屠氏大峰师祖，始自闽来，宏发至愿，谓宜建石桥以渡往来，以通上下。遂募众赀，期底于成。于是渡水之浅深高下，计石木若干，独运诸心，不喻于人。宣和癸卯，师祖载施钱归闽，人尽讶之。至建康丁未，越五载，师祖航海而来，糗粻、木石、工用毕至，不逾

① 施坚雅：《泰国华人社会：历史的分析》，厦门大学出版社，2010，第 45 页。
② 施坚雅：《泰国华人社会：历史的分析》，厦门大学出版社，2010，第 58 页。
③ 施坚雅：《泰国华人社会：历史的分析》，厦门大学出版社，2010，第 51~55 页。

> 年而桥成一十六间，惟南北距岸两间未获尽完。是岁十一辛亥，师祖归禅。绍兴癸酉完之，蔡贡元也。由是往来之人，虽逢风涛时作，潢潦奔溢，而道无苦病，公私便之。乡人感恩，建堂崇祀，名曰“报德”。其本堂上奉慈尊，示庄严也。①

从以上这段史料中，可以看出大峰祖师信仰在潮州地区兴起的过程是：大峰祖师修和平桥，给往来的路人带来很大的方便，后人为报大峰祖师之恩德，建报德堂以供奉，使得大峰祖师仁慈济世的精神得以弘扬。

大峰祖师信仰作为潮州人民间信仰之一，在潮州人移民泰国后得以发扬光大。但众所周知，潮州是一个民间信仰丰富的地区，“虽然潮俗的其他不少崇拜，诸如对三山国王、元天上帝、妈祖、火神爷、天公、地主爷、八仙等等的崇拜，先后也有流入泰国，现时仍多供奉；但传播的范围影响的程度，绝不能与大峰祖师崇拜相伦比”。② 为何大峰祖师信仰在泰国华人社会影响如此之深呢？主要在于大峰祖师信仰适应于移民社会。

中国人有着安土重迁的传统，除非遇到重大灾难等才会被迫迁移。因此，华人离开故国到新的土地上，内心本身是压抑和痛苦的，而且航海过程中前途未卜，以及在新的土地上创业生存十分艰辛更加剧了这种压抑苦闷的情感。从曼谷市近郊然那哇县的一个潮侨墓地义山亭可见一斑：“据旧簿籍记载，自光绪二十六年四月开葬至光绪三十一年六月止，六个年头共计赠葬四千二百六十七名，依照当时死者年龄统计，最多的是二十岁至三十余岁，几乎占了百分之七十；其次是四十至五十岁以上的；为数无多，六七十岁者更少。”③ 如此多中青年的早逝，足以证明华人在移入泰国后生存的艰辛。另外，“早年火化先侨无主遗骨的法会，许多挽联都以极为简练生动的字句，追忆缅怀众多先侨苦难的历程和悲惨的下场；苟举二三为例：原为衣食而来一死竟成望乡鬼，果有轮回的话他生莫作淘金

① 徐来：《报德堂记》，转引自林悟殊《泰国大峰祖师崇拜与报德善堂研究》，（台北）淑馨出版社，1996，第 2~3 页。

② 林悟殊：《泰国大峰祖师崇拜与华侨报德善堂研究》，（台北）淑馨出版社，1996，第 49 页。

③ 林悟殊：《泰国大峰祖师崇拜与华侨报德善堂研究》，（台北）淑馨出版社，1996，第 51 页。

人。普宁同乡会拜挽。拓荒海外毕生劳瘁落得枯骸付火化，公莫山庄净土皈依何须华表问鹤回。暹罗同熙社仝人拜挽。航海梯山历尽艰辛原为谋生奔异域，披荆斩棘饱尝忧患终归老死在他乡。华侨派报联合会理事长马海涛敬挽。”① 从这些挽联中可以看出，早期华人入泰，前途未卜，创业艰辛，因此，他们在物质和精神上亟须得到支持和慰藉。而大峰祖师信仰崇尚救苦救难，慈悲济世，给生存艰辛的华人以精神安慰，而且大峰祖师的善信们以实际行动为早期潮人提供帮助，比如殓葬无主尸体，使他们得以安息；主动赠医施药，救助贫病交加的华人，等等。总之，大峰祖师信仰适应了早期华人移民社会，能够在精神和物质方面为早期华人提供帮助，因而大峰祖师信仰较之其他潮州民间信仰，在泰国传播和影响的范围更广、更深。

任何外来移民的信仰，带到移居地社会，想要得到当地居民的认可和接受，会经历相当长的一段时间，在创立之初必然会遇到重重阻力，比如受到当地居民的抵触等，要想克服这种困难，往往离不开关键性人物的支持。在华侨报德善堂的成立过程中，郑谦和号主人郑智勇先生就发挥了这一关键性的作用。

郑智勇在华侨报德建堂之初，持巨款支持华侨报德善堂建设，并以自身的威信镇压盗窃建筑材料者，说服老暹妇出让土地等，建堂四十周年特刊有相关记载。

“工程开始了，可是，在进行建筑中，工场常遭歹徒破坏。为众所周知的，当时有一班无业流氓和狗偷鼠窃之辈，将工场之建筑材料，明持暗取，损失数量甚大，而在场负责监督的员司，在恶势力之下无法阻止。于是由建堂的发起人倡议请郑智勇（谦和）先生出而负责，其请任的目的，一以郑先生平素慷慨好义，举凡善举无不乐于捐助。另外原因是藉郑先生在官绅方面的威力，以镇压流氓盗窃情事。事情果不出所料，郑智勇先生出面负责后，首先即独资捐献巨款二千四百五十铢。继则日常亲诣工场，高声呼号强调警告，‘不得妄取建筑材料！’果也，该辈流氓为郑先生所

① 林悟殊：《泰国大峰祖师崇拜与华侨报德善堂研究》，（台北）淑馨出版社，1996，第51页。

压服，自此工场上欲没有那种不良的坏现象了。”

“尚有一事为当时的建堂发起人未能做到的，即为外大门左旁老暹妇拒绝出让，亦为郑先生向其婉词劝请，终而服从接受，于是无缺的堂基计划乃告完成。”①

从中可以看出，郑智勇先生凭借其自身的经济实力和在侨界乃至整个泰国社会的威信，扫除了报德善堂建立之初的许多障碍，“被称为‘二哥丰’的郑智勇，在泰国华侨史上是一位传奇性人物。其曾任泰国反清复明帮会的第二首领，为泰国五世皇、六世皇所高度器重，受过封爵，住宅匾书大夫第，交游便朝野。其时是侨界最有权势、最有财力而又最讲义气的领袖”。② 这样一位侨界权威人士支持建立报德善堂，就为报德善堂的建立提供了有利的政治和经济环境。

在以上这些因素的共同作用下，泰国华侨报德善堂建立。关于泰国华侨报德善堂的创立过程，从华侨报德善堂的周年纪念特刊中可知：报德善堂是由旅泰潮州籍信仰大峰祖师者推动建立。最初是由潮阳同侨马润先生将大峰祖师的金身带到暹罗，并放在阁楼上供奉，随着香火日盛，信男善女增多，往来不便，于是在振南戏院后建蓬寮以作庙址。一般善信为报答神恩，为贫苦者殓尸埋葬，扩大了报德堂在同侨中的影响力，后又迁址到越隆潮州山庄巷内。1910 年，随着收埋事业的发展，由同侨郑谦和号（郑智勇先生）伍广源隆、陈黉利、马达生、锦和隆、王泰来、永和发、振成栈、捷昌堂、马曾堃、永昌记、马俊声等发起，正式创建报德堂。

（2）泰国华侨报德善堂的发展历程

报德善堂建立后，经过 100 多年的发展，已经成为一个为泰国华人社会乃至整个泰国社会所认可的全方位的慈善机构。按照林悟殊的观点，报德善堂的发展主要经历了早期、改组期和多方位的发展期三个时期。

报德善堂的早期阶段，一般是指从建堂到改组前这一时期，即 1910 年至 1936 年。早期的报德善堂是神庙性质的，奉行祖师仁慈博爱之旨，

① 老朽：《报德堂堂址史话》，载《华侨报德善堂建堂四十周年纪念特刊》，1951，第 45 页。

② 林悟殊：《泰国大峰祖师崇拜与华侨报德善堂研究》，（台北）淑馨出版社，1996，第 62 页。

收埋贫苦者的遗骸。这方面留存的资料较少，林悟殊在《泰国大峰祖师崇拜与华侨报德善堂研究》一书中对报德善堂的早期活动有较为详细的论述。暹京的《中华民报》一九三六年十月五日暹事版的一则报道中描述了华侨报德善堂早期的一些情况：

> 报德堂地址，在本京荳芽廊大峰祖师庙内创设于二十余年前，时期在天华医院成立之后，当时是由侨界一部分热心慈善家公推总理及财务各一人主持堂务，该堂最大工作，为施舍棺木寿衣，收尸埋骨，每年施棺收尸，至少当在一千五百至二千具之间，其工作不可谓不大矣，至堂内经费，共分月捐，特别捐两种，月捐由热心商户按月捐赠，去年月捐每月得二百余铢，特别捐则是各慈善家莅堂随意乐捐者，大体上经费尚称充裕，关于总理及财政，从无一定任期，只有在总理财政有特别事故，不能继任时，另请慈善家接替之，而全部组织仅此而已，故无所谓详细章程也，前任总理为马元利，现任总理即为马君哲嗣桂钦，财政义瑞兴。①

这段材料说明了华侨报德善堂早期的主要工作是收尸埋骨。而其收入来源有月捐和特别捐两种，早期的华侨报德善堂是不完善的，主要表现为组织制度不够健全，为总理制，而且没有详细的章程。早期报德善堂活动的特点是"世俗的事务披着宗教的外衣，慈善的工作染上迷信的色彩"。②

1936年华侨报德善堂进行改组，由总理制改为委员会制，性质转变为侨社有组织的慈善团体，华侨报德善堂由此进入改组期。在其章程的起草过程中，马介吾先生提出"最初拟就的章程草案，偏重于施棺埋葬，范围未免失之太狭，并认为救生重于恤死，本堂今后的工作，应举办托儿所，养老院，施粥处，平民医院等福利事业"③，章程起草后由筹备会议

---

① 林悟殊：《泰国大峰祖师崇拜与华侨报德善堂研究》，（台北）淑馨出版社，1996，第68~69页。

② 林悟殊：《泰国大峰祖师崇拜与华侨报德善堂研究》，（台北）淑馨出版社，1996，第69页。

③ 华侨报德善堂：《华侨报德善堂建堂四十周年纪念特刊》，堂史部分，1951。

正式通过。"从此本堂由一散漫无组织之神道庙宇，一变而成为侨社有组织之慈善机构。"[①] 第一届董事会成立，蚁光炎当选为董事长，华侨医院产生，成立之初定名为华侨救护医院，先成立接生部；还举行盛大的火葬法会。郑午楼在位时，迁院于潮州会馆旧址。张兰臣在任时，为华侨医院的搬迁奠下基石。1942 年，救助禁区难侨。1943 年，陈振敬在任时期，以发展救济事业、搬迁华侨医院、增辟山庄坟场为工作目标，在这一目标指引下，中华总商会暨各侨团联合救济空袭难民委员会，成立华侨救护队五队，执行救护和收埋工作。陈振敬在任两届时期的最大贡献是：一为完成山庄内部之建设，如赠葬坟扩建，报德厅之建成，出入口桥梁兴建；二为完成华侨医院内部之各种建设，如解剖室之成立，护士宿舍之完成，X 光仪器之购置，膳厅之另建，兴建筑存寿室等。其中收埋工作，面向泰国社会，一视同仁，不分国籍，不取代价。在日寇侵略期间，进行为期三年的施水工作，1945 年进行平卖白米工作等。日寇投降之后，报德善堂还援助入暹新客华侨。[②]

总之，改组后的华侨报德善堂已由一个神庙发展为一个有组织的慈善团体，其慈善活动范围较广，对象以华人为主，并逐渐扩展到其他种族和国籍的贫苦民众。

1972 年陈振敬卸任后，郑午楼接任，华侨报德善堂又进入一个新的发展时期。华侨报德善堂的发展得益于郑午楼正确的指导思想，"使报德善堂在弘扬大峰精神，开展慈善事业时，能更自觉地摆脱狭隘民族主义、唯国主义的偏见；更以普度众生的胸怀，为同侨服务，为祖国解忧，为居住国著想；同时，使自身进一步融合到泰国社会，成为泰国社会不可少的一个机构，成为联结泰中友谊的桥梁"。[③] 在郑午楼的指导下，华侨报德善堂进入全方位的发展阶段。比如，1991 年 7、8 月间，华中、华东和华南等十八个省发生大水灾，灾情严重，泰华联合救灾机构募集物资到灾区救灾。1992 年，在郑午楼的倡导下，由华侨报德善堂主办的华侨学院扩

① 华侨报德善堂：《华侨报德善堂建堂四十周年纪念特刊》，堂史部分，1951。

② 华侨报德善堂：《华侨报德善堂建堂四十周年纪念特刊》，堂史部分，1951。

③ 林悟殊：《泰国大峰祖师崇拜与华侨报德善堂研究》，（台北）淑馨出版社，1996，第 144 页。

办为一所完整的大学“华侨崇圣大学”，为社会培养更多专业人才。除此之外，还有协助八万侨工申请职业证；把华侨医院发展成为现代化的全科医院，全天候为泰国各阶层病人服务，扩大流动医疗队，专门为偏僻地区居民服务，其职能由传统的恤死发展为扶伤救死；不分区域协助泰国政府赈灾；等等。不过传统的恤死功能依然维持，1992 年，华侨报德善堂购买龙仔厝府万飘县隆坑区地皮，建设新山庄墓地；1996 年和 1997 年在新山庄举行火化先友法会。此外，1995 年，华侨中医院建立，1995 年华文师范学院建立，2000 年华侨崇圣大学历史文物馆建成，2007 年华侨报德善堂在沙吞县乍能叻路兴建崇圣公园等，这些都是华侨报德善堂发展史中影响深远的事件。

由此可见，在郑午楼正确的华侨观的指引下，华侨报德善堂进入全方位的发展时期，在维持传统的恤死功能的基础上，发展扶伤救死的事业，帮助政府赈灾，发展教育培养人才等，其救济内容扩展到社会福利的方方面面，救助对象扩展到整个泰国社会，不分区域、不分种族地给予救济。

图 16　泰国华侨报德善堂堂内

资料来源：2014 年 12 月林伟钿摄于泰国华侨报德善堂。

总而言之，100 多年来，华侨报德善堂的发展经历了一个由神庙向综合性慈善机构的转变，虽然在不同的历史时期，报德善堂的工作内容和重点有所不同，但其宗旨是不变的，即“秉持大峰祖师仁慈济世宗旨，救苦恤难”[1]，全方位发展福利慈善事业，服务当地社会。

2. 泰国华侨报德善堂与中华文化海外传播

华侨报德善堂，一个发源于潮汕，发展于泰国的慈善机构，其在从事慈善活动的过程中，也把中华文化传到了泰国。那么，华侨报德善堂是如何传播中华文化的？笔者从华侨报德善堂所建立的一些有代表性的实体及其发挥的功能视角出发，剖析大峰祖师庙、华侨医院、流动医疗队、华侨中医院，华侨崇圣大学、华侨师范学院等实体在活动过程中传播中华文化的具体机制，从而揭示华侨报德善堂在传播中华文化中的作用。

（1）大峰祖师庙与中华文化传播

大峰祖师庙的建立，可追溯到1897年潮阳同侨马润将大峰祖师的塑像带到泰国，进行供奉，随着大峰祖师信徒的增多，大峰祖师庙几经搬迁，最终在1910年，侨领郑智勇先生，以郑谦和宝号的名义，联合侨界其他人士共同发起向侨社募捐的活动，盖建了一座颇具规模的大峰祖师庙。起初大峰祖师庙与报德善堂是合二为一的，是一个神道庙宇，其功能与汕头地区的传统善堂无二，即以殓尸为主。1936年，报德善堂进行改组，报德善堂和大峰祖师庙由一分为二，即大峰祖师庙仅属普通之神庙性质，报德善堂则为整个慈善行政之体系。[2] 因此，大峰祖师庙继续保持传统的神庙功能，与之相关的工作主要为：收殓无主尸骸，举行火葬先友法会、常年法会，山庄建设，等等。

收殓无主尸骸，举行火葬先友法会和山庄建设等活动在历次的华侨报德善堂纪念特刊和堂务报告书中均有体现，并且，随着时代的发展，技术的进步，上述工作得到进一步的发展。以收殓无主尸骸为例。“收尸工作，初时是靠人力的，即把遗体入殓之后，由仵工扛到‘义山亭’去安葬。”“有‘二子送老，一人在前，一人在后’。”“后来，这方面的工作增加，单靠仵工扛棺材，已难应付，遂制两输殓尸车运棺，这回是一人在前拖，一人在后面推了。至于童尸，则用脚踏三轮车运载。殓尸工作人员，都穿黄斜纹布制服，头戴通帽，以资识别。第二次世界大战期间，医

① 华侨报德善堂：《华侨报德善堂100周年纪念特刊》，（曼谷）华侨报德善堂办公厅，2010。

② 华侨报德善堂：《华侨报德善堂建堂四十周年纪念特刊》，堂史部分，1951。

图 17　泰国大峰祖师庙

资料来源：2014 年 12 月林伟钿摄于大峰祖师庙。

院的尸体增多，因盟机轰炸造成的死伤者增加，殓葬股的工作，更加繁重，单是人力车，已经无法应付，才逐步购置汽车，作为殓尸工具。第二次世界大战结束后，报德善堂只有殓尸车一辆，随着时代的需要，逐步增购，施殓股人员，增至二十八人。”“近十余年来，泰国经济发展迅速，市区扩大，车辆增多，交通失事和各种意外，相应增多，原有的工作人员和车辆，已不足应付日渐增加的意外灾难。十四年来，收殓的意外罹难者及无亲人尸体，共三万零八十三具，殓葬股人员相应增加，殓尸汽车，亦不断增购。目前，报德善堂的施殓股人员，已增至一百人，殓尸汽车，增至三十辆。”① 由此可见，随着经济水平的提高，技术设备的进步，报德善堂在殓尸方面取得巨大的进步，主要表现在殓尸股人员的增加和殓尸工具的改进与增设上。

在火葬先友法会方面，“从佛历二四七九到二五三二年，五十四年

① 华侨报德善堂：《华侨报德善堂成立八十周年纪念特刊》，（曼谷）华侨报德善堂办公厅，1990，第 99 页。

内，报德善堂继承先辈超度孤魂善举，举行了火化先友法会，共达八届，情景感人至深”。而这种火葬先友法会的活动是在大峰祖师精神的指引下进行的，即“本堂遵循大峰祖师精神，泽及骷骨”。以报德善堂第七次、第八次火化先友法会为例，“第七届火化法会系于佛历二五二三年十一月十二至十六日举行，二万六千八百九十四具骷骨化为青烟”；“第八届火化骷骨一万三千四百五十九具”；“第七及第八两届火化法会之感人气氛，以及获众多善信协助之场面，可谓开泽及骷骨之纪元，参与者包括所有泰华社会有声望人士、社团、各佛寺之僧侣及佛教社、善堂、斋堂、娱乐团体、商家等，特别是潮州会馆提供场地及火化台，使法会得以顺利进行。”① 由此可见，火化先友法会是继承大峰祖师慈悲的精神，以超度亡灵为目的，泰华社会各界人士广泛参与的一项影响深远的传统性宗教活动。

此外，每逢重要常年法会，在大峰祖师庙及报德善堂，善信前来晋香、题捐的场面热烈。以春节和元宵为例，“此二节日在华人社会是最重要的日子，而且在时间上相连接，所以自农历除夕开始直至元宵节，各种传统活动非常活跃，一连十五天。在农历春节从除夕夜开始，众多善信人山人海摩肩接踵前到大峰祖师庙膜拜。同时到华侨报德善堂办福敬，施棺，题捐善款，请灵符保平安。堂方回赠福物例如：茶料（什锦）及福圆甜汤。每逢农历正月初八午夜，众多善信前来参加巡烛礼，迎接初九日的‘天恩公生’（玉皇圣诞）。”“大峰祖师庙元宵节善男信女持着大吉、糖狮、糖塔或豆仁狮，前来膜拜或再祈回去添丁添财，众多善信，并向庙方祈借母钱（今年借明年加倍还清）去发财大赚。”② 由此可见，在春节和元宵灯这些中华传统节日里，泰华众多善信通过膜拜、办福敬、施棺、题捐善款、接受堂方回赠的福物、参加巡烛礼、向庙方祈借母钱等形式，祈求自身愿望得以实现。这些常年法会体现了典型的中华文化特色，泰华善信们在参与的过程中，对中华传统文化的认同感也在不断地增强。

---

① 华侨报德善堂：《华侨报德善堂成立八十周年纪念特刊》，（曼谷）华侨报德善堂办公厅，1990，第109~110页。

② 华侨报德善堂：《华侨报德善堂100周年纪念特刊》，（曼谷）华侨报德善堂办公厅，2010。

图 18　第八次火化先友法会郑午楼董事长主持点火

资料来源：华侨报德善堂编《华侨报德善堂成立八十周年纪念特刊》，华侨报德善堂办公厅，1990，第 117 页。

山庄建设是与殓尸和火化先友密切联系的一项工作，“山庄初创的时候，设备极为简单，因为当时暹京疫疠流行，每日死亡人数极多，藉一般善信捐资作收殓工作；同时购买‘越隆’这一片坟地来供掩埋”。到了建堂以后，“大峰祖庙已不是单纯收掩那些无主的尸骨，同时还代天华医院负责每年的尸骸，约计二三百具，（每具津贴善堂暹银五铢）死的人亦分别五属（潮、客、福、广、琼）分开”。1936 年华侨报德善堂改组后，成立山庄办事处，“善堂所收的尸骸，不是仅限局部贫苦无告和天华医院的，而是整个侨社的无分疆域的”。“所收尸骸亦不分别国籍。欧，美，印，暹，华等，皆一视同仁，绝无限制与歧视”。“二战”期间，经吞被炸死人数极多，因此山庄负责掩埋的工作量极大，“善堂方面增雇仵工二名，什工一名，管理司事一名，山庄方面有员役共六名。同时再由第六届董事长陈振敬先生，接洽为山庄添购新地四莱”。①“佛历二五三五年九月

① 亚庸：《今日的报德善堂附属山庄》，载《华侨报德善堂建堂 40 周年纪念刊》，第 52 页。

十八日，购置龙仔厝府万飘县隆坑区地皮，建造新山庄墓地取代曼谷沙吞县越隆山庄的被收回地皮。”[①] 由此可见，山庄建设呈现一种不断发展的趋势，主要表现在山庄规模的扩大、工作人员的增加、埋葬人数的增长、埋葬对象的扩大（由单纯收埋侨社无主尸骨到对于整个泰国社会的尸骸，不分国籍和种族，一视同仁地加以埋葬）。山庄建设的不断发展，使得报德善堂的影响范围不断扩展。

在进行收殓无主尸骸、举行火化先友法会和常年堂会、建设山庄的过程中，大峰祖师庙（华侨报德善堂）扮演了中华文化传播者的角色。

传播内容包括深层的中华传统思想意识以及表层的一些中华文化形式。譬如，在收尸、火化和山庄建设的过程中，大峰祖师慈悲济世的精神和重视入土为安的中华传统思想得以传播。在常年法会上，中国传统节日春节和元宵等的传统习俗与大峰祖师信仰的传统相结合，通过一些仪式化的活动，在泰华社会传播开来。另外，大峰祖师庙的建筑布局是中国传统善堂建筑风格的体现，从静态上反映了中华文化。“该堂建筑，采用当时中国汕头地区最著名的慈善机构存心善堂的图纸”，“平面布置：山门坐西向东，门框用石条砌成，屋顶为中式大屋顶，拱式木架结构，板瓦铺底，筒瓦为脊，形成水沟，最前面是瓦房檐，既有装饰审美作用，又可保护木樑不受雨水浸蚀。屋脊飞檐，按岭南地区的风格，饰以龙头花卉”。大峰祖师庙内的对联有：“普度众生常欢自在；挽回末劫法妙无边。”“大德宏功莫谓谐前非佛国；峰明水绿俨然海上有仙山。”“先民矩护万世照垂史籍，德器典型千种彪炳人间。”[②] 就内容而言，这些对联反映了佛教普度众生的精神以及大峰祖师慈悲济世的情怀；就形式而言，对联是承载中华传统文化的一种具体形式，是中华文化的直观反映。大峰祖师庙所承载的多层次、多样化的中华文化通过侨界人士的广泛参与，在泰国社会传播开来。传播对象是一个由内而外、由少到多递进增长的过程。山庄建设和火化法会活动的参与者起初比较局限，即泰华社会

① 华侨报德善堂：《华侨报德善堂 100 周年纪念特刊》，（曼谷）华侨报德善堂办公厅，2010。

② 华侨报德善堂：《华侨报德善堂 100 周年纪念特刊》，（曼谷）华侨报德善堂办公厅，2010。

中的大峰祖师信仰者，所以这一时期大峰祖师庙的传播对象局限于大峰祖师的善信们，随后收尸埋葬和火化的工作扩展到泰华社会，乃至整个泰国社会，不分国籍、种族，一视同仁地进行收尸、埋葬和火化，随之大峰祖师庙在传播中华文化方面，其传播对象也扩展到整个泰国社会。在传播方式上，主要有收尸埋葬、山庄建设、火化先友法会、常年法会等活动，而大峰祖师庙的建筑布局也是体现和传播中华传统建筑文化以及大峰精神的一种方式。传播效果总体而言是比较明显的，“死有报德善堂”[①] 已在侨社人们心中形成固定的印象，报德善堂重视入土为安的传统思想也被侨社人士广泛接受，另外，参加历次火化先友法会和常年法会人数之多、场面之热烈也充分表明：大峰祖师信仰和中华传统习俗中一些内容在泰华社会乃至整个泰国社会具有广泛的影响。

（2）华侨医院、华侨中医院与中华文化传播

报德善堂改组以后，其工作由恤死扩展为救生，比较典型的表现便是华侨医院、华侨中医院的建设与发展。华侨医院的建立，在《华侨医院沿革史》一文中有记载：“华侨医院创立于距今一十四年前，公元一九三八年之秋，原名华侨救护医院接生部，为报德善堂主要救济事业之一。倡议人为本堂前董事马灿虹君也。其时马君以在慈善领域中，‘救生’与‘恤死’固为其两大经纬，惟消极之‘恤死’，实不若积极之‘救生’。”[②] 经过数次的扩展，华侨医院已成为设备健全、现代化的全科医院，目前有急诊部、儿科、病理科、外科、耳鼻喉科、放射性科、内科、牙科、理疗科、妇产科、麻醉科、针灸诊所、骨骼和关节系统科、皮肤和美容科等，提供全面治疗服务。“华侨医院坚持慈悲为怀的宗旨，为各界民众提供医疗，让不分种族、地位和宗教信仰的民众都能受到关心和服务。”[③] 华侨医院对泰国社会的贡献得到了泰国社会的广泛认可，泰皇蒲密蓬陛下御驾赐临华侨医院，为廿二层大厦主持启业揭幕典礼。“由华侨报德善堂每年

---

① 华侨报德善堂：《华侨报德善堂成立八十周年纪念特刊》，（曼谷）华侨报德善堂办公厅，1990，第 99 页。

② 《华侨医院沿革史》，第 61 页，《华侨报德善堂建堂四十周年纪念特刊》。

③ 华侨报德善堂：《华侨报德善堂成立八十周年纪念特刊（附佛历二五一九年起至二五三二年止十四年堂务报告）》，1990，第 172 页。

提供两千万铢预算费支持救济计划，主要有：救济贫困病人，援助慢性肾病人的透析治疗（洗肾）计划，以至获得乐善好施的仁翁善长们的赞赏。”[①] 为了把赠医施药的服务推行到其他地区，报德善堂于佛历二五一九年建立了流动医疗队，其服务方针之一便是“把本堂的工作发展到每个地区；推展到每位仁翁善长的心里，唤起人人对人类社会的仁慈之心，共同建立美好的世界。”[②] 把大峰祖师的精神惠及整个社会。为了更大程度地服务社会，华侨医院建立了一套完整的紧急救援方案。“设有报德堂华侨急救中心向意外事故提供援助，华侨医院二十四小时备妥不收医疗费的急救医疗服务，并提供灌输在危机时刻的急救智识，派出流动医疗车在各盛会或活动场所巡回，免费为各地民众治疗，使大众和全国各府广泛享受治疗服务。”[③] 由此可见，华侨医院秉承大峰祖师慈悲为怀、仁义济世的精神，改进医疗设备，扩展服务范围，为各阶层的病人提供服务，在泰国社会受到广泛认可和赞赏。

同为报德善堂附属医疗机构的华侨中医院，成立于佛历二五三八年（1995 年），华侨中医院的创办宗旨是“笃遵大峰祖师慈悲济世圣训，本救死扶伤、消灾解厄精神，不以营利为目的，为泰华各界人士真诚服务”[④]。秉承这一宗旨，华侨中医院开展多方面的活动，得到了泰国卫生部以及华侨报德善堂董事会的指导与支持，并与中国一些中医药大学附属医院通力合作。“历年来华侨中医院在泰国卫生部直接关怀指导之下，并有华侨报德善堂已故郑午楼博士、胡玉麟博士暨诸位董事会鼎力支持下，通过中国上海中医药大学及其附属龙华医院、中国天津中医药大学附属第一医院、中国北京广安门医院、中国成都中医药大学等单位的支持及密切

① 华侨报德善堂：《华侨报德善堂 100 周年纪念特刊》，（曼谷）华侨报德善堂办公厅，2010，第 116 页。

② 华侨报德善堂：《华侨报德善堂成立八十周年纪念特刊（附佛历二五一九年起至二五三二年止十四年堂务报告）》，1990，第 179 页。

③ 华侨报德善堂：《华侨报德善堂 100 周年纪念特刊》，（曼谷）华侨报德善堂办公厅，2010。

④ 华侨报德善堂：《华侨报德善堂成立 90 周年纪念特刊》，2000，第 94 页，华侨中医院的创立发展——慈善事业与泰中医学交流的结晶。

图 19 泰国华侨医院

资料来源：林悟殊：《泰国大峰祖师崇拜与华侨报德善堂研究》，（台北）淑馨出版社，1996，插图。

合作，和全体医生员工不辞辛苦努力，取得了突出成就。”[①] 尤其是“华侨中医院在上海中医药大学附属龙华医院的协作下，成立‘上海龙华肿瘤中心’引进中国先进中西医结合治疗肿瘤的技术，为癌症患者提供辅助治疗”。此外，“本院特聘中国上海、北京等地高等中医药大学教授，专家及泰国中医界精英驻诊，全心全意为泰国人民健康服务”。[②] 另外，华侨中医院新大厦落成后，在楼层设置上，六楼由泰国卫生部设东南亚泰中医学研究院，七楼为教学层，供办中医推拿针灸诊断等培训班，八楼设学术研讨会，供中医学人才进行学术交流。由此可见，华侨中医院

① 华侨报德善堂：《华侨报德善堂 100 周年纪念特刊》，（曼谷）华侨报德善堂办公厅，2010，第 118 页。

② 华侨报德善堂：《华侨报德善堂 100 周年纪念特刊》，（曼谷）华侨报德善堂办公厅，2010，第 118 页。

通过多种形式与中国中医学机构建立合作关系，努力学习、研究、传播和应用中医知识，力图为泰国医疗服务事业做出新的贡献。诗琳通公主还莅临华侨中医院新大厦揭幕典礼，体现了泰国主流社会对华侨中医院的认可和支持，也为泰中友谊和文化交流添上了新的一笔。

图 20 华侨中医院与上海龙华医院签署开办“上海龙华肿瘤中心”协议

资料来源：华侨报德善堂编委会编《华侨报德善堂附属华侨中医院成立十周年纪念特刊》，华侨报德善堂，2004，第 37 页。

华侨医院和华侨中医院，作为华侨报德善堂的附属医疗机构，在发挥其救死扶伤功能的同时，也传播着中华文化。首先，从传播内容方面来看，华侨医院和华侨中医院传播了中国儒家传统的仁义思想、大峰祖师仁慈济世的精神，以及中国博大精深的中医学文化。华侨医院和华侨中医院都属于华侨报德善堂福利事业的重要组成部分，陈振敬认为华侨报德善堂所从事的福利事业是“行齐仁圣”的工作，是追求仁义精神的体现，在他看来，“社会福利事业，至大且广，凡有助于人类的普济工作，都归纳在此一范畴之内。所以我们老一辈的人，称赞舍身从事这方面的工作者，叫做‘行齐仁圣’。”“‘行齐仁圣’是怎样理解呢？就是一个大我无私的品格和行为，已达到至高至上的境界，论语所说的‘有杀身以成仁，无求生以害仁’，就是这点意义。”[①] 此外，华侨医院一直秉承大峰祖师“慈悲为怀”的宗旨，全方位地发展医疗事业，在服务大众的同时也传播了大峰祖师仁慈济世、慈悲为怀的精神。华侨中医院通过多种方式学习、应

① 华侨报德善堂：《华侨报德善堂佛历二五零七年至二五一零年度堂务报告书》，（曼谷）华侨报德善堂办公厅，1969，第 11 页。

用中医学知识，减轻病人痛苦，提高泰国人民生活质量，在此过程中传播了中国传统文化的精髓之一——中医学文化。从传播对象方面来看，华侨医院成立初期，服务对象主要为侨社人士，后逐渐扩展为整个泰国社会，现在的华侨医院在进行医疗救助时，不分区域、不分阶层，一视同仁；华侨中医院在救助对象方面亦是非常广泛，惠及整个泰国社会。因此，华侨医院和华侨中医院的传播对象是非常广泛的，所有接受过华侨医院和华侨中医院救助或者对二者功能作用有了解的人，都是中华传统的仁义精神、大峰祖师慈悲为怀精神和中国传统中医药文化的接受者。从传播方式方面来看，华侨医院通过建立全科服务，为各种各样的患者提供服务；通过无线电台中心进行紧急联络，获得最新救助信息；通过流动医疗队，把偏远、穷苦地区也纳入华侨医院的赠医施药的范围；通过全方位的医疗服务，把中华文化传播开来。华侨中医院通过与中国多所中医药大学附属医院建立合作关系，聘请中国中医学教授入泰坐诊，设立东南亚泰中中医研究院，建立中医推拿针灸诊断培训班，举办中医学研讨会等，推动中医学在泰国的传播与发展。从传播效果方面来看，华侨医院和华侨中医院传播中华文化的效果非常显著。首先，二者都得到了泰国上层的支持与肯定，由泰皇蒲密蓬陛下御驾赐临华侨医院，为廿二层大厦主持启业揭幕典礼，诗琳通公主莅临主持华侨中医院新大厦揭幕典礼可见一斑。其次，华侨医院所进行的社会福利工作，获得很多仁翁善长的赞赏，他们纷纷捐献资金或设备进行支持。再次，泰国中华日报的一段社论也充分体现了华侨报德善堂在泰国人心中的印象与地位。“报德善堂在人们的观念中，已起了很大的变化，不再以单纯的‘收尸善堂’视之，因为许多事实证明，这是一个有灾必救，有难即恤的重要慈善机关，而且不分国籍，不分地域，不分宗教，不分阶层，一视同仁，其重大的贡献，有口皆碑，全泰男妇老幼，无不知道有个报德堂，每当发生天灾人祸，必须立刻救援，几乎首先想起的就是报德堂。”[①] 由此可见，报德善堂在泰国社会各界享有崇高的地位，获得了广泛的支持，而报德善堂所承载的中华文化内涵也在泰国社

① 华侨报德善堂:《华侨报德善堂成立八十周年纪念特刊》，（曼谷）华侨报德善堂办事厅，1990，第228页。

会广泛传播开来。

（3）华侨崇圣大学、华文师范学院与中华文化传播

华侨报德善堂还创办教育机构，比如华侨崇圣大学和华文师范学院，既为泰国经济社会发展培养了人才，也促进了中华文化的传播。

华侨报德善堂从事教育事业，最早可追溯到 1938 年。“按一九三八年，报德善堂华侨产科救护医院创立时，便开始招收看护练习生；到了陈振敬时期，至迟在一九四七年，又开始招考产科护士练习生；到了五十年代便发展为华侨医院助产卫生学校，并在泰国卫生局注册，为合法一等的助产学校。到了郑氏时期，更把助产学校发展成为学院。”① 华侨学院创办于 1981 年，最先开办的是护理学系，后来又增设社会福利系，1990 年，在郑午楼的倡导下，将华侨学院扩办为综合性的华侨崇圣大学，于 1992 年举行奠基典礼。

图 21　泰国华侨崇圣大学校门

资料来源：华侨崇圣大学编《华侨崇圣大学》，华侨崇圣大学，1994，第 89 页。

关于华侨崇圣大学的办学宗旨，《华侨报德善堂成立 100 周年纪念特刊》中有这段论述：“华侨崇圣大学是由报德善堂基金会的筹集资金而创

① 林悟殊：《泰国大峰祖师崇拜与华侨报德善堂研究》，（台北）淑馨出版社，1996，第 159 页。

办的。因此，办学的宗旨一定与中国语言文化密切相关。同时力求所开设专业课程，让更多民众受益。鉴于当时泰国的高等教育还缺乏医疗卫生等方面的人才，所以华侨崇圣大学的办学宗旨就是加强人文科学及自然科学方面的教育，相得益彰，共同发展，为人民大众谋福利，由此，在大学创立之初，就确立了‘学成为社会服务’办学理念。”[①] 华侨崇圣大学的办学宗旨和理念可以被概括为传承中华文化、培养专业人才，为泰国社会服务。华侨崇圣大学在其宗旨的指导下，进行了一系列的办学努力。目前大学增设了四个学院，即中医学院、法学院、新闻传播学院及中国语言文化学院，其中中国语言文化学院和中医学院与中华文化密切相关。现任报德善堂理事长胡玉麟提议“加强汉语和中医学的教学，要增加具有学问及专长的中国教师”，此外还设置奖学金，其中之一便是“提供给中国语言文化学院本科生新生入学奖学金。其目的为了培养优秀的懂汉语的人才，提高中文教学水平，为校增光”。[②] 2003 年，华侨崇圣大学设置了中医学院，通过奖学金和助学金支持成绩优异或者家庭困难的中医学生就学。此外，华侨崇圣大学强调报德善堂的原有基础和特色即“研究中国学，崇尚六项品德：耐心、勤奋、节约、仁爱、诚实、忠孝”，并注重与中国的大学加强国际合作，“2003~2009 年与中国的 39 所大学（上海中医药大学、中山大学、华侨大学等）签订学术合作协议书”，“为了提高汉语的教学水平，2009~2010 年华侨崇圣大学与曼谷、郊区的九所高中学校签订合作计划”，“经济管理学院为了达到国际公认的水平，2009 年设立了泰中经贸发展研究所，为了培养优秀的从事泰中经贸投资的企业家，满足泰国企业界的需求”。华侨崇圣大学力图成为亚洲地区的“中国学”研究中心，因此，课程设置相当齐全。本科课程方面，学校“跟上海中医大学合作开设了中医学院，毕业生可获得两所大学的文凭”，硕士课程方面，学校“跟中国华侨大学合作开设了中国现当代文学专业。2010 学年，我校将开设对外汉语专业和商务汉语专业的硕士课程。2011 学年，计划开

---

① 华侨报德善堂：《华侨报德善堂 100 周年纪念特刊》，（曼谷）华侨报德善堂办公厅，2010，第 136 页。

② 华侨报德善堂：《华侨报德善堂 100 周年纪念特刊》，（曼谷）华侨报德善堂办公厅，2010，第 138~139 页。

设中国学专业的硕士课程”。而且，华侨崇圣大学还期待成为泰国的中国语言文化研究基地，为此，“每年都为教师提供超过五百万铢的研究预算，供校内教师和中国大学的教师联合开展关于中国语言文化和中泰关系等方面的研究工作”，“设立泰中研究所，负责研究和传播中国语言文化”，“设立了潮学研究中心，专门研究潮州习俗文化、潮州话、潮州人的传统艺术等”。①

与华侨崇圣大学相比，泰国华文师范学院的创办较晚，但其发展华文教育、传播中华文化的作用却不容忽视。泰国华文师范学院创办于1995年，其创办缘由在《华侨报德善堂成立90周年纪念特刊》中有记述：“为配合泰国发展经贸、促进泰中文化，并期能培植一批优秀的师资专业人才，藉以振兴华教。”② 华文师范学院以发展华文教育、培养华教师资人才为目的，不断发展壮大，“目前华文师范学院的在学学生共七百八十余名，分为二十七班计：师范学士班一班（四年毕业，领得学士学位），普通师资班八班，华文培训班十八班”。③ 泰国华文师范学院的发展得到了泰国政府的支持，“众所周知，数十年来，泰国教育部还不曾与泰华的社团联合办过培训华文教师的单位，所以教育部此次同意跟报德善堂合作，联合主办这所华文师范学院，可说难能可贵、史无前例，相信对于华文教育方面，肯定可以起振兴的作用”。④ 而且泰国华文师范学院培养华教师资，对于传播中华文化具有重要意义。《华侨报德善堂成立90周年纪念特刊》中的相关文章就对此进行了热情的赞颂：“多么令人振奋，四十多位华文师资学士，发挥无比毅力，完成了准学士全部课程。满腔热情，又回到了他们热爱的华教岗位，发挥学到的专长，传授文化精华，使中华民族优良传统，道德观念，有机移植到下一代的身上，提高后代人的

① 华侨报德善堂：《华侨报德善堂100周年纪念特刊》，（曼谷）华侨报德善堂办公厅，2010，第139~140页。

② 华侨报德善堂：《华侨报德善堂成立90周年纪念特刊》，（曼谷）华侨报德善堂办公厅，2000，第113页。

③ 华侨报德善堂：《华侨报德善堂100周年纪念特刊》，（曼谷）华侨报德善堂办公厅，2010，第143页。

④ 华侨报德善堂：《华侨报德善堂100周年纪念特刊》，（曼谷）华侨报德善堂办公厅，2010，第118页。

品德素质，以中华五千多年传统文化的力量，提高学生生存发展的空间……无疑，中华文化必然成为全世界的共同财富。华语华文的教授，培训教授华语华文的师资，是‘创建千秋业，培植接班人’的一项伟大工程。”[①] 可见人们对于华文师范学院培养华文师资、传承中华文化充满期待。

从传播中华文化的角度进行分析，泰国华侨崇圣大学和华文师范学院都对中华文化的海外传播做出了积极的贡献。从传播内容方面来看，首先，报德善堂积极兴办教育体现了中国人重视教育的文化传统。“泰国华侨崇圣大学中国研究专家、校长助理林长茂指出‘中国古代社会十分重视教育。可从中国人让他们子女到自己村子里的家族私塾学习一事得到印证，这说明他们在学习知识的同时，也学习着自己的文化习俗’（2003 年林长茂先生在华侨崇圣大学讲授中泰文化关系课程提出来的观点）。当中国人移民到泰国以后，他们把传播汉语的习俗也带到了泰国。”[②] 而华侨崇圣大学和华文师范学院的创办本身既是重视文化教育的体现，也传播了中国重视文化教育的传统思想。其次，华侨报德善堂办教育始终秉承大峰祖师仁慈济世的精神，崇尚勤奋、节约、仁爱、忠孝等中华传统美德，这些精神思想在实际的教育活动中潜移默化地传播开来。再次，从教学内容方面分析，华侨崇圣大学和华文师范学院还传播着中国语言文化和中医文化等。从传播对象上来看，华侨崇圣大学和华文师范学院通过培养一代代的学生，使他们成为专业化人才，同时也成为中华文化的接受对象。特别是华文师范学院培养华文师资，服务于华文中小学，使更多的人可以接受华文教育。从传播方式来看，华侨崇圣大学和华文师范学院传播中华文化的方式丰富多样。比如，设置齐全的中国学方面的本科和硕士课程；设置助学金和奖学金来鼓励学生学习中国语言文化和中医文化；与中国多所大学进行合作，开展学术交流；提供充足的中国语言研究经费；建立泰中研究所和潮学研究中心等。以上这些活动都在不同程度上推动了中

① 华侨报德善堂：《华侨报德善堂成立 90 周年纪念特刊》，（曼谷）华侨报德善堂办公厅，2000，第 116 页。

② 华侨报德善堂：《华侨报德善堂 100 周年纪念特刊》，（曼谷）华侨报德善堂办公厅，2010，第 136 页。

华文化的海外传播。从传播效果方面来看，华侨崇圣大学和华文师范学院作为华人宗教性社团建立文化教育机构的范例，其传播中华文化方面的效果明显，但由于二者的建立时间都比较晚，目前仍处于发展时期，其未来在中华文化传播方面的效果和影响有待今后进一步的考察和研究。

（三）小结

1. 海外华人宗教慈善社团的中华文化传播机制

泰国华侨报德善堂最初只是一个神庙性质的宗教性团体，经过100多年的发展，成为泰华最大的慈善机构，发展全方位的福利慈善事业，为泰国社会做出了积极的贡献，同时华侨报德善堂自身所承载的中华文化也在泰国社会传播开来。华侨报德善堂等海外华人宗教慈善团体，在传播中华文化方面，具有其独特的传播机制。

首先，从传播内容上来看，华侨报德善堂在其活动过程中传播了多样化的中华文化，既包括一些表层的中华文化形式，也包括深层的中华民族的传统思想与精神。具体而言，华侨报德善堂始终秉承大峰祖师慈悲济世的精神进行一系列的宗教慈善活动，在此过程中将发源于潮州的大峰祖师信仰在泰国社会传播开来。华侨报德善堂早期主要进行一些殓尸埋骨的活动，使得先辈华侨在异乡入土为安，在此过程中，传播了敬重逝者、重视入土为安的中华文化传统。华侨报德善堂所进行的一系列福利活动深受“仁义”“忠孝”等中国传统的儒家思想的影响，陈振敬曾把这些福利活动的指导思想解释为论语中“有杀身以成仁，无求生以害仁”的精神，并强调这是一种自我牺牲的精神。进入20世纪90年代，华侨报德善堂积极办教育，先后建立华侨崇圣大学和华文师范学院，培养专门人才，服务于泰国社会，这一活动也深受中国古代重视文化教育的传统的影响。华侨报德善堂100周年纪念特刊中《华侨崇圣大学：用中国人的世界观来支持教育》一文就强调了中国重视文字、重视教育的传统，并通过办教育的方式把这种思想发扬光大。就传播一些表层的中华文化形式而言，华侨报德善堂亦具有突出贡献，比如在常年堂会上，中国传统节日习俗备受重视，善信们严格按照节日习俗进行各项宗教性活动，把中国传统节日习俗文化传播开来；大峰祖师庙的建筑风格与中国汕头地区传统善堂风格基本一致，无疑在展示和传播中国传统善堂的建筑文化；华侨中医院和华侨崇圣大学重视中医学知识的教育、研究和应用，把中国传统中医的精髓吸收进来，使其服务于泰国社会发展；此外，中国语言文化博大精深，华侨报德善堂重视汉语教育，通过华文师范学院，在泰国社会培养汉语人才，传播汉语文化。

其次，从传播对象来看，华侨报德善堂不仅仅是一个华人宗教性社团，它更是一个面向整个泰国社会的福利慈善机构，不分国籍、不分地域、不分种族、不分阶层、不分宗教信仰地平等对待每一个需要救助或服务的人。因此，在传播中华文化方面，华侨报德善堂的传播对象是非常广泛的，凡是接受过华侨报德善堂服务或者对报德善堂有了解的人都自觉或不自觉地接受着它所承载的中华文化。当然，华侨报德善堂并非一开始就面向整个泰国社会，其对象也经历了从侨社到整个泰国社会的扩展过程，因此其中华文化传播对象经历了一个不断扩展的过程，而这一转变是与华侨报德善堂领导人正确价值观的指导分不开的。

再次，从传播方式来看，华侨报德善堂从事全方位的福利慈善事业，在其活动过程中通过多种方式传播中华文化。在创建初期，华侨报德善堂主要从事殓尸、建设山庄、举办火化先友法会和常年堂会等传统活动，传播着大峰祖师慈悲济世的精神和重视入土为安的中国传统思想。1936 年改组后，华侨报德善堂扩大其活动范围，进行全方位的福利活动，比如建立华侨医院、流动医疗队、华侨中医院、华侨崇圣大学和华文师范学院等。华侨报德善堂倾注大量的人力和财力发展完善医疗卫生、教育事业，并保持传统的恤死事业，在此过程中，把多层次、多样化的中华文化传播开来。

最后，从传播效果来看，华侨报德善堂传播中华文化的效果是比较显著的。在华侨报德善堂及其附属团体的开幕典礼上，泰国皇室、泰华各界名流及其他仁人志士积极参与，并通过捐款等方式支持其发展，可见华侨报德善堂在泰国社会得到广泛的认可，并具有相当的影响。而华侨报德善堂在泰国社会的影响力决定着其在传播中华文化方面的传播效果。此外，华侨报德善堂本身具有的开放性、包容性或一视同仁的精神，使其在传播中华文化方面更易达到较好的传播效果。

2. 海外华人宗教慈善社团中华文化传播活动存在的问题和发展趋势

华侨报德善堂在传播中华文化方面形成了具体的传播机制，对于中华文化的海外传播做出了积极贡献。华侨报德善堂作为海外华人宗教慈善社团的代表之一，其传播中华文化的机制反映了海外华人宗教慈善社团传播中华文化的一些普遍性特点：传播内容多与宗教普世精神相关；传播对象起初多是宗教精神的信仰者，后来也存在向整个社会扩展的趋势；传播方式多与宗教仪式密切相关，并随着时代发展及其功能的扩展，呈现多样化的传播方式；传播效果较为显著，宗教在华人社会的特殊地位和作用决定了宗教性社团传播中华文化效果比较明显。

海外华人宗教慈善社团在中华文化海外传播方面的贡献是人们有目共睹的，但其中所存在的问题亦不容忽视。

一方面，海外华人传统性宗教社团影响力的削弱影响了其传播中华文化作用的发挥。随着时间的推移，海外华人社会逐渐进入本地化发展阶段，华人观念由“落叶归根”逐渐转变为“落地生根”。而且，随着工业化和现代化的发展，华人社会呈现职业分化、贫富分化、地位悬殊等特点。此外，20 世纪 70 年代以来，新移民浪潮涌现，这些新移民的宗教信仰意识较淡。以上这些因素使华人传统性宗教社团在整合社群关系方面的作用削弱，华人宗教性社团信仰者流失的现象出现，比如：“马来西亚华人传统宗教中的道教、儒教等传统民间信仰的人数在华人宗教信仰构成中的比例从 1980 年的 36. 5%下降到 2000 年的 10. 6%。这种情况在新加坡华人传统宗教中也同样存在。根据新加坡统计局的报告，华人中信奉道教、儒教等民间信仰的比例也从 1980 年的 38. 2%下降到 1990 年的 28. 4%，到 2000 年更是下降到 10. 8%。”[①] 华人传统性宗教社团影响力削弱，对其传播中华文化功能的发挥产生了不利的影响。

另一方面，华人宗教性社团对于海外华人社会而言具有相当重要的意义，但当地社会宗教文化的强势地位也对华人宗教信仰的传播产生了不利的影响，使华人宗教信仰多局限于华人社会，甚至一些华人考虑到各方面的因素，宗教信仰向当地社会转向。因此，与当地社会

---

① 张禹东：《海外华人传统宗教的现代演化》，《世界宗教文化》2013 年第 1 期。

宗教信仰的差异，导致华人宗教性社团传播中华文化的对象和范围比较局限。

总体而言，海外华人宗教慈善社团在传播中华文化方面发挥了积极作用，并且随着其自身的发展完善，形成了较为健全的中华文化传播机制。海外华人宗教慈善社团具有鲜明的宗教性和慈善性，强调宗教性，使得这类社团界限鲜明，“宗教活动通常限制在民族的、熟悉的空间：在一个房子、寺庙、墓地或者唐人街”。[①] 而强调慈善性，可以扩大活动范围，提高其在整个社会的认可度和影响力。因此，海外华人宗教慈善社团只有在宗教精神的指引下，超越单纯的宗教功能，根据现实社会发展的需要积极扩展慈善福利功能，服务当地社会，融入当地社会，这样才能突破宗教的限制，扩大其传播对象和范围，丰富传播内容与形式，更好地传播中华文化。

从海外华人宗教慈善社团的发展历程来看，这些社团本身所具有的包容力、应变力和承载力，使它们在面对新的国内外环境时能够适时做出反应与调整。比如扩大慈善事业的范围，以适应当地社会；组织活动吸引青年人的加入，以扩充后备力量；对不适应现实社会的宗教观念及仪式进行适度改良，朝着制度化方向发展等。这些调整对于海外华人宗教慈善社团更好地传播中华文化极为有利。此外，随着中国综合国力的增强，中华文化的国际影响力不断提高，海外社会的中华文化热也在不断升温，越来越多的外国人愿意了解和接受中华文化。因此，海外华人宗教慈善社团所担负的传播中华文化的角色将会更加突出，中华文化的海外影响力将会进一步提高。

五　文化类华人社团

文化传播是指文化从一个社会传到另一个社会，从一区域传到另一区域以及从一群体传到另一群体的互动现象。[②] 文化人类学家 R. 林顿把文化传播过程分为三个阶段。第一个阶段是接触与显现阶段。一种或

① 伯纳德·福莫索：《泰国华人的寺庙和慈善团体》，黄艳霞译，《八桂侨史》1997 年第 2 期。

② 郑金洲：《教育文化学》，人民教育出版社，2000，第 101~103 页。

几种外来的文化元素在一个社会中显现出来，被人注意。第二个阶段是选择阶段。对于显现出来的文化元素进行批评、选择、决定采纳或拒绝。第三个阶段是采纳融合阶段。把决定采纳的文化元素融合于本民族文化之中。[①] 作为文化传播最重要的载体之一的人，能够充分发挥自我的能动性和创造性，因此，文化的传播从开始就不是一成不变的。华人从中国南移到马来西亚，除随身携带的少许物资以外，最宝贵的便是他们的传统文化、风俗信仰及人文精神了。他们把中华文化注入日常生活，使文化扎根在马来西亚，成为本地多元文化的重要部分。[②] 承认华人或华人文化是这个国家的一分子对华人来说有非常重大的精神意义。[③] “文化是一种历史现象，每一个社会都有与之相适应的文化，并随着社会物质生产的发展而发展。”[④] 中华文化随着海外华人扎根于当地而逐渐传播到世界各个角落。

（一）海外华人文化社团概述

长期以来，海外华人的当地意识不断强化，在本土化转型过程中，中华文化被不断赋予新的内容，随着中国经济的发展以及华族所在国和国际形势的发展，海外华人对于传承中华文化取得新的共识，各国华人、华社对文化的传承和发扬既是对中华文化海外传播的贡献，同时又极大地丰富了中华文化的内涵，更保存了一部分在中国国内已经消失的传统文化。马来西亚华人经过数百年的积累、沉淀和发展、创新，也形成了独具特色的文化。一代代马来西亚华人将中华文化扎根于马来西亚，扎根于马来西亚社会、文化和生活的方方面面，形成独特的马华文化。因此，对大马华人、华社以传播中华文化的机制进行研究是很有意义的。

诚如著名海外华人研究学者颜清徨教授所指出，马来西亚是一个多元种族的国家，在她面向新世纪的挑战及朝向先进工业国的目标迈进时，20

① 拉尔夫·林顿：《人格的文化背景——文化、社会与个体关系之研究》，广西师范大学出版社，2007。

② 郑金洲：《教育文化学》，人民教育出版社，2000，第103页。

③ 文平强：《马来西亚华人文化——传承与创新》，《东南亚纵横》2013，第7页。

④ 见《辞海》“文化”条。

世纪50年代盛行的“同化论”（Assimilation）已不合新的时代潮流；代之而起的是“多元文化论”（Multiculturalism）。在这大前提下，马来西亚华社可以看清自己应该走的方向，那就是在“一个马来西亚”的框架下参与国家主流的政治、经济、教育及文化等的建设，同时还能保持华文教育及华族文化特色。[①] 所以，马来西亚华社一直致力于取得全马华人的共识，即在马来西亚框架下，构建共存共荣的华社，加深政治和经济的融合，同时，保持马华独特的华文教育和华族文化，促使马华文化成为马来西亚国家文化的重要组成部分，增强华人的认同感以保持其“华人属性”。为保持大马华人的“华人属性”，华社一直为提倡和发扬马来西亚华人传统文化、保护和发展华文教育体系以及提升和宣传马华文学等而努力。华社这一系列举措是对马来西亚化的马华文化的丰富和发展，无形中也极大丰富了中华文化的内涵，极大地促进了中华文化在海外华人世界的传播和发展。其中，马来西亚华人文化社团无疑是这一文化传播活动的重要践行者和推动者。

马来西亚华人文化社团大致可分为两种：一是以舞狮、龙舟、戏曲等为代表的文体表演类社团组织；二是以学术研究为主要工作的研究机构团体。研究机构依其研究方向又大致可分为两类：一是以某一专题为方向的专题研究机构，其中哲学思想类如马来西亚易经研究学会、马来西亚朱熹思想研究会等，这类专题研究学会旨在推广中国哲学研究，加深其受众对中国哲学的理解，促使其提升自我修养；二是涉及广泛的文化与学术活动，如马来西亚华人文化协会和华社研究中心（以下简称华研）等。马来西亚华人文化协会成立于1977年，为文化活动和大马华人与其他族群之间的交流提供沟通平台，同时推广马华文化研究，促使马华文化成为国家文化的重要组成部分。华研则有别于其他研究团体，其研究范围不局限于某一专题，而是更加关注大马华社文化、经济、社会、教育等各个不同方向的研究，研究重点是马来西亚华人，研究领域包括诸多方面，主要集中在时间和空间视角下的华人文化研究、跨族群关系研究以及社会—经济研究三个方向。所以华研集大马华社“智囊团”与“资料库”为一身，

① 郑金洲：《教育文化学》，人民教育出版社，2000，第101~103页。

是华社的文化与学术机构，也是华社的学术研究中心。

（二）海外华人文化社团与中华文化传播

1. 马来西亚砂拉越华族文化协会

（1）马来西亚砂拉越华族文化协会概况

随着砂拉越的华侨人口的不断增加，华人社团应运而生，并且不断发展。华人社团一直在发挥维护与争取华族合法权益、组织协调华族的各种关系、增强华族凝聚力的作用。砂拉越华人社团逐渐向高层次发展，并注重其文化内涵。80年代以来，各类华人社团逐渐向综合型、跨地区、跨国型发展，同时，更注重弘扬中华文化。而马来西亚政府也需要华人社会的支持，在这种背景下，华人社会中的一些有识之士认为在华人社会有必要成立一个专门性的文化机构，以弘扬华族文化，砂拉越华族文化协会应运而生。

图22 砂拉越华族文化协会新会所落成典礼

资料来源：砂拉越华族文化协会编印：《砂拉越华族文化协会新会所落成暨创会十五周年庆典纪念特刊》，2005年，第26页。

砂拉越华族文化协会的创立，缘起于1988年砂拉越州庆祝加入马来西亚25周年的纪念活动。砂州政府决定发动本州民族举办一项盛大的“文化大会”，特举办各民族文化研讨会，借以征询各民族对于建设砂拉越州文化的建议。1988年7月“华人文化研究会”在诗巫召开，代表们一致要求华团总会成立“华族文化协会”，以便能更有效地推动本州华族文化的发展，进而使之纳入马来西亚文化主流。在研讨会总结会议中，砂拉越华团会会员代表大会通过了筹建“砂拉越华族文化协会”的决议。1990年4月，砂拉越华族文化协会第一届代表大会于诗巫召开，协会宣告正式成立。砂华文协成立的宗旨为：

> 推动、发扬本州华族文化。
>
> 促进华族与砂州其他民族间文化交流。
>
> 发掘资助与培育本州华族文化界人士。
>
> 与州及国家有关文化部门密切联系，积极参与大马文化之建设工作。
>
> 联络及团结州内其他同性质的团体，进而联合组织全国华族文化总会。
>
> 通过购买或赠送或州政府直接拨与方式，获得不动产或土地以促进本会上述宗旨。[①]

砂华协会成立之后即将推动学术文化研究及出版丛书列为工作要领，开拓学术研究风气，培植一支本土学术研究队伍是其一个重要目标，以推动各文化领域的研究及建设工作。[②] 砂华文协会员由晋汉省、斯里阿曼木中省、诗巫省、美里省、泗水街省及民都鲁省的华总所组成，最高权力机构为会员代表大会。其组织结构如图23。

（2）砂拉越华族文化协会的中华文化传播活动

创会以后，砂华文协主要在资料搜集、书籍出版及活动举办三个方面进行文化传播，其中很多偏重于学术的探讨与推广，弥补了过去华社所忽视的方面。其主要活动有以下几点。

① 《砂拉越华族文化协会新会所落成暨创会十五周年庆典纪念特刊 1990年—2005年》，砂拉越华族文化协会，2005。

② 《九十年代砂华文著作出版分析》，原载于2000年《马来西亚日报》元旦年刊，后收入2000年砂留台同学会出版《争鸣集》。

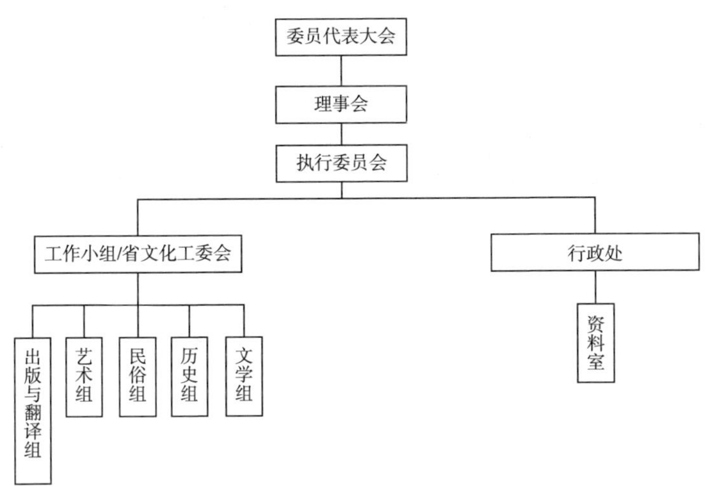

图 23 砂拉越华族文化协会组织结构

资料来源：《砂拉越华族文化协会成立十周年纪念特辑 1990—2000年》，砂拉越华族文化协会，2000，第 13 页。

第一，资料收集。主要是抢救散落在砂拉越各处的文献资料。现有藏在资料室的资料包括华人的历史文献、早期华文报刊、剪报、历史图片、特刊、书籍等。尽管资料的类别以砂拉越为主，但与东南亚华人相关的资料也有不少。值得一提的是，蔡增聪先生 2002 年编著的《砂拉越华文书刊目录汇编》，将 1990 年砂华文协成立以来资料室所藏的华文书刊分门别类地进行编目，以便资料使用者查阅。

砂华文协资料收集的长远目标是逐步建立协会砂华人资料及研究中心的地位，使各种有关砂拉越华人资料能集中收藏。砂华文协每年都通过当地的华文报纸倡议华社将有关华人历史与文化方面的资料移交砂华文协保管。自 1993 年起，砂拉越华族文化协会便开展田野调查工作，调查范围多在砂华文协所在的诗巫周围区域。砂华文协的田野工作，除了搜集碑铭及文献史料，也希望借机向地方华社宣传史料保存的观念。调查工作主要由砂华文协历史组负责，但在实际访查工作中，会经常邀请地方社团及民间人士予以配合。[①] 这些田野调查工作为相关研究提供

① 蔡增聪编《四月乡土——砂华文协田野调查记事本》，砂拉越华族文化协会，2008。

了重要的参考。

第二，组织撰写并赞助出版华文著作。这是砂华文协的一项重要工作，而且成绩斐然。砂华文协自设立出版赞助基金以来，赞助出版了不少文史著作。考虑到砂拉越州内已有多个文艺团体推动出版工作，因此协会侧重出版文史资料和学术书籍。

表 3　1991~2000 年砂华文协赞助出版的丛书

书名	作者	出版时间（年）
《砂拉越五十年代史事探微》	刘子政	1992
《伊班族历史与民俗》	蔡宗祥	1992
《六弦琴上谱新章》	田农	1992
《砂拉越河畔的华人神庙》	刘伯奎	1993
《砂拉越乡镇华人先驱》	黄顺柳	1993
《富雅各传》	许世韬翻译	1993
《诗巫永安亭大伯公庙历史》	房年胜	1993
《猫城古城古意情》	郭良	1994
《泣犬》	鞠叶如	1994
《砂拉越华人民间信仰》	蔡宗祥	1996
《华工起义》	杨谦俊	1996
《田思散文小说选》	田思	1996
《水印》	林离	1996
《砂拉越中部诗巫民那丹地区福州聚落之扩散》	邱维国	1997
《砂拉越诗巫广东垦殖场》	朱敏华	1997
《星恋》	梦扬	1997

资料来源：《砂拉越华族文化协会成立十周年纪念特辑》，砂拉越华族文化协会出版，2000，第 48 页。

除了砂华文协赞助出版基金，一些社会组织和个人的赞助基金也是出版经费的重要来源。部分基金赞助见表 4。

表 4　部分赞助出版基金及所出版书籍

基金名称	赞助出版书籍
天猛公拿督陈立训出版基金	蔡增聪主编《砂拉越华人研究论文集》
	Craig A. Lockard, *Chinese Immigration and Socieyt in Sarawak 1868-1917*
	蔡增聪编《战前诗巫筹赈运动史料选编（1931—1941）》
	蔡增聪、陈锡监、黄国宝编《诗巫旧影像》
	吴诰赐著《初三流·十八水成邦江文史论集》
	田农著《田农文史论集——族群、政治与文学》
拿督斯里刘会干出版基金	田汝康著，林青青译《砂拉越华人社会节构研究报告（2013）》
	杨婺琍编《地方史研究与华人身份认同学术研讨会论文集》
拿督斯里刘乃好出版基金	陈琮渊、吴诰赐合编《传承与创新——砂拉越华人社会论述（2011）》
	杨佳佳著《政府的教育政策对砂拉越华文教育发展的影响（1841—1982）》
范培尧，包惠菊出版基金	杨曜远著《婆罗洲对外条约史　1526—1963》
	陈琮渊著《文学历史与经济——砂拉越华族社会发展探思》
天猛公刘利民出版基金	本尼迪·善丁著，林青青译《白人拉惹统治前的婆罗洲海达雅克人》
卢道明博士出版基金	陈雁妮著《沙捞越乡镇的文化环保经验：新尧湾场所精神与地方知识构成》
	主编：蔡增聪，访谈与整理：杨诒钫，《她们的三年零八个月》
永安亭大伯公庙出版基金	吴诰赐、郑泽冰合著《马鹿十五分公司史稿》
	蔡增聪编《四月乡土——砂华文协田野调查记事本》
许赞礼医生出版基金	砂华文协出版与翻译组编《刘子政纪念文集》

资料来源：该表据砂拉越华族文化协会历年赞助基金出版书籍实物整理而成。

第三，举办各种研讨会和学术讲座、展览会。口述历史研习会、地方史研讨会、古迹讨论会等学术研讨会为推动砂拉越学术研究开了风气。“砂拉越华族文化研讨会”每五年举办一次，是砂拉越政府主办的一项大型研讨会，第一届决定设立砂华文协，自第二届起由砂华文协及华总组织举办。研讨会的定期举办及每届会议决案，均与其他民族研讨会议决案一起，成为砂州政府制定文化政策的重要参考。此外，还有其他一些研讨会、讲座会、展览会等，比如 1992 年在古晋举办的“华族民间信仰讲座会”；1997 年“诗人的创造”讲座会；由砂华文协泗里街文化工委会主办的“华族文物展”等。

砂华文协的中华文化传播活动多采用“以点带面”的传播方式。在砂拉越州各省的工作小组基于调研开展多种多样的文化活动，并通过报纸媒体进行活动宣传，努力在砂拉越州营造良好的华族文化学习和传承氛围。特别是每五年举办一次的砂拉越华族研讨会，它是由砂州政府所赞助的一项文化项目，目前为止已举办了五届。研讨会的宗旨在于分享观点及提供平台，以促进不同族群之间的交流及了解，并且让州内多元社会背景下的文化融合及族群团结能获得永续发展。各民族研讨会的举办，显示了州政府对文化所秉持的开放政策，也让各民族有机会就文化课题进行交流，求大同而存小异，并获得机会间接参与政府文化政策的制定。①

表 5　历届砂拉越华族文化研讨会

届次	主题	时间	地点	主办单位
第一届	文化遗产	1988 年 7 月 19—21 日	诗巫	砂州政府
第二届	华族文化迈向 2020 年	1993 年 6 月 12—14 日	诗巫	砂华文协主办 全砂华总联办
第三届	面向新世纪砂华族文化的传承与创新	1998 年 10 月 3—4 日	诗巫	砂华文协主办 诗巫省华团协办
第四届	坚韧的文化是促进砂拉越繁荣的动力	2003 年 7 月 13 日	诗巫	砂华文协主办 诗巫省华团协办
第五届	45 年文化汇合及族群团结	2009 年 4 月 19 日	诗巫	砂华文协主办 诗巫省华团协办
第六届	多元族群视角下的砂拉越华族文化	2013 年 10 月 13 日	诗巫	砂华文协、 砂拉越华人社团联合总会联办

资料来源：砂拉越华族文化协会编印《第六届砂拉越华族文化研讨会报告书》，2013，第 8 页。其中第六届为作者添加。

① 砂拉越华族文化研讨会筹委会编印《第六届砂拉越华族文化研讨会报告书》，砂拉越华族文化协会，2013，第 6 页。

每届研讨会的总结报告，是州政府制定文化政策的重要参考。每一届的总结报告既是上一届的总结，也是对下一届的规划和期望。总结报告具有鲜明的时代感，并且从中可以很清晰地看出砂拉越州华族文化事业发展的历程。下面选取第二届和第五届研讨会总结报告对政府提出的部分建议，从中我们可以清晰地看到砂拉越华族文化的发展历程。

表 6　第二届与第五届砂拉越华族文化研讨会部分总结报告对比

第二届砂拉越华族文化研讨会	第五届砂拉越华族文化研讨会
第三条：政府应设立一座华族文物馆，展出华族先贤开拓砂拉越的史实	第一条：州政府在制订文化工作计划时，应考虑将文字翻译工作列为其中要项，以让各民族的优秀文学及历史作品能被译成不同的语言，以展现砂拉越历史及文学的多元性及丰富性
第四条：国家语文出版局应出版各族语文书籍，以促进文化交流及融汇	第五条：马来西亚砂拉越电台各语言频道应考虑增加文化节目时段，专门介绍州内各族文化，以及报道相关重要活动
第五条：政府应将华文著作翻译成其他语文，亦将其他语文的著作译成华文，以促进文化交流及融汇	第六条：在电子信息快速发展，因特网已普遍成为许多人获取新知的来源时代，州政府掌握文化的相关部门应考虑开设这一网页，以倡导政府的文化政策，并作为提升民众的文化遗产维护意识，以及推动族群文化交流的一个平台
第十一条：政府应提供常年拨款，资助所有文化团体，包括砂拉越华族文化协会，供主办各项文化活动	第七条：砂拉越各民族之间，尽管在日常生活中有频密的交往；但各族的学术及文化工作者却殊少有机会聚在一起进行交流，建议马来西亚大学东亚研究所，AZAM 或砂拉越博物院能定期举办相关活动或研讨会议，以促进更广泛的学术及文化交流。另外，社会发展及城市化部也可制订特别补助条款，以鼓励民间团体举办跨族群及文化的活动
第十二条：1988 年第一届砂拉越华族文化研讨会建议下而成立的砂拉越华族文化协会，应与政府配合，收集及整理华族先贤开拓砂拉越的资料，加以编撰及出版，并译成其他语文	第八条：为让年轻一辈能了解本国的多元社会的特色，以及教导他们如何融洽相处在一起，建议州政府向联邦教育部反映，将砂拉越各族群的文化汇合及团结经验，纳入国家课程纲要，以安排在历史或地方研究科目中教授

资料来源：砂拉越华族文化协会编印《第二届砂拉越华族文化探讨会报告书丛书》，1993，第 15~17 页。

从中我们可以看到，在传播中华文化方面，重心从之前的华族文化单一传播，到砂拉越各民族文化多元传播，加大了华族文化与其他民族的文化互动。并且在信息网络快速发展的时代，中华文化传播的方式也发生了巨大变化，由之前的单一纸质传播，到现在网络信息的传播，砂拉越华族文化发展也紧跟时代潮流。一些较为重要的活动举办时，都会在一些报刊上发文宣传报道，并且不局限于本地报纸。几乎每一任砂华文协会长都会在报刊媒体上发表文章，以扩大其知名度，宣传其宗旨。现在除了传统的报纸宣传，在网络平台上也进行了线上宣传活动，砂华文协官方网站也已上线。

2. 马来西亚华社研究中心

（1）马来西亚华社研究中心概述

马来西亚华社研究中心（以下简称华研）的前身是成立于1985年的华社资料研究中心（以下简称华资），初期在马来西亚华总、董总、教总、堂联的安排下，由雪兰莪中华大会堂及全国董总负责托管。华研的成立，是华社处在大马特有的政治经济文化受困处境中为社群寻求突破的特殊历史产物，当初的意愿是扮演华社智囊团性质的组织，提供资源与指导为华社开拓新境地。因此，华研不同于传统的华人社团，其具有学术性和超帮群性的特征。

图24　马来西亚华社研究中心大楼

资料来源：http：//www. malaysian-chinese. net/about/

华研的最初构想是建立一所全国性学术中心以满足大马华社文化与教育的需求，其全国性学术中心的构想也就决定了华研的发展方向和角色定位。大马华社将华研定位为全国性学术中心，也就决定了华研的主要工作在于进行学术研究以服务于大马华社，由于对学术研究人员的需要以及对学术研究范围和服务对象等方面的需要，华研超越帮群的界限成为必然。

因此，华研的学术性和超帮群性主要表现在华研的成立渊源、组织机构和服务对象等方面。华研的成立是基于 1983 年大马各主要华人社团参与的大马华人文化大会的决议，该决议指定一个特别委员会（该委员会于 1984 年成立，即全国华团文化工作委员会），以筹划一份关于文化政策的备忘录提交给政府，同时成立一个致力于推广各类文化活动的机构，这个机构就是华研的雏形。华研主要成员的来源不以地缘、血缘、业缘、学缘、神缘等关系为界限，而是突破传统社团的藩篱，广揽各界人才，群策群力，以达到为大马华社服务的目的。华研在管理层方面，吸纳各界精英人才和学术研究人员，充分体现了其学术性和超帮群性的特征。

（2）马来西亚华社研究中心传播中华文化的主要活动

华团、华报和华校历来被称为海外华人的“三宝”，也是中华文化在海外传播的主要推动力量。华人文化社团在传统华人社团对中华文化传播的基础上，能够利用其文化社团的身份和在文化认识、研究等方面的优势进一步深化和推广中华文化。华研作为一个学术研究机构，一直以“发展民族文化事业，以推动文化学术活动，弘扬华族文化”[①] 为己任，为研究大马华人社会和推广华人文化持续开展了一系列活动。华社初期的定位是符合大马华社文化与教育需求的全国性学术中心，也就是作为一家民间研究机构为华社服务。为明确和强调其民间研究机构的角色，其宗旨如下：

> 收集有关政、经、文、教等资料及资讯。
>
> 从事有关以上各项问题之研究，以灌输国民团结精神及促进社会发展。
>
> 出版及发行研究成果、书籍、期刊、简讯及其他合法的出版品。
>
> 举办座谈会、研讨会、展览等。
>
> 提供咨询服务。
>
> 维持图书馆、阅览室和资料室，以提供书籍及其他出版物品予会

---

① 张燦泉：《华研二十周年纪念特刊》《序一》，见文平强主编《乘风破浪济沧海・华社研究中心二十周年 1985—2005 纪念特刊》，（吉隆坡）华社研究中心，2005，第 001 页。

员作参考。[①]

经过近三十年的发展，华研的角色逐渐从大众印象中的传统华社团体转变成一个研究机构，其研究也明显地转移而集中在三大领域。

第一，以大马华人为核心对其文化、历史、社会、经济、政治和其他领域进行研究。华研学术研究的核心范围是大马华人社群，符合其“立足华社，望眼国家”的角色和使命。而且，在华人寻找自我的氛围中，华研理所当然地将焦点投注于华人社会课题及华社与其他族群互动关系的研究，其范围主要集中在三大领域：文化研究、社会经济研究和比较研究。大马华人文化研究是华研研究工作的重点，其现实性目的在于符合现代社会的道德要求和精神需要。大马华人传统文化作为海外华人文化的一部分，乃继续对整体华人文化发挥滋养丰润的作用。华人的一个文化传统就是维护自我、确立文化与族群认同的意识所在。华研对华人文化研究是一个“必然条件”。很多仍然体现在马来西亚的生活实践，在中国可能已是逐日消退的，甚至不复存留的，而益显其独特之处。所以对大马华人丰富的传统文化进行研究已经日益重要。马来西亚社会情境中的华人文化研究也因此显得别具意义和重要，以了解文化遗产的基本意义和价值以及文化变迁的潜在动力。同时，研究华人文化将能对其复杂性和潜藏于他们的文化传统的意义增进了解。各种社会机制或力量所带来的转化作用，是否能确保和持续文化特质的完整性，也是重点探究的内容。

第二，出版学术刊物，传播研究观点，举办研讨会，联系来自大马国内及其他地区的大学和研究机构的学者，推动研究合作和学术交流，搭建独立的互联网平台等。至目前为止，华研已经出版了近百种刊物，其中包括中文刊物、英文刊物以及马来文刊物，以满足不同读者的需要（参见表7）。举办学术讲座、研讨会、学术沙龙、展览和国际会议等活动是促进交流、加强合作以及向他人宣传推广大马华人文化的有效方式。华研创立至今已举办了数百场诸如学术讲座、研讨会、学术沙龙、展览和国际会

① 文平强：《马来西亚华人研究：略论其进展与前瞻》，（吉隆坡）华社研究中心，2003。

华社研究中心 华研
研究论文系列
第一种
马来西亚华人研究：
略论其进展与前瞻
文平强

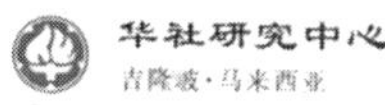

图 25　华研出版的学术刊物：《华研研究论文系列》《华研中国研究系列》

资料来源：华侨大学华侨华人文献中心所藏。

议等活动，其范围涉及以大马华人为核心的各个面向。国内与国际的联系与合作是促进学术研究和文化传播的重要方式，特别是海外华人群体是通过国际移民并逐渐在其所在地区实现本土化后形成的，因此，与其他地区、其他国家的研究机构和学者进行联系与交流不但是有效的而且是必要的、不可或缺的。其形式包括与其他研究机构和学者建立良好的互动关系，加深交流和沟通（参见表 8、表 9）。21 世纪是互联网时代，利用互联网可以在最短时间内了解全球各地的事件和实现资源的共享，极大地方便了信息的交流和人员的沟通。互联网也是一个充分展示自我和文化碰撞的窗口和平台。2005 年华研就搭建了独立的互联网平台（其网址为 http：//www.malaysian-chinese.net），该平台共分 11 个窗口：首页、关于华研、新闻动态、华研硕果、集贤图书馆、网络资源、会员申请、网上订购、视频区、研究与出版规章、荣誉研究员规章。这一平台极大地方便了人们对于华研的理解和获取相关信息及资源，是华研对外宣传、他人认识华研和传播中华文化的一个窗口和网络平台。

表 7　华研出版刊物

类别	名称
研究丛书	《马来西亚华人历史与人物》三册，分别是林水檺主编的《创业与护根（儒商篇）》、何启良主编的《匡政与流变（政治篇）》和何国忠主编的《承袭与抉择（文化篇）》 文平强编《马来西亚华人与国族建构——从独立前到独立后五十年》（上下册）等
研究期刊	《资料与研究》杂志，2000 年起改为《人文杂志》 《马来西亚华人研究学刊》 《华研通讯》 《华研研究论文系列》 《华研中国研究系列》
著作书籍	何国忠《马来西亚华人：身份认同、文化与族群政治》 林廷辉、宋婉莹合著《马来西亚华人新村五十年》 Tan Teong Jin, Ho Wah Foon, Tan Joo Lan, *The Chinese Malaysian Contribution*（《马来西亚华族的贡献》英文版） 文平强、许德发合编《勤俭兴邦——马来西亚华人的贡献》等
会议论文集	林忠强、庄华兴等主编《第一届马来西亚华人研究双年会论文集》等
资料图片集	古燕秋编《死生契阔——吉隆坡广东义山墓碑与图片辑要》 徐威雄、张集强、陈亚才、詹缘端主编《移山图鉴—雪隆华族历史图片集》（上、中、下三册） 黄文斌编《马六甲三宝山墓碑集录（1614—1820）》等
宣传普及类	《全国华团联合宣言》 《贯彻华团联合宣言第一阶段九大目标》 《马来西亚种族两极化之根源》等

资料来源：http：//www. malaysian-chinese. net。

表 8　华研研讨会

类别	研讨会	时间
文化思想	国家文化研讨会	1986 年
	宗教哲学与价值观研讨会	1986 年
	国际华文文学研讨会	1986 年
	中文电脑之应用研讨会	1987 年
	国际中文电脑研讨会	1988 年
	传统文化与社会变迁国际学术研讨会	2000 年
	朱子学国际学术研讨会	2001 年
	新世纪文学文化研究的新动向研讨会	2002 年
	马来西亚客家学学术会议	2006 年

续表

类别	研讨会	时间
政治经济	马中关系：新世界秩序中的定位国际学术研讨会	2004 年
	1990 年后国家经济研讨会	1989 年
	大马公民社会与国家机关研讨会	1995 年
	在追寻与异化之间——当代大专生的困惑与寻路学术研讨会	1996 年
	Seminar on Local Government in the Search for New Directions	2008 年
	当代马来西亚政治理念暨制度之省思研讨会	2013 年
历史	历史与人物：马来西亚华人历史研究计划国际学术研讨会	1999 年
	郑和研究国际学术研讨会	2005 年
	辛亥革命百年展学术论坛·辛亥百年与马来亚华社的关系	2011 年
社会族群	社会病态与道德重整研讨会	1987 年
	病态社会与社会调适研讨会	1987 年
	人口与华人社会学术研讨会	2001 年
	围城新局 —— 华团的全方位思考研讨会	1993 年
	马来西亚华人人口学术研讨会	2003 年
	马来西亚华人社会百年：回顾与前瞻国际学术研讨会	2003 年
	马来西亚华人的贡献与国家进展学术研讨会	2007 年
	迈向包容的马来西亚华人社会	2010 年
	华团资产管理研讨会	2011 年
综合	第一届马来西亚华人研究双年会	2012 年
	第二届马来西亚华人研究国际双年会	2014 年

资料来源：http：//www. malaysian-chinese. net。

表 9 华研展览

时间	展览主题
2011 年	马天英史料展
2011 年	百年铅华·雪隆华族历史图片展
2011 年	辛亥革命百年展
2014 年	龙马奔腾 · 甲午年书画艺术展
2014 年	华马文化交流六百年——杨贵谊暨陈妙华赠书特藏展
2015 年	移山——雪隆华族历史图片展

资料来源：http：//www. malaysian-chinese. net。

第三，作为有关马来西亚华社所有面向的活动资料和文献整理中心。华研的前身即华社资料研究中心，同时创建了集贤图书馆，所以通过搜集和整理图书馆馆藏资料以及其他资料，既可以吸引研究读者和普通读者，同时也有助于保存和研究马来西亚华人传统文化和历史，是传播中华文化的一种有效的方式。华研在这一方面的主要工作是收集、整理、翻译、分析、保存文化资料，并物色专人进行研究工作。华社资料研究中心在成立之初，就招贤纳士、委任了一百四十多名学有专长之士担任研究员和咨询委员。集贤图书馆的主要任务为收集一切与华族（尤以东南亚华人为主）有关的文献，以及与其有直接或间接关系的资料，如马来西亚研究、华侨华人研究等。集贤图书馆所收藏的资料主要分成三大类：图书资料、非书资料及剪报。集贤图书馆的图书资料包括书籍和期刊，所收藏的书籍以中文书籍为主兼及英文书籍和马来文书籍。收集了一百多种期刊，分为学术性期刊及流行期刊。非书资料在图书馆的收藏中占有非常少的比例。馆内所收藏的非书资料共有四种：录音带、照片、录影带以及光碟。图书馆的剪报工作从 1985 年开始至今从未间断。为了方便整理及使用剪报共分为 12 大类：社团、文化、教育、经济与财政、历史与地理、国际、语文与文学、政治、哲学与宗教、社会、科学与工艺、人物。图书馆是华研与公众直接联系的渠道，其作为海外研究者的一所资料参考中心的角色也非常重要。为照顾一些不长期使用图书馆的读者，集贤图书馆于 2002 年开始实施临时会员制度以方便读者。华研通过广泛搜集有关华人资料，很好地保存了大马华人文学、历史、教育等各个方面的珍贵的文本、影像资料，对这些文献的整理和研究又进一步深化对大马华人文化的认识，同时在研究、交流以及信息分享的过程中也极大地促进了中华文化的传播。

（3）马来西亚华社研究中心对中华文化传播的贡献

华研创立的首要目的是建立一所能够符合大马华社文化与教育需求的全国性学术中心，是为了发展民族文化事业，以推动文化学术活动，弘扬华族文化，普及知识，以研究华社现状和历史为主旋律。同时，华研也充当联系大马国内及其他地区大学和研究机构、学者的桥梁。因此，华研传播中华文化的对象是以大马华人为中心，又不局限于华社和马来西亚人

图 26　华社研究中心集贤图书馆

资料来源：http：//www. malaysian-chinese. net/library/。

民，而是“立足华社，放眼世界”①。华研在其近三十年的历程中，一直恪守这一责任与使命，通过对大马华人社会、历史、文化、经济、政治等方面的研究，对中华文化在海外的传播做出重要贡献。华研对中华文化传播的贡献主要集中在三个方面。

第一，华研对中华文化的传播扩大了中华文化在海外传播的广度和深度。中华文化能够不断在海外得到传播和发展，离不开海外华人对中华文化的重视，也得益于海外华人、华社和华团的大力推广。马来西亚独立以来，其国家政策特别是文化政策的制定和执行一直以实现其“一元文化、一元语文”为目标，华社则在“一个马来西亚”的前提下为实现“多元文化、多元族群”的目标进行了长久的奋争，华研在其创立之初就肩负这种使命。因此，华研通过以大马华人为核心在文化、历史等方面的学术研究和与之相关的资料搜集整理工作，以及通过交流和出版刊发研究成果

① 文平强：《华研二十周年纪念特刊》《序三》，见文平强主编《乘风破浪济沧海 · 华社研究中心二十周年 1985—2005 纪念特刊》，（吉隆坡）华社研究中心，2005，第 5 页。

等，在一定程度上推动了中华文化在海外的传播。

第二，保存了一部分在中国已经消失的中华传统文化。中国在近一百年的历史进程中，很多固有的传统在新的形势下或被改变或已消失。然而，很多在中国可能已是逐日消退的、甚至不复存留的中华传统文化仍然体现在马来西亚的生活实践当中。比如舞狮和赛龙舟等中华传统节目，在中国国内已渐趋消失，而在海外华人社会中却受到越来越多的重视。在马来西亚，华团更是极力推动这些活动的展开。华研作为大马华人文化社团之一，也极力推动此类活动的开展。

第三，丰富和发展了中华文化的内涵和外延。文化的传播在其开始就不是一成不变的，使文化的传播、发展适合人的生活和发展是文化传播的目的之一。华人社群为适应移居国的环境，其文化内涵和形式在某种程度上与中华传统文化的内涵和形式已经不一样了，特别是华人社群经历“落叶归根”到“落地生根”的改变，以及华社为实现“多元文化、多元族群”的目标进行了长久的奋争之后，大马华人文化已逐渐发展为独具特色的文化体。因此，大马华人文化既内涵了中华文化的成分，又扩大了中华文化的外延。

综上，华研在各个方面特别是在学术研究领域为大马华人和华社所做的贡献人们有目共睹。然而，囿于华研因研究资金和研究人员的缺乏以及华社内部存在事实性的不团结、“马来人至上”的思想一直占有政治主流意味以及一些历史遗留问题尚未解决等造成局面的复杂和创造新局面的艰难，华研取得的成果对于指导华社的发展仍然是杯水车薪。在当前马来西亚正致力于实现“先进国”[①] 的宏愿全面发展经济的形势下，马来西亚华社本身的经济实力、中国大陆以及港澳台地区等华文圈经济的显著发展所带来的有利环境无疑将为马来西亚华人以及华文教育取得更有利的话语环境，也必将促进马华文化和华人身份认同感的提升。所以，马来西亚华人

① 1991年，时任马来西亚首相马哈蒂尔提出2020年把马来西亚建成“先进国”（Advanced Nation）的“2020宏愿”。在他的描述中，这个“先进国”将是以马来西亚国族为基础的团结的国家，是自由、宽容、安全的社会，经济发达，人均收入达到发达国家水平，拥有成熟的民主和高道德水平，是一个知识型的不断创新的社会，是充满爱心与关怀的社会，是经济公正的社会。

社团应该致力于取得全马华人的共识，即在马来西亚框架下，构建共存共荣的华社，加深政治和经济的融合，同时保持马华独特的华文教育和华族文化，促使马华文化成为马来西亚国家文化的重要组成部分，增强华人的认同感以保持其“华人属性”①，华人文化社团在其中扮演着重要的角色。三十年前创立华社研究中心，在马来西亚华人历史上是一桩值得重视的事，因为当年华社在政治、经济、文化和教育方面，都面对很大的困难，创立华研是为了发展民族文化事业，起了“破冰”的作用，是十分重要而值得纪念的。② 马来西亚在发展的过程中，面对许多的难题，包括政治、教育、经济及文化各个方面。许多不公平或错误的政策都是以华丽、动人的辞藻包装，很容易让人困惑。透过研究，我们就可以看到问题的本质。例如，是不是透过单一源流的语文教育，才能达到国民的团结？通过全球各地学者的研究，现在已经有很多人推崇文化多元才是国家建构及社会和谐的基石。所以华研着重于学术研究，致力于以研究为社会厘清一个方向。华研作为华社的一个研究机构、一个文化中心，是一个民族文化堡垒、一种未来的寄托，也是一份社会荣耀。它不但维护学术的独立和思想的自由，而且用丰富的文化知识，滋养华社和下一代。③

（三）小结

1. 海外华人文化社团的中华文化传播机制

随着华族移民的大量增加，华族文化也在迁入地扎根发展起来，并在与当地的环境和文化交流中不断发展，形成具有当地文化特点的华族文化，与中国本土的中华文化在内容上有一定的区别。东南亚国家经受了殖民主义的长期剥削，不仅生存环境受到极大的影响，在文化方面也受到西方文化的冲击。“在马来西亚成立前夕，我们可以看到的是殖民地文化和民族文化剧烈的斗争，我们也可以看到，华族在全力保存固有文化的同

① 颜清徨：《一百年来马来西亚华社所走过的道路》，《南洋问题研究》2005 年第 3 期。

② 来自张燦泉为《华研二十周年纪念特刊》作的《序》，文平强主编《乘风破浪济沧海·华社研究中心二十周年 1985—2005 纪念特刊》，（吉隆坡）华社研究中心，2005，第 1 页。

③ 来自张燦泉为《华研二十周年纪念特刊》作的《序》，文平强主编《乘风破浪济沧海·华社研究中心二十周年 1985—2005 纪念特刊》，（吉隆坡）华社研究中心，2005，第 1 页。

时，也受到西方文化的影响。有不少人，生活在文化冲突的阴影下。”[①]

在探讨海外华人文化的中华文化传播机制时，必须强调的是这种中华文化是移民与当地环境融合后逐渐形成的华族文化，其文化内核并没有变，仍然是中华传统文化，但在一些文化表现形式上有一些变化。区别于移民社会早期形成的血缘、地缘、业缘团体，文化社团大多成立在“二战”后，在职能分工上有一定的专业性，因此，具有与之不同的文化传播特点，其文化性、跨族群性的特质使得海外华人文化社团在传播中华文化方面具有明确的目的指向性。

在传播对象上，除了向移居国的华人社会传播，也向其他族进行文化传播，使华族文化与其他族文化达到良好的沟通交流，从而为移居国本国文化的构建提供一种良好的互动。同时也更注重对年轻人的宣传，使文化传播更具连续性和传承性。比如为配合创会十周年纪念，举办的“全砂中学生华族历史征文比赛”，以促进中学生对砂拉越华族历史的认识和了解，并激发其对历史研究及写作的兴趣。其征文的范围在于砂华族历史人物、先辈奋斗经历或功绩；砂华人历史古迹调查；砂华文地名或街名溯源；砂华人兴学办校史实等，并邀请相关研究学者田英成、房汉佳、钟月珠进行评审。[②] 除此之外，在出版书籍、收集资料和举办其他活动方面，砂华文协也在尽力扩大自身的影响力，不断推动华文教育，建立华校，并推动华族文化研究工作，宣传普及工作，发扬与鼓励华族传统音乐、舞蹈、美术、书法、绘图、雕刻、手工艺、武术、舞狮、舞龙等艺术活动。

从传播的方式和内容来看。海外华人文化社团根据各自的宗旨和性质在传播内容方面有所侧重。在传播渠道上与华校和华报紧密结合，通过举办各种征文比赛、读书会、展览会在青少年中扩大宣传教育，巩固中华文化传播基础，并且配合华报的媒体宣传工作，提高知名度，在华人社会上广泛呼吁保护并传承中华文化。主要通过以下几个方面的活动进行。

其一，搜集和保藏资料。广泛收集有关华族文化的出版著作，涉及华文文学、历史、民俗、艺术等诸多方面，并建立各自的资料收藏系统供社

---

① 李福安：《三十年来华族在文化领域的成就》，在第二届砂拉越华族文化研讨会上的发言。

② 《砂拉越华族文化协会成立十周年纪念特辑》，砂拉越华族文化协会，2000，第72页。

会人士使用。

其二，出版著作和提供咨询。一些华人文化社团有自己的出版机构，出版有关华族文化的著作，并不局限于华文写作的著作。在一些华人文化社团中还设立出版基金赞助相关的著作出版，如砂拉越华族文化协会设立的出版基金。

其三，举办各类学术研讨会、专题演讲及座谈会等。各类学术研讨会、座谈会等是进行华族文化研究交流的有效平台，通过各文化社团定期和不定期举办学术研讨会、专题演讲，为传承和发扬中华文化提供建议，进行经验交流，讨论当前中华文化传承的有关问题，为华社及政府部门提供文化建议。

其四，举行各种与中华文化相关的文化节，展现不同的中华文化节日习俗。华人文化社团由于特殊性质和经费问题，通常作为配合单位进行文化节的举办。

从传播的效果上看。传播本身是一种文化交流，是一个编码和解码的过程，传播出去的文化是否能够被受众顺利而准确地解读直接影响着传播的效果。[①] 海外华人文化社团的传播内容中很重要的一点就是对中华文化自身的研究，因此在文化层次的选择上，更注重深层次的学术文化交流，当然一些传统的中华文化形式，比如舞龙舞狮、曲艺、民俗等也有不同形式的传承。在选取文化符号时，既要考虑文化元素本身的内涵，又要了解海外民众的兴趣和理解能力，通过与移居地其他各族的文化研讨和交流，将中华文化中易于接受的部分很快融入当地的生活背景，而较为深层次的文化内涵需要进一步的比较研究才能逐步融入当地的主流文化。

2. 海外华人文化社团中华文化传播活动存在的问题和发展趋势

海外华人文化社团虽然在传播中华文化方面有着重要作用，但是由于环境和自身的特点，其在传播中华文化活动中存在一定的问题。

其一，缺乏更深层次的互动交流。每个地区的华人文化社团彼此之间应有更多的互动交流，并形成联合，针对不同的内容侧重加以规划。20

① 张春燕：《中华文化海外传播的路径和内容选择》，《云南师范大学学报（对外汉语教学与研究版）》2014 年第 1 期。

世纪 90 年代以来，各地的血缘、地缘、业缘性组织已经形成广泛的联合，在马来西亚的华人社团形成堂联、商联会、董教总三强鼎立的局面，华人社团本身就具有一定的文化性，因此华人文化社团在同一时期可能属于不同的团体分类，然而文化社团在传播中华文化方面缺乏一定的深层次交流。在一些地区仍然是各自为政的局面，由于自身规模较小，很难在当地产生很大的影响力，往往需要借助大的会馆和其他组织团体进行组织活动。尤其是在解读中华文化内涵上，缺乏必要的交流造成一定程度的表面化。

其二，经费紧张。文化社团高投入，低产出，收益不大，多靠民间资助和捐款，缺乏长期的资金支持。每届的砂拉越华族文化研讨会提呈州政府的建议书中，总会呼吁州政府定期拨款资助以砂拉越华族文化协会为代表的非营利华族文化组织。华人文化社团大多是非营利机构，经费来源比较单一，无法通过更多渠道获得资金，而收集资料、出版著作、举办研讨会等文化活动需要大量的资金进行运转，在经费短缺的情况下，社团不得不减少活动，缩小活动规模。除了政府的资助拨款，民间团体和个人的赞助基金也显得格外重要，经费的充足是进行文化活动的基本前提，因此解决经费问题成了海外华人文化社团的重要问题。

海外华人文化社团传播中华文化的发展趋势将在传播渠道和传播形式上有所改变。在传播渠道上，随着各国经济联系的加强，文化领域的合作也逐渐加深，海外华人文化社团将逐步实现集群化和跨区域联合。由于文化社团本身的文化性和超帮群性，它能够突破地域限制，在大范围内进行联合，并且不局限在文化社团类别方面，与其他血缘、地缘、业缘组织的合作交流也是其传播中华文化的重要渠道。近些年中国发展快速，与中国大陆的深层次交流合作也是海外华人文化社团传播中华文化的另一重要渠道。海外与中国的互动联系将会在海外中华文化传播中增加新的中华文化内容和新的时代印象，并且在跟中国中华传统文化的互动交流中，能更好地理解文化内核，丰富海外华族文化内容，增添更多的吸引力。在传播形式上，除了传统的传播方式，更多地引入新媒体网络手段，网络媒体的深入，让它在人们的生活中不可或缺，纸质媒体的衰落和自身的滞后、传播面窄的缺点使其在传播中华文化时显得力不从心，借用新的媒介方式，综合利用线上线下的传播方式，用互联网思维发展文化事业将会在今后一段时期成为海外华人文化社团的发展方式之一。

六　华人新移民社团

众多学者在进行华侨华人研究时已达成这样的一个共识，即海外华人社会有“三宝”：华文教育、华文传媒、华人社团。海外华侨华人主要通过这“三宝”进行中华文化传播。从明清时期至20世纪50年代，海外华侨华人因在异地求生存之需，以地缘、血缘、业缘、神缘、文缘等因素为成员联系纽带组成方言组织、宗亲组织、商会、宗教团体、文化组织等海外华人社团。而到了20世纪70年代以后，随着世界格局的变化与中国政策的改变，华人新移民（以下简称新移民）群体异军突起。华人新移民因生存与发展之需，借鉴传统型社团的经验，组建新的海外华人社团，学界上统称为“海外华人新移民社团”（以下简称为新移民社团）。在新移民社团出现之前的海外华人社团则统称为“传统型社团”。方兴未艾的新移民社团延续了传统型社团传播中华文化的传统，促使中华文化传播得到进一步发展。

（一）海外华人新移民社团概述

1. 海外华人新移民社团的背景与发展状况

“二战”以后，随着经济全球化的不断深入，国家间的资金、信息、劳动力与技术的流动日益频繁，从而导致国际移民的规模日益扩大，而移民的主流是从发展中国家移民至发达国家。“根据国际移民组织（IOM）发表的《2003年全球移民报告》，全球移民的数量从1975年的8400万增加至2000年的1.75亿。该组织预计，到2050年，移民人数可能升至2.3亿。”[①] 因此，华人新移民是国际移民潮的组成部分。同时，新移民群体的出现，也有特定的内外因素。世界各国尤其是发达国家在经济发展中意识到，放宽移民政策对解决国内的劳动力不足问题和吸引专门人才有巨大的促进作用。有鉴于此，发达国家纷纷改善移民法案、实施移民补助政策等，因此发达国家成为国际移民的主要流向地。同时，20世纪70年代以

① 庄国土、张晶盈：《新移民的类型和分布》，《社会科学》2012年第12期。

后，尤其是改革开放以后，中国实行了对外开放政策，允许国民因私出国，甚至移民国外。中国放宽移民政策的目的主要是一方面鼓励移民可减缓当地的就业问题；另一方面，使海外侨胞成为与国际联系中的一环，吸引外资并推动本地经济的国际化。另外，来自于香港的新移民则出于对1997年香港回归的顾虑，来自于台湾的新移民除了为寻求更加优越的工作机会外，其目的是支持与响应当时台湾所推行的对外投资政策。在众多因素的促动下，新移民群体逐步形成，其影响力也逐渐地扩大，成为海外华人社会的新兴力量。

关于新移民的定义，学者们有不同的见解和争论。本书中的新移民是指20世纪70年代以来移居国外的中国移民，包括从港澳台地区移居外国的新移民。①

新移民何以新？与传统型移民相比，这种“新”主要体现在以下几个方面。(1) 来源地。相比于传统型移民，新移民的来源地更为广泛，除了来自中国大陆的传统侨乡——广东、福建、海南等地，还来自于北京、浙江、江苏、四川等省和港澳台等地。(2) 移居国。传统型移民主要移居东南亚国家，如泰国、马来西亚、菲律宾等，而新移民的移民趋向与世界移民趋向一致，即趋向于向经济发达国家移民。美国、加拿大、欧洲、澳洲是华人新移民的首选地，也是容纳华人新移民最多的地方。其次为东南亚国家。南美、南太平洋国家也成为部分新移民的去处，但他们多把这些地方作为向发达国家再移民的“中转站”。(3) 移民的动因和方式。传统型移民多是由于天灾人祸，为了求得生存而被迫移居国外，其移民方式有亲属移民、卖身、被俘、逃亡等。相比之下，新移民的动因则更为主动和多样。新移民在各国为适应经济全球化而放宽移民政策以吸引人才和我国推行对外开放政策的背景下移居国外。新移民移居国外的方式主要有求学、投资、探亲、专业移民等。(4) 与传统型移民赤手空拳、身无长技到异国他乡打拼相比，他们有较强的经济实力。首先，新移民中有

① 学界关于中国新移民的研究成果颇为丰富，相关著述有王赓武《新移民：何以新？为何新?》；庄国土《华侨华人与中国》；曾少聪《华人新移民研究》；赵红英《近一二十年来中国大陆新移民若干问题的思考》；廖建裕《全球化中的中华移民与华侨华人研究》；高伟浓《国际移民环境下的中国新移民》等。

一部分人是投资移民或商业移民，尤其是台湾和香港的商业移民。其次是新移民中受过良好教育的人所占的比例比较大。在发达国家中受教育水平与赚钱能力是成正比的。（5）与老一辈移民相比，新移民中具有较好的教育背景和知识结构的移民居多。各国的移民法律中均有优先接受技术移民及吸收本国匮乏人才的条例。因此，受过较高教育的移民在新移民群体中所占的比例较高。“出自中国大陆的60多万新移民中，以留学方式出国者连同其配偶（绝大多数亦是受过高等教育者）和孩子约40万人，占总移民数的60%。”①

对于新移民而言，如何在新环境中求得发展，是他们所面对的现实而又迫切的问题。为了解决上述的问题，一方面，一些新移民求助于当地已建立的海外华人社团。他们参加这些社团所举办的职业培训班，同时这些华人社团为新移民的就业求职提供了必要的帮助。以美国为例，“据1990年的一份不完全统计，美国华人开办的职业学校及职业训练班有三、四百间，学员两万多人。”② 通过参加这些培训班，新移民得以迅速立足新环境并得到了进一步的发展。另一方面，一些华人新移民借鉴老一辈移民组建民间社团的经验，建起新的海外华人社团。新移民社团应运而生。新移民社团在维护侨胞利益、推动新移民融入新环境和作为新老移民交流的中介等方面发挥着重要的作用。当前比较具有代表性的新移民社团有欧洲华侨华人社团联合会、美国华人社团联合会、泰国华人青年商会、新加坡华源会等。

目前，尚没有关于新移民社团的数量的相关统计。不过可以肯定的是，新移民社团如雨后春笋般不断地涌现出来，成为海外华人社团中的一支新兴且越来越重要的力量，这从一定程度上反映了海外华人社会的变化与发展。其数量的不断增多，得益于以下几个方面。③

第一，作为新移民社团的主体，新移民人数的大增，是新移民社团数量增长的直接原因。新移民人数增多的原因上文已经提及，此处不再

① 庄国土：《华侨华人与中国的关系》，广东高等教育出版社，2001，第357页。

② 李明欢：《当代海外华人社团研究》，厦门大学出版社，1995，第335页。

③ 关于新移民社团发展的原因，主要参考赵红英的《社团的演变及发展》、李明欢的《当代海外华人社团研究》、庄国土的《近30年来东亚华人社团的新变化》等著作。

赘述。

第二，世界政治环境的宽松和不断完善的法律法规制度为新移民社团的增长创造了条件。“二战”后，国际政治民主化运动得到不断发展，社会生活民主化已成为不可逆转的潮流。世界上大多数政府在不同程度上认识到民间社团在协调不同利益群体之间的矛盾的重要性，因此，在不同程度上支持民间社团的建立及其所创办的活动，并对民间社团的活动进行资助，放宽结社的法律等方面的限制。因此，宽松民主的政治环境有利于新移民社团的建立与数量的增长，而新移民社团的有效组建和合理运行，反过来有利于所在国的社会民主化的进程。

第三，祖籍国对新移民社团的重要性的充分重视促使新移民社团的数量得到充分发展。改革开放以来，中国各级政府十分重视侨务工作，其中一个重要的方面就是加强与海外华人社团的联系，争取他们对祖国的改革开放和现代化建设的支持。2000 年山东青岛举办了“2000 年世界华人论坛”，邀请了来自 20 多个国家和地区的近百名著名社会活动家、企业家、科学家与国内 20 多个省政府官员、著名企业家、科学家举行了论坛，受到有关方面的重视，取得了良好的效果。2001 年 6 月 20～22 日，国务院侨办首次举行“新世纪华侨华人社团联谊大会”，有 60 多个国家和地区的 200 多位华侨华人社团负责人参加了会议。大会以“联谊、团结、发展”为主题，交流社团工作经验，分析华侨华人面临的机遇和挑战，推进华侨华人在 21 世纪的团结和发展。

2. 海外华人新移民社团的特点①

（1）新移民社团与传统型社团的区别

第一，双方成立的时间、背景不同。传统型社团的出现最早可追溯到明清时期，即 18 世纪末 19 世纪初。自那时起，海外华侨华人“为了立足、生存、发展，在帮群力量的架构下，纷纷建立起血缘、地缘、业缘等性质的传统华人社团”。② 较早的传统华人社团有马来西亚嘉应会馆、新

① 关于海外华人新移民社团的特点主要参考刘文正的《试析新加坡的中国新移民社团》、李明欢的《当代海外华人社团研究》、庄国土的《华侨华人与中国的关系》和《近 30 年来东亚华人社团的新变化》等著作。

② 庄国土：《近 30 年来东亚华人社团的新变化》，厦门大学出版社，2010，第 264 页。

加坡曹家馆、菲律宾金兰郎君社、日本八闽会馆等。而新移民社团大多数是在20世纪90年代以后出现的。它是为了顺应规模日益扩大的中国新移民的要求而出现，旨在搭建一个方便新移民沟通交流、融入当地社会、加强与祖籍国联系的平台。

第二，双方成员的主要构成和社团主要功能不同。新移民社团的成员主要是由新移民群体构成，因此其社团的主要功能是创建新移民之间互相沟通、互相帮助的平台，引导新移民更好地融入当地社会。传统型社团的主体会员是移居国的本地华人，因此其服务对象也主要是本地华人。“二战”后，随着海外华人社会的变迁，传统型社团为了求得进一步的发展，在社团的组建动因、组织结构、经济机制和社会功能等方面发生了一系列的嬗变。“就目前（新加坡）华人宗乡社团而言，保留并弘扬中华文化、促进华人文化认同，推动新加坡文化教育事业已经构成其首要的社会功能。”①

第三，双方对移居国事务与祖籍国的关注程度存在差异。随着海外华人社会由华侨社会转变为华人社会，从“落叶归根”到“落地生根”，传统型社团经历了一系列嬗变，促使其走向本土化而对祖籍国“淡化”。因此，传统型社团对移居国事务的关注程度超过了对祖籍国事务的关注程度。相反，由于新移民社团受本土化影响尚不及传统型社团，因此加强与祖国的联系，引导新移民融入当地社会是大多数新移民社团的宗旨之一。因此，新移民社团对移居国事务的关注程度与对祖籍国事务的关注程度趋于平衡。

第四，相较于传统型社团，新移民社团的类型更为多元化。新移民中具有较好的教育背景和知识结构的年轻移民居多。因此，业缘性社团出现了由拥有专业技能的华人专业人士组成的华人专业人士协会，如中国留美经济协会、全英中华医学会、美国华人生物科学学会等。此外，随着留学生数量的增多，校友会大量涌现。校友会中有以海外华文学校的华人学生为主体的，如旅菲各校友联谊会；也有以中国留学生为主体的，如清华大学法国校友会、北京大学休斯敦校友会等。而政治性社团出现了华人政治

① 曾玲：《调整与转型：当代新加坡华人宗乡社团变迁》，《暨南学报》2005年第1期。

性利益集团。政治性利益集团是指持有共同态度，为了一定目的而力图影响政府政策的集团，如美国华人参政促进会、全加华人协进会等。同时，相对于老一辈移民，新移民的来源地更为广泛，除了来自中国大陆的传统侨乡——广东、福建、海南等地外，还来自北京、浙江、江苏、四川等大陆省市和港澳台等地。相应地，地缘性社团出现了以非传统侨乡的省市和港澳台地区为地缘纽带的社团，如新加坡天府同乡会、全美台湾同乡会、香港海外专业人士协会等。

（2）新移民社团与传统型社团的联系

首先，从本质上说，“双方同属华人社团，具有共同的族群和文化认同，这就为新移民社团与传统华人社团的相互联系奠定了基础。”[①] 虽然新老移民之间的摩擦一直存在，新移民认为老移民“不太会说外语，学历不高，只在华人圈子里交往，不能融入当地社会”，而老一辈移民反讽他们“喜欢西餐，不爱存钱，异性朋友经常换”。[②] 然而这并不妨碍新移民社团与传统华人社团的联系。这体现在双方社团的互相接纳。新移民社团开始接受老一辈移民为其社团的成员，并将其服务对象扩大至老移民。而传统型社团亦如此，他们不仅吸纳对方为会员，并邀请对方进入自己的管理层或担任顾问、荣誉主席等职位。新加坡三江会馆在2003年破例引入了三位中国新移民加入理事会，并担任副总务和交际等职务[③]，其中李国胜即是新加坡三江会馆的副总务，也曾是新加坡华源会的会长。双方社团对对方的接纳性，为华人社会内部的团结与凝聚力的加强形成强有力的动力，并为双方的联系搭建一座稳固的桥梁。

其次，笔者认为，新移民社团是在传统华人社团的基础上产生与发展的。由于新移民组建社团有一部分是借鉴传统型社团的经验，因此新移民社团与传统华人社团在组织形态、组建动因、经济机制、社会功能等方面一脉相承。以联系成员的纽带为例，新移民社团与传统型社团一样，分别以地缘、血缘、业缘、神缘、文缘等因素组建成方言组织、宗亲组织、商会、宗教团体、文化组织等社团。因此，新移民社团与传统型社团的一脉

① 庄国土：《近30年来东亚华人社团的新变化》，厦门大学出版社，2010，第267页。

② 王丕屹：《老侨与新侨的碰撞》，《人民日报（海外版）》2012年10月10日。

③ 夏婧：《新移民当上三江会馆理事》，《联合早报》2003年1月23日。

相承，是海外华人社会向前发展的例证。

最后，双方的相互联系还表现在活动开展的相互合作性上。为了增进彼此的认识与感情，社团举办活动时都会邀请对方参加或共同举办。以泰国华人青年商会为例。泰国华人青年商会是国际潮青联合会的发起者之一，并与其他潮属传统社团一起成为联合会的成员。泰国华人青年商会会长李桂雄在联合会身居要职，为加强全球潮属团体及组织之间的交流与合作做贡献。在2008年，新加坡宗乡联合总会主办的第二届“爱国歌曲大家唱活动”国庆晚会专门邀请新加坡四个新移民组织华源会、天府会、九龙会以及天津会一起演唱爱国歌曲，希望借此鼓励新移民和新公民一起欢度国庆节，融入新加坡的大家庭。[①] 新移民社团与传统型社团的相互合作是新移民社团与传统型社团相互联系的主要特征。

（二）海外华人新移民社团与中华文化传播

“20世纪80年代，在当地出生的第二三代华人已经长大成人，由于在当地接受教育，观念上认同当地，社交圈子已不局限在华社”[②]，因此越来越多的华裔新生代对参加社团失去了兴趣，传统型社团面临后继无人的问题，尤其是在传播中华文化方面。笔者认为，新移民社团的出现可以延续传统型社团在传播中华文化方面的工作，并在前人的基础上发展出新的形式与特点。下文将以泰国华人青年商会、新加坡华源会、美国华人社团联合会这三个比较有代表性的新移民社团为个案，分析海外华人新移民社团与中华文化传播的关系。

1. 泰国华人青年商会

（1）泰国华人青年商会概况

20世纪八九十年代，泰国的新移民数量不断增长而且其力量不断强大，那时中泰之间的小额贸易几乎都是由新移民来完成。然而，泰国的华人社团虽然很多，但没有青年华人社团。同时，随着华人族群的繁衍生息，第二代、第三代泰国华人对中华文化越来越陌生，越来越多的华裔无法熟练地讲华语。有鉴于此，李桂雄与几位热血青年一起出谋划策，并于

---

① 《宗乡总会“大家唱”为国家献上生日祝福》，《联合早报》2008年8月3日。

② 朱东芹：《菲律宾华侨华人社团现状》，《华侨大学学报》（哲学社会科学版）2010年第2期。

2000年7月1日，正式成立了泰国第一个青年华人社团——“泰国华人青年商会”（以下简称“青商会”），确定其社团宗旨为“崇敬皇上陛下、皇后殿下以及皇室成员，遵守国家法律、促进会员之间的友好关系、促进正当的康乐活动、维护会员的尊严、促进泰中两国与国际的文化交流和经贸往来、服务社会，为新华侨争取权益，尊敬先侨、培养新一代华侨接班人：团结、互助、友爱、民主、创新、发展”。青商会的最高权力机构为会员大会，会员大会每年开会一次，由大部分会员要求或会长召集。会员大会下设执行委员会和常务执委会，会长、副会长、会长助理、秘书长和各委员会正副主任为当然常委。会长是商会的最高管理者和执行者，由会员民主选举产生。副会长、会长助理、秘书长和各委员会正副主任由会长任命、委任，并报告执委会会议通过。[①] 青商会的规模逐渐扩大，已经在深圳、温州、北京、上海、西双版纳、广州等地设立海外代表处，而且其会员人数不断增长，会员来自于中国各省、市、自治区及港、澳、台地区的新移民和泰国华裔青年。青商会已经成为在中泰交流和泰国华人社会中发挥重要作用的一环。

（2）泰国华人青年商会的中华文化传播活动

笔者认为，按照传播的对象来划分，泰国华人青年商会的中华文化传播活动可分为以下几种类型。

第一，社团内部。为了保证中华文化传播的有效进行，青商会通过对社团内部建设做相关的工作以加强社团内部的中华文化意识。首先，青商会的会歌为《携手并进，再创辉煌》，从歌词“我们是龙的传人，我们是年轻的一代；我们是炎黄子孙，我们是世纪的主人”[②] 中，我们可以体会到一份对中华民族和中华文化认同的情感，而“心同根，血同源；兄弟姐妹，至亲至爱”则透露出海外移民与中华民族的同根同源性以及强调了海外华人社会内部的团结性。而在青商会的会议中，“弘扬中华文化”“中华民族传统文化”等相关字眼总会出现在文件中。李桂雄在2007年4月的第四届第五次执委会议中强调：“我们要以中华民族传统文化作为我

① 《商会章程》，泰国华人青年商会：http://www.tycc.org。

② 泰国华人青年商会编印《泰国华人青年商会：2004—2007年青商扫描》，2007，第407页。

图 27　泰国华人青年商会会徽

资料来源：http：//www. tycc. org/。

们成长的阳光雨露，在新世纪的沃土中茁壮成长。"[①] 其次，青商会通过多种途径来加强社团与中国的联系，多途径地让会员接触博大精深的中华文化。其中一个重要的途径就是组织考察团参加国内的文化活动并资助国内的文化机构和文化活动。在 2007 年 6 月，由时任青商会常务副会长的姚小平率领的青年商会代表团赴潮州市参加潮安第二届文化旅游节系列活动，并向潮安龙湖古寨捐赠泰币一百万铢。2014 年 11 月，在深圳市汕头商会的发起下，商会与香港中国商会、香港潮属社团总会等海外华人社团共同参与创办了"深圳市侨商智库研究院"，简称"侨商智库"。而为了让侨商智慧产业有效落地，侨商智库已谋划 2015 年下半年在深圳会展中心举办首届"侨交会"。在青商会的带动下，青商会的成员对中华文化的认同不断增强，而且他们的资助对中华文化的传播的帮助与贡献也是人们有目共睹的。与此同时，青商会于 2008 年 3 月与泰国潮州会馆、国际潮青联合会联合主办了第五届国际潮青联谊年会，来自五大洲十八个国家和地区的数十个代表团、逾千名国际潮汕青年代表出席会议。作为国际潮青

① 泰国华人青年商会编印《泰国华人青年商会：2004—2007 年青商扫描》，2007，第 408 页。

联合会发起人之一的李桂雄，为国际潮青联合会做出了许多贡献，现已被委任为国际潮青联合会的理事长。最后，青商会现已在深圳、温州、北京、上海、西双版纳、广州等地设立海外代表处。从文化的角度而论，设立海外代表处的目的就是加强青商会与中国的联系，扩大传播中华民族传统文化的规模，这更有利于青商会中华文化传播活动的开展。

图 28　中国（深圳）华人华侨产业交易会会徽

资料来源：http：//www. octt. cn/html/Overseas_ Trade_ Fair/about_ Exhibition/。

第二，泰国华人社会。青商会在泰国华人社会内部传播中华文化的活动主要分为三种类型。首先，关心与支持泰华留学生。青商会与泰华留学生协会关系密切，共同帮助与引导泰华留学生的学习与生活。两社团经常进行互访，而且李桂雄、张扬、姚小平等人被聘为泰华留学生协会的名誉会长。同时青商会通过多种途径与泰华留学生进行交流、联谊。2007 年 8 月 26 日，青商会篮球队与泰华留学生协会篮球队进行了一场别开生面的篮球友谊赛，场面精彩激烈而双方也打得其乐融融。其次，大力扶持泰国华文教育。其中一个最典型的例子则是 2006 年青商会的第三届九次执委会的决议。该次执委会一致通过决定于当年的 2 月组团赴泰北访问华文学校。据悉，当天报名参加泰北的亲善之旅并捐助经费的常执委甚多。此次的泰北亲善之旅，青商会共访问了四间华校，并对这四间华校进行物质资

图 29　第五届国际潮青联谊年会开幕式

资料来源：http：//www. ityf. org/Meetingshow. asp？ id＝10。

助，如赞助教学经费、馈赠教育用品、设立奖学金和助学金、捐赠多所华校教育基金等。青商会所到之处，都受到了当地村民、师生的热烈欢迎，场面十分温馨。泰北的亲善之旅，对泰国的华文教育给予很大的支持，同时对弘扬慈善文化、宣传关爱互助精神有莫大的帮助。2005 年 2 月 19 日，拍那空拉差帕大学中文系师生二十余人访问青商会，以此感谢青商会对华教的无私奉献。李桂雄等人则鼓励学生学好中文。最后，发扬敬老爱幼精神。2006 年 7 月，青商会同人赴泰华孤儿院、北榄养老院慰问孤儿老人。青商会分别对两个慈善机构进行物质资助，捐善款、馈物资等，体现了“幼吾幼以及人之幼，老吾老以及人之老”的大爱精神。另外，时任青商会副秘书长林立新、发展计划主任吴南江等人于 2007 年春节期间前往美斯乐山区举行献爱心、送温暖的慈善活动，把 3000 件衣服分发到当地村民中。总的来说，青商会对留学生、华校师生、老人和孤儿的扶助和支持，有利于在华人社会内部发扬关爱互助精神，从而有利于中华文化的传播。尤其是对华校的资助，使泰国华裔子女在更好的学习环境中接受华文教育，更进一步地接触中华文化的精髓，进而加强他们对中华文化的传承，增强他们对中华文化的认同感。

第三，泰国当地社会。青商会在泰国当地社会传播中华文化的一项重大活动则是开办了泰国首家中文电视台——泰国中文电视台，其标识是一条腾飞的巨龙。该电视台是中泰建交 30 周年的重要项目之一，由李桂雄和中央电视台合作，投入巨资开办。李桂雄担任该台的董事长。开办之初，电视台面临经营上的种种困难。该台只能在每天夜间 9 时至 12 时播放时事新闻、纪录片、文艺等节目，向东南亚民众介绍中国发展情况和传播中华文化。然而李桂雄表示任何情况下都不会把电视台转给他人，他还说道："电视台还有一项重要任务，就是培养下一代的华侨子女。开办中文电视台，可以搭建更好的中文学习平台，让孩子们对中国有更直观的认识。"① 如今，泰国中文电视台已改名为泰国中央中文电视台，并且升级为卫星全天 24 小时开播，其覆盖面涉及整个东南亚及周边地区。另一方面，青商会也通过举办各色活动来向泰国当地社会传播中华文化。在 2006 年 6 月，青商会接待了来自淮安市的"淮扬菜"美食文化交流团。并在接待的当天，与该交流团在曼谷的皇后花园大酒店举办了中国淮安淮扬菜美食文化交流活动。此次的美食文化交流，不仅得到了相关领导的认可与赞扬，还得到了当地各华文传媒记者的争相报道。时任青商会新闻主任吴风在 2005 年应邀向泰国朱拉大学讲解示范中国书画技法。青商会在其周年纪念活动中，舞台上充满着具有中国特色的文艺表演节目。对于青商会对中华文化传播的种种努力，各界给予了充分的认同与肯定。2005 年，由王宋大率领的中国全国人大常委会代表团访问青商会，王宋大在会谈中表示青商会是"继承发扬中华文化的急先锋"。②

青商会主要针对社团内部成员、泰国华人社会、泰国当地社会这三个对象来展开中华文化传播活动，依据不同的对象从而展开不同形式的传播活动，这样的做法反而可以收到更好的传播效果。

2. 新加坡华源会

（1）新加坡华源会概况

"中国大陆的新移民从 20 世纪 90 年代起，开始大规模进入新加

---

① 人民网 9 月 14 日电，http：//finance. people. com. cn/n/2014/0914/c387602-25656222. html。

② 泰国华人青年商会编印《泰国华人青年商会：2004—2007 年青商扫描》，2007，第 408 页。

图 30　泰国中文电视台台徽

资料来源：泰国华人青年商会编印《泰国华人青年商会：2004—2007 年青商扫描》，2007，第 227 页。

坡。”[①] 新加坡华源会（以下简称“华源会”）与青商会一样，是旨在为日益壮大的移居新加坡的新移民群体服务的新移民社团，于 2001 年 5 月 7 日成立，首任会长为王泉成。其会员大多数是 80 年代之后移居新加坡的新移民，分布于科研、商贸、媒体、文化产业等各个行业。至 2014 年，华源会的会员数量已增至 6000 多人。“华源会”之名取之于“饮水思源”，其社团宗旨是“促进会员间的信息交流与沟通；发扬互助友爱精神；促进会员与其他社团的友谊及交流；通过组织各类活动，提高会员及其家庭成员的业余生活；促进新加坡和中国两地的商贸往来”。华源会为突出民主性，以会员大会为最高的权力机构，会员大会分为常年会员大会和特别会员大会。由会员大会选出的理事会负责处理一切日常会务，由一名会长、三名副会长、一名秘书长、二名副秘书长、一名财政、一名副财政以及十三名理事组成。会长是会员大会以及理事会会议主席，并对外代表本会。为了更好地履行宗旨，华源会设有九个职能工作小组，包括会员组、公关活动策划组、艺术团、文化教育组、商贸组、网络及特刊组、体育组、科技及学者（学生）交流组。[②] 自成立以来，华源会共举办了 400

① 庄国土：《近 30 年来东亚华人社团的新变化》，厦门大学出版社，2010，第 245 页。

② 《华源会章程》，新加坡华源会网站：http：//www. myhuayuan. org/。

多项有意义的活动，并与新加坡政府和中国驻新加坡大使馆保持紧密联系，其活动不仅让新移民受益，而且也为新加坡和中国的交流做了贡献，其工作得到社会各界的认同，并得到李显龙、张九桓等人的重视和支持。

图 31　新加坡华源会会徽

资料来源：http：//huayuanhui. org/Home。

（2）新加坡华源会的中华文化传播活动

华源会自成立以来，一直致力于中华文化传播，主要围绕以下三个方面开展了许多富有意义的活动与项目。

在加强新加坡华人社会内部的中华文化意识方面，华源会主要采取创造一个能够让新移民之间和新老移民之间沟通、互助的平台这样一种方式，使新加坡华人社会内部形成一种同声同气、和睦相处、互帮互助、以和为贵的和谐氛围。为此，华源会开展了以下活动。①“每逢佳节倍思亲”。每到中华民族的传统节日时，如春节、中秋、元宵、端午等，华源会都会举办相关的联欢晚会。这里要提及的是，上述的联欢晚会举办的目的不仅是让新移民群体能够有机会去交流和沟通，而且也是创造一个让新老移民共度佳节的平台。2010 年 2 月 13 日，华源会与新加坡海南会馆联合举办大型春节联欢活动，在新加坡的牛车水、金生区、红山区、女皇镇等地方开展活动。在除夕夜，华源会的会员、17 所校友会的会员和海南会馆、牛车水金声、红山、女皇镇各个社团的各个种族民众参加除夕晚宴活动。“80 多个来自中国的年轻工作人士和学生主动为老人端水盛饭，孤寡老人感受到了家一般的温暖，也让这些在新加坡的中国人尽一份孝敬之意。”[①] ②华源会还会在平常不定时地举办会员家庭日、短期旅游、聚餐等联谊活动。会员们往往都会带上自己的家人和儿女一起参加家庭日，气

① 新加坡华源会编印《新加坡华源会十周年纪念特刊：2001—2010》，2010，第 58 页。

氛温馨而又其乐融融。③设立中国新移民杰出贡献奖，用以表彰对社会有卓越贡献的新移民，提升新移民的整体形象，增进新移民与新加坡社会的融合与理解。此计划得到了陈嘉庚国际学会、新中友好协会和新加坡中国商会的大力支持，并成为协力单位。首届中国新移民杰出贡献奖颁奖典礼是在 2010 年举办的。在此次颁奖典礼中，华源会颁发了 8 个奖项，其中包括 4 个“中国新移民杰出贡献”奖和 4 个“新移民之友”奖。该奖的评委会比较专业和具有代表性，共有 14 个评委，均是不同行业中有名气的新加坡华人。有来自学界的潘国驹教授、林浩教授、丘才良教授等，来自政界的马庆炎议员，也有来自福利事业界、法律界、医学界、媒体界等领域的名人。最终评选了黄显亚博士、吴永玲博士、黎列刚先生和方圆女士四名华人为“中国新移民杰出贡献奖”获奖者，曾士生先生、黄延辉先生、蔡锦淞先生和卓顺发先生四名华人为“新移民之友奖”获奖者。此后，此项活动持续举办，第二届“新移民杰出贡献奖”在 2014 年 2 月举行。华源会顺利地创建了褒扬优秀新移民的重要平台，借此建立新移民的交流平台，促进种族融合。

图 32　“中国新移民杰出贡献奖”颁奖典礼

资料来源：http：//ym.533.com/c/20100921/1285050892_ 05056200_ all.html。

在对新加坡当地社会传播中华文化方面，华源会主要举办各色的文艺活动来传播中华文化。华源会设有自己的艺术团，名为“华源艺术团”，是华源会创办之初所建立的。“艺术团走进民间，为联络所、一些社团和学校呈献了20多场的演出，为新加坡增添更多的艺术元素和气息。”[①] 而且，华源会艺术团也走出了新加坡，在马六甲举办了“马六甲星光闪烁演唱会”。在2002年3月，华源会承接当年的华族文化节，与三江会馆、直落市兰雅民众俱乐部、新风相声学会共同举办“今夜小声连连”小品晚会，为新加坡的当地民众和中国观众呈现了精彩的喜剧小品，博得观众们的阵阵掌声和笑声。小品晚会共有三场，“场场爆满，观众们也纷纷要求加演”。[②] 在2001年9月，华源会与《联合早报》共同举办了第四届全国华语演讲比赛。在2002年，华源会邀请了中国曲艺协会代表团到新加坡访问演出，此次演出相当成功。另外，华源会也组织各种文化营、讲座、课程等来传播中华文化，如与江老师教学中心于2001年6月联合组办“快乐华文营”，以轻松的方式让学生们认识各种华文艺术表演。华源会在2004年2月组织了华源少儿艺术团的预备课程，由教学经验丰富的老师教导。

在促进中新之间的文化交流方面，华源会的工作主要集中在推动中新人员往来和积极投身于当地国与祖籍国的公益事业上。前者的工作主要体现在盛情接待来新加坡访问的中方人员与组织考察团访问中国。“华源会自2001年成立以来，先后接待了来新访问的泉州、浙江、重庆、厦门、铁岭、南昌等多个中国省市代表团，以及许多来新进行文化交流的中国文艺团体和学者。”[③] 在2002年4月9日，华源会接待了中国海外交流协会的访问。2003年11月25日，华源会应中国海外交流协会邀请，组织考察团到北京、上海、西安等地进行为期两个星期的交流访问。此外，华源会曾多次派员回国参加华人社团联谊大会以及海外侨团中青年骨干培训班。为了传播慈善文化，华源会积极投身于祖国和移居国的公益慈善事业。这里值得一提的是，在2001年1月19日，华源会为同济医院举办筹款晚宴，当晚成功为医院筹得了12万科技经费。华源会会长王泉成也一

① 夏婧：《华源会致力为新移民服务》，《联合早报》2002年5月6日。

② 新加坡华源会编印《华源特刊——新加坡华源会一周年纪念特刊》，2001，第14页。

③ 庄国土：《近30年来东亚华人社团的新变化》，厦门大学出版社，2010，第262页。

直为其家乡做贡献，支持其家乡的公益事业。“截至2007年，王泉成给祖国的捐款已超过千万元人民币。”① 王泉成曾说道：“新移民就像是刚嫁入婆家（新加坡）的媳妇，各方面都需要婆家的协助，才能更快、更好地打成一片。刚到的媳妇有些地方做得不好，也希望婆家能够宽容并给予指导。他们一方面希望新加坡繁荣昌盛，全国团结奋进，另一方面又希望能为娘家（中国）做出力所能及的贡献。”②

图33 “同济慈善爱心夜”筹款活动

资料来源：http://blog.sina.com.cn/s/blog_4db9d4ad01000caj.html。

华源会主要围绕加强新移民群体的中华文化意识、对新加坡当地社会传播中华文化和促进中新之间的文化交流这三个传播目的来进行中华文化传播，而华源会的活动也都达到了以上三个目的，取得了很好的传播效果。

3. 美国华人社团联合会

（1）美国华人社团联合会概况

美国华人社团联合会（以下简称“美华联”），原名为美国南加州华

① 《王泉成连任新加坡华源会会长》，新华网：http://news.xinhuanet.com/overseas/2007-04/01/content_5921538.htm。

② 《婆家娘家兼爱两顾——记新加坡华源会侨领王泉成》，福建侨报：http://www.66163.com/fujian_w/news/fjqb/030926/1_9.html。

人社团联合会，是综合性的海外华人社团。最初是由“美中工商协会”、“美国北京联合会”和“美国洛杉矶温州商会”等三个华人社团于2005年发起组建，旨在把美国各个华人组织联合起来，有规模、有计划地进行有意义的重大活动。发展至今，美华联的成员已从最初的30多个扩展为550余个，囊括了以地缘、业缘、文缘、神缘为纽带而组建的新移民社团，也有综合性质的新移民社团。美华联以会员大会为最高权力机构，主席团主席、理事会理事长、监事会监事长和荣誉主席团主席均由会员大会民主投票选出。主席团主席是最高的社团负责人。目前，美华联的主席团主席为美中文化教育基金会主席鹿强，荣誉主席团主席为美国国际青少年艺术协会会长张素久，理事长是美中广东商会会长张铁流，监事长是温州旅美同乡会会长胡巧敏。美华联与美国政界和中国保持着紧密的联系，美国主流社会认为美华联是美国旅美华人正面表达华人心声的代言人，美华联成为美国重要的华人新移民社团。

图34 美国华人社团联合会第六届领导机构就职典礼暨新春联欢会

资料来源：http: //mp. weixin. qq. com/s? _ _ biz = MzA5NjMxMzMwMw = = &mid = 200053260&idx = 2&sn = b8a6a38bd8717009263b07bcf0e4b6ac。

（2）美国华人社团联合会的中华文化传播活动

美华联比较注重对美国华裔青少年展开中华文化传播活动。其中最有代表性的则是每年美华联与美国国际青少年艺术协会承办洛杉矶赛区的水立方杯海外华裔青少年中文歌曲大赛。水立方杯海外华裔青少年中文歌曲大赛是由中国国务院国侨办、北京市人民政府、中华全国青年联合会共同主办的一项大型公益性文化交流活动，“以中文歌曲比赛的形式，吸引广大海外华裔青少年学习中文，弘扬并传承中华文化”。[①] 与此同时，每年美华联与美国国际青少年艺术协会联合举办好莱坞“天使杯”国际青少年音乐艺术节。每一届的比赛，都会有上百个来自不同国家和地区的中小学团体参加演出，演出的节目丰富多彩，其中包括具有中华韵味的京剧、民族舞、乐器表演等。从2013年起，艺术节由一年一届改为一年两届，给更多的选手和团体提供更丰富的选择和更大的舞台。除举办文艺比赛以外，美华联还积极支持教育事业。2010年，美华联支持和赞助由世界青少年文学艺术界联合会及美国中华商报主办的“洛城百名小作家作文比赛”。美华联主席团主席鹿强为支持在美推广华文教育，“发起成立‘南加州华人华侨声援哈岗学区开办孔子课堂委员会’，用行动向美国民众说明学中文了解中华文化的重要性”。[②] 鹿强也积极支持中国的教育事业。美华联与中国安徽黄山中学签约开办“立德班”，并每年捐款资助贫困优秀学生完成学业。鹿强在上海南洋中学设立“蓝天英才奖学金”，鼓励优秀人才投入中国的航天航空事业，凡报考航空院校和专业的学生都可以领取全额奖学金直到毕业。鹿强在北京电子工程信息学院设立“航电经纬基金”。

每逢中华民族的传统佳节，美华联也会组织活动让成员们欢聚一堂，使成员们在海外依然能感觉到“家”的温暖。2010年，美华联举行了“华侨春节团拜”。当时，共有600多名华侨华人一起庆祝中国农历新年。在2013年的元宵节美华联举行了元宵联欢晚会。

美华联时刻关注中国的发展，并积极推动美中之间的文化交流。首先最值得一提的就是美华联曾两次组织花车参加在美国有上百年历史的帕萨迪纳玫瑰花车游行。第一次参加是在2008年，美华联所参展用的花车是为了宣传2008年北京奥运会。这是帕萨迪纳玫瑰花车游行历史上第一次

---

① 《第四届水立方杯海外华裔青少年中文歌曲大赛洛杉矶赛区5月31日成功举办》，http：//www.chineseroundtable.org/News_ View.asp? Id=756。

② 南华联主席简介，http：//www.chineseroundtable.org/About_ Us_ First.asp。

图 35　第八届好莱坞“天使杯”国际青少年音乐艺术节闭幕式

资料来源：http：//gd. sina. com. cn/fs/tushuo/2015-02-11/144327323. html。

出现有中国元素的花车。第二次参展则是在 2010 年的时候。此次参展的花车则是宣传当年即将在中国上海举办的世博会。而花车的制造完全是由美国华侨华人出资的。张素久表示：花车的制造经费来之不易。她告诉记者，起初的方案是 10 位华人、华侨每人捐赠 2 万美元，另由某公司单独出资 15 万美元。但由于种种原因，该公司临时决定撤资。在面临资金不足、花车制作陷入困境之际，已出资 2 万美元的百人会成员谢明先生又追加 15 万美元，保证了世博花车的如期完成。[①] 其次，美华联热情接待来美演出的中国艺术团，并协助国侨办、中国驻美大使馆等相关机构举行文艺演出。2010 年 6 月 20 日，美华联接待海南爱乐女子合唱团的到访，合唱团的到访受到了南加州华侨华人的热烈欢迎。而在同一年，美华联协助国侨办举办“四海同春”文艺演出和“文化中国，锦绣中国”的文艺演出，并协助上海电影交响乐团在美演出。最后，美华联积极投身于公益慈善事业。2009 年，台湾发生“8·8”水灾。美华联随即举办“为台湾水

① 《“城市，让生活更美好”，上海世博花车巡游在帕萨迪纳科罗拉多大道上》，http：//www. chineseroundtable. org/News_ View. asp？ Id=583。

灾难民捐款”活动，当日所筹得的善款为 2 万美元，并为这次水灾举办了义演活动。与此同时，在 2008 年汶川地震、2010 年青海玉树地震、2012 年云南昭通地震等天灾发生时，美华联慷慨解囊，出资协助国内抗灾。中国驻洛杉矶总领事刘健表示：“洛杉矶侨胞历来热爱家乡，虽然身在海外，但是心系祖籍国。每当中国发生重大自然灾害和重大事件，大家都能在第一时间里听到大家发出的声音，看到大家做出的爱心行动。”①

图 36 美国华人社团联合会向中国云南地震灾区捐款

资料来源：http：//www. uscgcc. com/shownews. asp? id = 772。

美华联的中华文化传播活动与青商会和华源会的有所不同，其比较注重于培养和加强美国华裔青少年的中华文化意识，其形式偏重于文艺娱乐方面。尽管如此，美华联与后两者一样，为中华文化的传播做出了贡献。

（三）小结

1. 海外华人新移民社团的中华文化传播机制

笔者认为，新移民社团传播中华文化已形成一种机制，此机制的内容包括传播者、传播对象、传播方式、传播内容、传播效果这几部分内容。

传播者是海外华人新移民社团。这里我们要注意的是，不论是因哪种

① 《美国华人社团联合会首批捐款送云南地震灾区》，http：//www. uscgcc. com/shownews. asp? id = 772。

组带建立起来的新移民社团，他们都愿意把中华文化传播视为己任，乐意采取各种方式在海外传播中华文化，促进祖籍国与移居国的文化交流。

传播对象不局限于社团内的会员，还包括华人社会和移居国其他民族。随着海外华人社会由“华侨社会”转变为“华人社会”以及华侨华人自身构成的变化，“与前辈相比，新生代华人华侨对祖籍国的感情渐趋淡化，对祖籍国有的只是残存的模糊认识”。[①] 有鉴于此，新移民社团积极地投身于中华文化传播。虽然新移民社团是以新移民为其成员的主体，社团的服务对象是以新移民群体为主，但是其中华文化传播的对象并不限于新移民群体，其活动的对象还包括老移民和移居国其他民族，这可从华源会在 2010 年举办的新春联欢活动得到印证。

从传播方式来看，新移民社团主要通过以下三种方式来进行中华文化传播。(1) 营造社团内部的中华文化氛围。这方面工作的内容主要是完善社团的组织系统，如完善社团宗旨，在会歌、会徽中体现中华文化元素，加大社团中华文化传播的投入以及加强成员的中华文化意识。如在中秋、元宵等中华民族传统节日举行联欢活动，针对华人子女开展文化营、讲座等活动，搭建一个新移民之间和新移民与老移民之间的沟通平台等。(2) 构建传播中华文化的平台，如泰国中文电视台、华源会艺术团等，以及举办相关的文艺活动，开展有意义的文化项目。新移民社团在进行这方面的工作时逐渐意识到，联合当地其他的华人社团或中国国内的文化机构、团体，能取得更好的效果而且事半功倍。(3) 积极投身于移居国和祖籍国的慈善公益事业，传播慈善文化。一方面，当出现天灾时，社团积极地以物质捐赠和义演义卖方式为灾区筹款。另一方面，社团以物质资助为主要方式支持移居国的华文教育、华文传媒、华人福利机构等的发展，如青商会在 2006 年开展的泰北亲善之旅以及在当年二月组团慰问孤儿院和养老院。

从传播的内容来看，传播的内容以表层的中华文化为主，即饮食、曲艺、传统节日习俗、部分中介文化等。但对中介文化和深层文化的传播比

---

① 王颖：《海外华侨华人在中华文化国际传播中的问题探析》，《教育教学论坛》2014 年第 11 期。

较薄弱。[1]

从传播的效果来看，新移民社团的传播中华文化活动达到了以下三个层次的效果。①加强华人社会的中华文化意识，避免中华文化的传承在华人社会的繁衍中出现“断代”。海外华人社会逐渐与当地国社会同化而导致新生代华裔与中华文化之间的隔阂越来越大，这一问题是迫切需要解决的。“与教育背景联系的是新移民深厚的中华文化背景。”[2] 他们对中国文化的传承与传播的热情不逊色于老移民对中华文化热爱的情感。因此，新移民和他们组建的新移民社团为传播中华文化所做的工作可以加强华人社会的中华文化意识并加强内部的认同感和凝聚力。②延续传统型社团对中华文化的传播工作，让中华文化得以在海外继续传播并有所发展。海外华人社团是中华文化传播的重要载体之一，随着时代的发展，新移民社团在传统型社团的基础上应运而生，新移民社团也自然而然地继承了传统型社团所肩负的文化传播使命。随着新移民群体力量的壮大，新移民社团传播中华文化的形式更为多样，如新加坡华源会设立的“新移民杰出贡献奖”、会员家庭日和青商会所创办的泰国中文电视台等。同时新移民社团传播中华文化工作更加注重与当地社会的融合，进而体现中华文化的包容性，因此其传播对象包含了移居国的其他民族。③促进祖籍国与移居国的文化交流，成为两者交流的纽带。很多新移民社团皆以促进祖籍国与移居国的文化交流为其社团宗旨，为了达到这一目的，新移民社团常组织考察团到中国考察并资助相关的文化机构，而且也热烈地邀请并接待来自中国的访问交流团。与此同时，新移民社团通过举办研讨会以及与政府机构合作进行跨境传播中华文化等形式促进祖籍国与移居国的文化交流，如美华联承办了由中国国侨办等国内政府机构主办的洛杉矶赛区的水立方杯海外华裔青少年中文歌曲大赛和协助国侨办举办“四海同春”文艺演出。新移民社团已成为双方交流的使者。

---

① 本书对文化的分类采用“三分法”：一曰表层文化，即器物层，是文化的表现形式；二曰中介文化，是表层文化与深层文化的桥梁和转换途径；三曰深层文化，是精神文化层，是文化的内隐、内核的本质内容。

② 庄国土：《华侨华人与中国的关系》，广东高等教育出版社，2001，第 358 页。

2. 海外华人新移民社团中华文化传播活动的存在问题和发展趋势

海外华人新移民社团对中华文化传播所做的工作是人们有目共睹的，其贡献也是值得肯定的。然而，据笔者观察，海外华人新移民社团中华文化传播活动存在以下两个问题。

一方面，由于新移民社团自身的特点，新移民社团成立时间不长，社团的运作与管理经验相对比较缺乏，从而导致社团之间，尤其是新移民社团与传统型社团之间的联系不够紧密。当代海外华人社会里，新移民与老移民之间的摩擦由来已久，虽然目前两个群体间的关系有所缓和，新移民社团也积极提倡成员们向老一辈移民学习，但新移民社团与传统华人社团之间的沟通比较少，在中华文化传播方面，两者的合作甚少。或许加入世界性的华人社团或当地国的社团联合会可以给双方一个交流合作的平台，然而要想在中华文化传播层面上得到进一步的成功，则需要双方采取进一步的措施来加强合作，紧密联系。

另一方面，新移民社团对中华文化的传播内容多集中于表层文化，即器物层。"文化表层易变，中层较固，底层恒久"，[①] 这样的传播活动只能使传播对象对中华文化产生肤浅的认识，并不能真正体会到中华文化的精髓。"根据《中国海外形象调查报告 2012》，海外受访者喜爱程度较高的中国文化元素排在前五的依次是熊猫、长城、成龙、中国美食和故宫，而京剧、孔子、中医中药等中国文化元素的喜欢程度相对较低。"[②] 这种表层的认识，促使传播对象对中华文化的理解只局限于他们所看到的这几项。"如果文化传播不能深入下去，很容易让外国人产生'中华文化不过如此'的印象，认为我们没有文化或者只有'shallow culture'。"[③] 从对海外社会的观察中我们不难发现，海外华裔青少年对中国的流行文化更感兴趣，而受过较高层次教育的群众或年老者偏爱于传统文化。因此，新移民社团要想在传播中华文化的活动中取得更好的效果，新移民社团在其传播

① 许嘉璐：《未央续集》，中国社会科学出版社，2012，第 168 页。

② 《中国国家形象调查报告 2012》，中国网：http：//www.china.com.cn/international/txt/2012-12/20/content_ 27470693_ 4.htm。

③ 张春燕：《中华文化海外传播的路径和内容选择》，《云南师范大学学报》2014 年第 1 期。

前要根据传播对象的实际情况（如受教育程度、年龄、艺术修养、居住地的历史积淀等因素），对当地的文化进行深入了解，进而确定传播的方案，在活动中采用让传播对象容易理解的方法来介绍中华文化，尤其是那些能够体现中华文化特色的部分和外国人希望了解但又容易产生误解的地方。

道路是曲折的，前途是光明的。虽然海外新移民华人社团传播中华文化活动存在问题，而且问题的解决并不是一蹴而就的，而是需要随着新移民社团的发展壮大一步一步地解决。就未来的趋势而言，随着新移民人数的增多、新移民与当地国社会融入程度的加强、新移民与祖籍国联系的多样化，新移民社团的实力将不断地增强，运作领域将更加广阔，其影响力也将逐渐扩大，从而在海外华人社团中占主导地位。

在文化频繁交流和激烈碰撞的今天，海外新移民华人社团必须高举传承中华文化的旗帜，延续海外华人传播中华文化的传统。可以说，海外新移民华人社团传播中华文化是为了顺应时代发展的要求，是为了顺应国际大环境和海外华人社会的变迁，同时也是为了自身社团的发展，不至于让社团失去其本身的中华印记而默默无闻地被时代潮流所吞没。为此，新移民社团将传播中华文化视为己任，并务求在传统华人社团所做的工作的基础上，在传播形式、传播渠道、传播内容方面进一步发展和创新，其规模也会进一步地扩大，其传播中华文化的层次也将进一步地向深度发展。但这里要注意的是，新移民社团在注重对外传播中华文化的同时也要注重内部的中华文化传承，加大对海外华裔青少年的中华文化教育，培养好传播中华文化的接班人，防止海外华人社会内部出现中华文化断层现象。海外新移民华人社团对中华文化的传播是向前发展的，是不可逆转的。

第三节　小结

至此，本书已按照五缘加新移民的五加一分类体系，将各类海外华人社团的中华文化传播机制一一进行考察并梳理出其概况。在此基础上，下文将从六大类社团的中华文化传播机制出发，以求能探索出海外华人社团的中华文化传播机制这一宏观机制的内容与特点。

我们在考察各类社团的中华文化传播机制时，会发现六类社团的中华文化传播机制的不同（见表10）。

表10　各类社团中华文化传播活动的对象对比

社团类型	传播对象
地缘性社团	以同乡为主，后逐步扩展至当地华社乃至当地社会
血缘性社团	以宗亲为主，后逐步扩展至当地华社乃至当地社会
业缘性社团	以业内人士为主，后逐步扩展至当地华社乃至当地社会
宗教慈善社团	从当地华社逐步扩展至当地社会
文化性社团	既包括当地华族，也包括当地国其他民族
新移民社团	以当地新移民为主，后逐步扩展至当地华社乃至当地社会

我们可以看出，地缘性社团、血缘性社团、业缘性社团与新移民社团的中华文化传播活动的对象皆以社团的主体成员为主，而宗教慈善社团与文化性社团自身的超帮群性导致这两类社团的中华文化传播对象的范围比前四类社团要广。同时我们也要注意到，六类社团的传播对象都经历了一个扩展的过程，从社团内的主体成员扩展至当地华社乃至当地社会。笔者认为，这是海外社团为适应"二战"后海外华人社会的在地化趋势而进行嬗变的结果。以菲华善举公所为例，"其所兴办的崇仁医院，在战后所接纳的病人中，菲律宾人所占的比重渐次上升"。[①] 尽管如此，海外华人社团的中华文化传播活动的对象仍是以社团内的主体成员为主。

表11　各类社团中华文化传播活动的方式对比

社团类型	传播方式
地缘性社团	沿袭祖籍地的传统习俗；庆祝传统节日；兴办教育
血缘性社团	举办有利于凝聚宗亲的活动；支持慈善福利事业；庆祝传统节日
业缘性社团	以业内活动为平台，直接或间接地传播中华文化；庆祝传统节日；支持慈善福利事业的发展

① 宋平：《承继与嬗变：当代菲律宾华人社团比较研究》，厦门大学出版社，1995，第147页。

续表

社团类型	传播方式
宗教慈善社团	投身于公共事业：恤死、医疗、教育
文化性社团	举办各种文化活动：学术性活动、民俗艺术类活动
新移民社团	加强社团内部的文化传承，构建传播中华文化的平台，支持慈善福利事业的发展

由表11可以看出，各类社团传播中华文化的方式可以说是基本相同，如各类社团都会积极支持祖籍国与移居国的慈善福利事业，庆祝中国传统节日，支持华文教育与华文传媒的发展等。然而，各类社团的性质不一，其中华文化传播的主要对象不一，从而导致各类社团举办的活动的侧重点也不一样，传播的方式也各有特色。以地缘性社团为例，地缘性社团的中华文化传播活动主要是通过沿袭与发扬祖籍地的传统习俗，如拜祭祖籍地的神明与祖先、庆祝祖籍地特有的传统节日等方式来凝聚乡亲，从而达到传播中华文化的目的。其他类型社团的传播方式不同，这里就不一一赘述。不过，我们还需要注意到的是，虽然新移民社团的组建纽带也是以五缘为主，其传播方式是依据其组建的纽带而决定的，但是由于新移民社团的中华文化传播对象主要是新移民群体，因此其主要围绕新移民群体的特点来开展中华文化传播活动，如让新移民群体与老移民共同庆祝传统节日等。

表12　各类社团的中华文化传播活动的内容对比

社团类型	传播内容
地缘性社团	以祖籍地文化为主
血缘性社团	以宗族文化为主
业缘性社团	以同业文化为主
宗教慈善社团	以宗教文化为主
文化性社团	以当地华族文化为主
新移民社团	依据其组建纽带而定，但附有新移民群体的特点

由于各类社团的组建纽带不一，再加上中华文化是博大精深与源远流

长的，因此每类社团没有能力也不可能对中华文化的全部精华进行一一传播，而只能依据其组建纽带来传播社团内族群所认同的文化。以新加坡福建会馆为例，其传播中华文化的内容主要是以闽南文化为主，如妈祖文化等。这里，笔者认为对文化性社团与新移民社团进行补充说明是十分必要的。文化性社团因其自身的超帮群性，其所传播中华文化活动先是围绕当地华族来展开，因此其传播活动的内容是以当地华族文化为主。而新移民社团因其组建的纽带也是以“五缘”为基准的，因此新移民社团传播活动的内容是依据其组建纽带而决定的，不过因为其传播活动的主要对象是新移民群体，因此其所举办的传播活动的内容会烙上新移民群体的特点。

我们从传播对象、传播方式、传播内容这三个方面看出六类社团的中华文化传播机制的不同。然而，在中华文化传播方面，六类社团并不是一盘散沙似的各行其是，而是统筹协调的，共同支撑起海外华人社团中华文化传播机制这一宏观体系的运作。它们合作的基础就是彼此的中华文化传播机制之间存在的共同点。首先，无论是哪一类型的社团，它们都认同中华文化，认为自己是中华民族的一员。这种认同并没有随着海外华社在地化趋势的加强而消失，而且，“移民本身使移民者个人在一定程度上摆脱了故土功利关系的羁绊，能够相对超脱地对待故人与往事，从而使个人对于故国的怀念心态因心理距离的接近而审美化”。[①] 因此，它们皆视传播中华文化为己任，乐意成为传播中华文化的载体。笔者认为，这一共同的文化认同基础是它们协调地进行传播中华文化的基础，是具有关键性的基础。在此基础上，六类社团的中华文化传播活动的对象扩展，传播的方式等方面具有一定相似性，而传播活动所达到的传播效果也是相同的，达成以下三种效果：“华侨华人在海外传播中华文化，增强了中国与其他国家的相互理解”“弘扬中华优秀文化有利于增强海外华侨华人的民族认同感和凝聚力，加深海外华人与祖籍国的联系”“弘扬中华优秀文化有利于华侨华人更好地融入移居国主流社会，从而进一步展示当代中国形象”[②]。

① 李明欢：《当代海外华人社团研究》，厦门大学出版社，1995，第 141 页。

② 李其荣：《华侨华人在海外传播中华文化新探》，《广西民族大学学报》（哲学社会科学版）2013 年第 2 期。

各类社团在中华文化传播方面合作的形式则是社团之间的联合。目前，社团之间的联合化趋势逐渐增强，这一趋势是海外华人社团为适应外部环境的变化以及海外华人社会的变化而产生的结果。社团之间的联合分为两种：一种是具有相同的组建纽带的社团之间的联合，如新加坡宗乡会馆联合总会、马来西亚刘氏总会等；另一种是不同组建纽带的社团之间的联合，这种联合多以综合性社团的形式显现，如荷兰华人社团联合会、美国华人社团联合会等。与此同时，我们也要注意到无论是哪一种形式的联合，社团之间联合的范围已经从地区逐渐扩散到国家，最终形成世界性华人社团，如国际潮团联谊年会、世界广西同乡联谊会、世界越棉寮华人团体联合会等。社团之间的联合有利于各类社团之间在中华文化传播方面合作的程度加深，进而让中华文化在海外得以更加有效的传播。

综上所述，海外华人社团的中华文化传播机制的传播者是各类型的海外华人社团，它们依据各自社团的组建纽带来举行各有特色的中华文化传播活动，向世界各个民族展示与传播中华文化的不同方面。但它们以共同的文化认同为基础，共同承担中华文化传播这一重任，并以社团联合为手段，加大中华文化传播的力度，从而更好、更有效地传播中华文化。总而言之，六类海外华人社团统筹协调，共同支撑起海外华人社团中华文化传播机制这一宏观体系的运作，共同构成和而不同的海外华人社团中华文化传播机制。

海外华人社团是中华文化传播的一个重要载体，而且海外华人社团在其未来的发展中也将继续承担传播中华文化这一重任。海外华人社团的中华文化传播机制面临着诸多问题，如后继无人，资金缺乏，社团联合的程度、传播的深度不够等，这些问题需要各个海外华人社团共同有规划地一一解决。不过，笔者认为，海外华侨华人对中华文化的认同是强烈的、难以取代的，“中华民族的血缘使炎黄子孙生就中国人的外貌，中华文化的熏陶在黄河儿女们身上留着难以根除的印记”。[①] 因此，海外华人社团将继续锲而不舍地传播中华文化，海外华人社团的中华文化传播机制也将继

① 李明欢：《当代海外华人社团研究》，厦门大学出版社，1995，第 141 页。

续运作下去，从而使海外华侨华人能够更好地传承中华文化，并且使世界更多民族认识到中华文化的魅力。“文化的传承与发展是一个民族存在和进步的根基，而文化的传播和继承则是促进民族融合与民族影响力的无形桥梁。”[①] 海外华人社团的中华文化传播机制的有效运作能够为中华民族的和平崛起创造更加优越的条件，助推“中国梦”的实现。

① 王颖：《海外华侨华人在中华文化国际传播过程中的问题探析》，《教育教学论坛》2014年第11期。

第四章 建构跨国华族的共同旨趣

中国人移民海外（特别是东南亚地区）已有相当长的历史，自汉代到唐宋，由行商到住商，许多中国商人滞留国外，有些“住蕃”十年之久；其他诸如天灾、政治动乱或迫害、改朝换代等，也造成当时的一些中国人逃亡到国外居住，他们形成了早期的华侨。开始明清实行“海禁”政策，禁止人们私自出海，然而沿海居民仍因生活困难陆续转赴海外谋生，多数迁移到东南亚地区；美洲各地（含中南美洲）则是从 19 世纪中期，经过契约或其他非法途径输入大量华工；欧洲的中国移民是直至 19 世纪末 20 世纪初“才开始作为一个异族社会小群体若隐若现于欧洲社会中”。①

随着移民风气渐开，海外华侨人口数亦不断成长，从 1949 年到 21 世纪，华侨大批出国的历史基本结束，但由于东西方经济的差异和美国、加拿大、澳大利亚、新西兰等国家移民政策的调整，仍有不少国人通过与亲人团聚、留学等方式移居国外。20 世纪 80 年代后期，随着华侨华人经济的发展，国外华侨华人的人数也急剧增加，其中 90% 已加入当地国籍，目前研究资料显示海外华人已达到 6000 万人。② 从 20 世纪 70 年代以来，海外华人社会发生了两个重大变化：一是以东南亚为中心的传统华侨社会的转型，华侨落地生根，归化于当地，构成当地多元民族之一的华族。③

---

① 李明欢：《欧洲华侨华人研究述评》，《厦门大学学报》（哲学社会科学版）总 152 期，2002 年第 4 期，第 68 页。

② 据中国侨务部门估算，截至 20 世纪末 21 世纪初，海外华侨华人的人口总数约为 3975.8 万，其中约有 200 万为 1978 年开始的 20 余年间从中国大陆迁出的新一代华侨华人。另外，华侨大学的《海外华侨华人蓝皮书》公布，到 2012 年为止华侨华人海外人口逾 5000 万。2014 年 3 月 9 日，国侨办主任裘援平出席十二届全国人大二次会议应记者提问透露：据最新统计，现在海外华侨华人有 6000 多万人。

③ 庄国土等：《二战以后东南亚华族社会地位的变化》，厦门大学出版社，2003。

二是20世纪70年代以来，中国人再次掀起大规模的国际移民。这些新移民足迹遍布世界各地，尤其集中于发达国家，改变了以往中国人以东南亚为传统移民目的地的布局，为传统的海外华人社会注入了新鲜血液，也使中国与海外华人的关系发生了新变化。本书的中国新移民（new Chinese international migrant），指“20世纪70年代以后迁往外国的中国移民，包括从香港、台湾和澳门移居外国的新移民”，移居国外后并长住一年以上者但不包括政府所派遣的外事人员；国际移民（international migrant）则是依照联合国人口司（United Nations Population Division）和世界移民组织（International Organization for Migration）的定义：“跨越国界的常久性人口空间移动。在统计移民数量时，以非出生于居住国为标准”。[①]

由于移民的流动数量增长以及新的流动方式出现，海外华人社会发展来自两股原动力，包含了内在方言群的相处模式与外在祖籍国、移居国的政治及经济、文化政策与世界发展等的冲击因素，其重要性在21世纪势必还会增强。另外从经济层面而言，大陆是世界上侨汇收入最多的国家之一，据世界银行2008年3月发表的《2008移民和汇款概况》，2007年中国大陆的侨汇收入达257亿美元，位居世界第二位。另据国务院侨务办办公室发布的数据资料，改革开放后中国利用外商投资中的60%以上来自华人华侨，其投资总额达3300亿美元，[②] 而华人社团是海外华人社会的重要构成，对移居国和母国是重要的桥梁；在不同的时代背景下，华人社团为了适应移居国，在历史进程中不断演变并进行调整、自我更新，但海外华人的分布区域甚广，且相互之间并无地理上的连接，本部分讨论的海外华人的国族认同与跨国华族建构，主要是指东南亚地区，间或涉及南亚的印度，及北美的美国、加拿大等国，但除东南亚地区外，其他案例仅用作对比时的参考。对于中华文化的传承和认同，世界各地华人社团戮力保存和传播各个面向的中华文化，达到了一定程度的国际性整合作用。

---

① 庄国土、张晶盈：《中国新移民的类型和分布》，《社会科学》2012年第12期，第4页。笔者不主张用“改革开放以来”作为时限标志。认为即使在中国大陆，闽、粤等地较多的海外移民活动亦始于20世纪70年代初，早于改革开放开始的1978年。所以主张“中国新移民（new Chinese international migrant）为“20世纪70年代以后迁往外国的中国移民”，作者亦持此观点。

② 黄乐枕等：《新华侨如何与中国经济一同增长》，《中国经济周刊》2006年9月5日。

第一节 本土化过程中的华人认同转变

（一）心理认同转变

1. 文化与认同和文化认同、身份认同

在西方古代的思想典籍中，“文化”一词源于拉丁文的 cultura，指的是对土地耕种和培育。英国的特瑞·伊格尔顿在《文化的观念》一书中也写道：“‘Coulter’与‘culture’是同源词，意为犁锋。”① 1871 年，英国人类学家爱德华·泰勒在著名的《原始文化》一书中将文化作为中心概念，更进一步地系统阐释，并重新定义：“文化或文明，就其广泛的民族学意义来说，乃是包括全部的知识、信仰、艺术、道德、法律、风俗以及人作为一名社会成员而获得的任何能力和习惯在内的复杂整体。”② 这个定义将文化解释为社会发展过程中人类创造物的总称，包括物质技术、社会规范和观念精神。泰勒对文化所下的定义非常经典，并在中西学术界一直有非常广泛的影响。然而，西方学界对文化的研究并没有就此停止。随着文化科学研究的发展，人们从各种不同的角度对文化重新进行定义。美国文化学创始人克罗伯和克拉克洪收集了从 1871 年到 1951 年西方学界各学科中有关“文化”的 160 多个定义，加以整理和分类，于 1952 年写成《文化：概念和定义的批判性回顾》，其全面地研究后定义为：“文化是由各种外显和内隐的行为模式构成的，这些行为模式是通过符号习得和传播的，它们构成了人类群体的独特成就，其中包括体现在人工制品方面的成就。文化的本质内核是由传统的（即历史衍生的和选择的）观点，尤其是其所附带的价值观构成的。文化体系从一方面来讲，可被视为进一步行动的制约因素。”③

在中国“文”与“化”并联使用，较早见之于战国末年儒生编辑的《易·贲卦·象传》：“（刚柔交错），天文也。文明以止，人文也。观乎天文，以察时变；观乎人文，以化成天下。”这段话里的“文”，即从纹理

① 特瑞·伊格尔顿：《文化的观念》，方杰译，南京大学出版社，2003。

② 泰勒：《原始文化》，连树声译，上海文艺出版社，1992。

③ 喻云涛：《文化、民族文化概念解析》，《学术探索》2001 年第 2 期。

之义演化而来。日月往来交错文饰于天，即“天文”，亦即天道自然规律。同样，“人文”，指人伦社会规律，即社会生活中人与人之间纵横交织的关系，如君臣、父子、夫妇、兄弟、朋友，构成复杂网络，具有纹理表象。这段话说，治国者须观察天文，以明了时序之变化，又须观察人文，使天下之人均能遵从文明礼仪，行为止其所当止。在这里，“人文”与“化成天下”紧密联系，“以文教化”的思想已十分明确。西汉以后，“文”与“化”方合成一个整词，如：“圣人之治天下也，先文德而后武力。凡武之兴，为不服也。文化不改，然后加诛。”（《说苑脂武》）“文化内辑，武功外悠。”（《文选补之诗》）这里的“文化”，或与天造地设的自然对举，或与无教化的“质朴”“野蛮”对举。因此，在汉语系统中，“文化”的本义就是“以文教化”，它表示对人的性情的陶冶、品德的教养，本属精神领域之范畴。

认同译自英文“identity”，从语义学上看，现代英语和英汉词典中的“identity”可以概括为两种基本含义：一是认同，二是身份。在西方“identity”所对应的“认同”概念最初源于心理学研究。美国精神分析心理学家弗洛姆提出认同的需要（need for identity）为人类的基本需要之一；他认为自我意识健全者能意识并保持自我的独特性，自我意识不健全者只认同民族、宗教、同伴、阶级等，追求一致性或顺从性，失去自我的独立性；弗洛姆将人视为独立、自足的个体，关注人纯粹的内在本质。[①] 20世纪五六十年代以来，社会学者多采用此观点来完善人类个体与群体关系研究的认知系统，是以自我认同为基础，基于内在归属之上的社会外在评价与定位。“identity”这个词语所具有的“身份”与“认同”这两种含义是密切相关的，有时很难把它们截然分开。[②] 英国学者吉登斯指出：“认同与人们对他们是谁以及什么对他们有意义的理解有关。这些理解的形成与先于其他意义来源的某些属性有关。认同的部分主要来源包括性别、性别倾向、民族或国籍以及社会阶级。”“社会学家们经常提到两种类型的认同：社会认同和自我或个人认同。社会认同指的是别人赋予某个人的属

---

① 黄希庭等编《心理学大辞典》，上海教育出版社，2003，第1011页。

② 周宪：《中国文学与文化的认同》，北京大学出版社，2008。

性，基本上可被看作表明一个人是谁的标志。同时，社会认同也将该人与具有相同属性的其他人联系起来。……自我认同指的是自我发展的过程，通过这一过程，我们形成了对自身以及对我们同周围世界的关系的独特感觉。"[①] 因此，学界也就是在这个意义上，基本上把文化身份与文化认同看成大致相同的概念，互译或互文使用，侧重于群体的异他性及其社会功能的建构性，具有外向性。正如有学者指出："将 identity 译作'身份'以彰显差异，'认同'以突出同一，'身份/认同'以强调整体概念。"[②] 从词源学上看，"英文 identity 源自晚期拉丁语 identitas 和古法语的 identite，受晚期拉丁词语 essentitas（essence，存在、本质）的影响，它由表示'同一'（same）的词根 idem 构成；这一词根类似于梵语 idam（同一）"。"认同"作为概念强调的是认同的共性，即主体的承认、接受和皈依。美国学者艾德华指出：自我身份最终都是一种建构，牵涉到与自己相反的"他者"身份的建构。身份绝非静止的事物，而在很大程度上是一种人为建构的历史、社会、学术和政治过程。身份的建构与每一个社会中的权力运作密切相关。[③] 在此过程中，认同的包容性扩大自我，把"我"变成了"我们"，进行"我是谁""我和谁在一起"的身份确立。由此可见，认同包括客观存在的相似性和相同性，指向心理认识上的一致性和由此形成的社会关系。[④] 王赓武教授的研究将 20 世纪 20 年代至 70 年代以来东南亚华人认同分为：20 世纪 20 年代的历史认同；20 年代到 40 年代的中国民族主义认同；五六十年代的社区认同及国家（移居国）认同；70 年代以来的文化认同、阶级认同、种族认同等。他指出："华人对自身的认同意识可以因事件变化而改变。"[⑤] 而庄国土教授则将东南亚华人的认同分为政治（国家）认同和族群认同两类，其中的政治认同包含了阶级和国家认同；历史、文化、种族、社区等认同归入族群认同。他认

① 安东尼·吉登斯：《社会学》，赵旭东等译，北京大学出版社，2003，第 38~40 页。

② 王晓路等：《文化批评关键词研究》，北京大学出版社，2007。

③ 爱德华·赛义德：《东方学·后记》，王宇根译，生活·读书·新知三联书店，1999，第 427 页。

④ 詹小美、王仕民：《文化认同视域下的政治认同》，《中国社会科学》2013 年 9 月。

⑤ Wang Guangwu, *China and the Chinese Overseas*, Singapore: Time Academic Press, pp. 200, 207-208.

为“对东南亚华人族群认同起主导作用的是族群文化意识，这种文化意识是族群的群体行为特征的概括，高度表现为自我的‘华人意识（Chineseness）’”。[①] 上述两位专家的看法因差异而构成，体现出“身份与认同”相对于他者所侧重群体的同一性和相对性，在关于人的社会化过程的心理研究中，已成为自我心理的属性具有内向性，这一重要的概念，使社会身份包含了文化身份和政治身份，可以看成“社会身份是基于个体历史及其社会属性形成的社会范围内的角色和价值期待”。归纳上述认同机制具有如下特征。①认同可以存在不同的层次，如乡土、族群，乃至国家或国族；也可以有不同的角度，如姓氏、专业，甚至不同的休闲组织。②认同有可变性，可因内外因素而改变，如个人志愿、出生地或居留地的政策、婚姻、教育（特别是语文教育）等。③在殖民地时期，外来移民很可能成为殖民者与原住民之间的夹心层，如印度尼西亚的华人。④由于殖民者的政策或宗教等原因，外来移民既不能被原住民所接受，如印度尼西亚半马来化的土生华人，亦无法融入殖民者的统治层，如早期英国海峡殖民地的Baba华人，无论他们是在新加坡还是在马来西亚，英国殖民者撤出后，他们都盼望再华化（resinization），以恢复对中国文化的认同。⑤移民进入居留国被同化的速度可快可慢，视不同国家的政策而定。⑥在全球化冲击下，商贸活动频繁，往往超越国界，使商团活动及资金流动等的重要性增加。

随着身份认同的意识，文化越来越深入地影响人的思维模式、价值取向和审美旨趣，在潜移默化中人们开始认同某种社会文化，并自觉按照这种文化行事。在稳定单一的社会环境中，文化认同是人们的某种“先天模式”，人们很难逃脱认同意识的文化环境的限制。然而在动荡复杂的社会环境中，特别是在全球化进程不断深入的现代社会，来自不同文化背景的个体持续接触就会引发对文化认同的思考。中西方学者对文化认同的理解也存在较大的差异。亨廷顿曾指出，不同民族的人们常以对他们来说最有意义的事物来回答“我们是谁”，即用“祖先、宗教、语言、历史、价值、习俗和体制来界定自己”，并以某种象征物作为标志来表示自己的文

① 庄国土等：《二战以后东南亚华族社会地位的变化》，厦门大学出版社，2003。

化认同，如旗帜、十字架、新月形甚至头盖等。他认为“文化认同对于大多数人来说是最有意义的东西”。[①] 而按照乔纳森·弗里德曼的理解，“如果‘文化认同’是一个种属概念，指的是给定人群的一组有特征的属性，我们就能说，体验到的由个人携带在血液中的文化认同，可以说是众所周知的族群性。它不是被实践的，而是内在固有的，不是获得的，而是先赋的”。[②] 虽然弗里德曼十分强调文化认同的族群性，但他同时也坚持认为：文化认同是个体拥有的东西，它是特定种类的社会认同的基础，但是，这样的认同从来就不是社会制度的内容。大陆部分学者则认为，文化认同是指民族群体或个体对本民族价值的笃信，对本民族生活方式、命运的理解和关注以及对族际关系的认识等。在郑晓云看来，“文化认同是人类对于文化的倾向性共识与认可”。[③] 使用相同的文化符号、秉承共同的文化理念、遵循共有的思维模式和行为规范、追求共有的文化理想是文化认同的依据。综合上述关于文化认同的不同理解，我们可以得出以下共识。第一，从宏观上来说，文化认同由两部分构成：对自己所属民族的认同，即民族认同；对自己所属国家的认同，即国家认同。第二，从微观上来说，文化认同具有多维的特征，它包含对特定群体的态度、认知、情感等内部心理过程。不论研究者从哪个角度来定义文化认同，文化认同的建构都会落实到个体的心理层面。我们也认为，文化认同既存在于社会层面，也存在于个体层面，它是个体在不同的情境和群体中进行文化态度决策和自我定位，从而进行社会适应的过程。

2. 心理学视野下的文化认同——三种领域下的不同发展

“认同”，在西方作为一个明确的术语，最早是由心理学家弗洛伊德（S. Freud）提出的。在1897年他就多次提到“认同”。[④] 弗洛伊德指出，“认同”意指“个人与他人、群体或模仿人物在感情上、心理上的趋同的过程”，表示某人在情绪上与另一人的联系。进入现代，这一名词被广泛

---

① 塞缪尔·亨廷顿：《文明冲突论与世界秩序的重建》，周琪译，新华出版社，2002。

② 乔纳森·弗里德曼：《文化认同与全球性过程》，郭建如译，商务印书馆。

③ 郑晓云：《文化认同与文化变迁》，中国社会科学出版社，1992。

④ 李孟潮、王高华：《对弗洛伊德著作中认同的概念研究》，《上海精神医学》2005年第2期。

使用，特别是在心理过程中直接涉及人们的政治行为，如个人对国族、政党的认同，乃至对文化上的某种团体的认同。到了20世纪60年代，美国著名的精神分析学家埃里克松在弗洛伊德的基础上发展了文化认同理论，认为青春期的主要任务是建立一种新的自我同一性，例如："一种熟悉自身的感觉""一种知道自己将会怎样生活的感觉""在说明被预期的事物时出现的一种内在的自信"。[①] 由此，我们可以看出，心理学下的文化认同即是自我意识形成和发展的过程，通过对文化的体认和自觉反映，分化出自我和对象，就是不断与他者相比较的过程，这中间既有认同共性，又有认识差异性，已经成为当今心理学中重要的研究领域之一。在心理学视野下，文化认同的研究主要集中在发展心理学、社会心理学及跨文化心理学等领域。发展心理学的视角强调个体文化认同的建构和形成是一个复杂变化的过程。社会认同理论关注文化认同和自尊的关系，强烈安全的民族认同会促进个体自尊水平的提高。文化适应理论则重视个体在文化认同发展中的不同应对策略，如整合、同化、分离和边缘化。[②]

（1）发展心理学视野下的文化认同理论

文化认同的发展理论可以追溯到埃里克森的认同理论或者同一性理论。与弗洛伊德一样，埃里克森是人格发展阶段论者。但与其不同的是，他所言的人格发展是贯穿一生的，他认为人的人格发展可以分八个阶段，每个阶段面临着他所谓的"心理—社会的危机"（Psycho-social Crisis）。第一阶段的发展任务为信任对不信任，第二阶段的任务为自主性对羞怯或疑虑，第三阶段为主动性对愧疚，第四阶段为勤奋对自卑，第五阶段即青少年时期的任务，为自我同一性对同一性混乱，第六阶段是亲密感对孤独感，第七阶段是繁殖对停滞感，第八阶段为完善感对厌恶感。[③] 埃里克森认为人的发展是一个进化过程，这个过程以个体自我为先导，自我按先天的成熟顺序将内心生活与社会和历史任务结合起来，形成一个连续而有阶段性的心理社会发展过程，自我同一性在人格的形成过程中起着关键的作

---

① 埃里克森：《同一性：青少年与危机》，孙名之译，浙江教育出版社，1998。

② 董莉、李庆安、林崇德：《心理学视野中的文化认同》，《北京师范大学学报》（社会科学版）2014年1月。

③ 江琴：《论埃里克森的自我同一性理论解析》，《怀化学院学报》，2011。

用。自我同一性，即“一种熟悉自身的感觉”“一种知道自己将会怎样生活的感觉”“在说明被预期的事物时出现的一种内在的自信”。埃里克森指出：自我同一性乃是一种自我同一感，它在一个人的超我的和自我的理想的提示下，亦即在他应当成为什么样的人和不能期望成为什么样的人之间，重新确定他是一个什么样的人。自我同一性可以在经验的性质上，在别人把自己看成是什么样的人的个人概念中，从内省上对相同性和连续性加以研究。它也反映在个人的历史中，作为一种客观的证据，表明自我的防御方法及其总情境的要求和潜力二者之间的一种能力释放的综合。因此，“自我同一性”的含义非常广泛，包括社会与个人的统合、个人的主体方面与客体方面的统合、自己的历史任务的认识与个人愿望的统合等。依此，我们可以看出，发展心理学下的文化认同即是自我意识形成和发展的过程，通过对文化的体认和自觉反映，分化出自我和对象，就是不断与他者相比较的过程。目前国内外发展心理学家对文化认同的理解通常强调文化认同的个体层面，如文化认同是与一个文化族群相关的个体的自我主观意识。施瓦兹等人提出有关文化适应与身份之间的关系的理论，在全新的社会环境中，文化认同会成为移民身份转变的潜在定力，因为文化认同是处于某一文化群体中的个体对自我知觉和自我定义的反映。[①] 对于文化认同的结构问题，心理学家罗森塔尔和费尔德曼通过对移民的研究认为，文化认同包含四个成分：①主观自我评价（种族标签被用来描述自己）；②评价自己作为种族群体成员的意义（积极的或消极的）；③个体所属群体的文化实践（如友谊选择、语言运用、食物偏好、节日风格等）；④个体依恋这些文化实践的重要程度。[②] 国内学者认为，文化认同是个体对某种文化的认同程度，具体是个体自己的认知、态度和行为与某种文化中多数成员的认知、态度和行为相同或相一致的程度，即“随着文化融入过程的延续，个体会在一定程度上改变原有的思维习惯和生活方式，

---

① Schwartz, S. J., Montgomery, M. J., & Briones, E., “The role of identity in acculturation among immigrant people: Theoretical propositions, empirical questions, and applied recommendations”, *Human Development*, 49 (2006b), 1-30.

② Peter B. Smith& Michael Harris Bond, *Social psychology across cultures*, Prentice Hall, 1998, p. 274.

逐渐习得当地人的思想观念与生活方式增强对主流文化的认同";[1] 是个体对于所属文化以及文化群体形成归属感及内心的承诺，从而获得、保持与创新自身文化属性的社会心理过程，即个体幼年时期活于特定的文化区之中，从其出生之时起，其身体、心理、社会性发展特点、人格特征等自然受到所属区域文化特质的影响，正如社会学符号互动论创始人米德所说，人所“表现的人格特征是他们各自生养其间的文化赋予的”。[2]

（2）社会心理学视野下的文化认同理论

文化认同也是社会心理学家关注的重要问题之一，其中社会认同理论是研究文化认同的重要基础。社会认同理论由 Tajfel 于 1986 年提出，为解释群体行为提供了新的思路。它认为社会认同是个人自我概念的重要组成部分，会影响他的社会态度和行为。Turner 和 Tajfel 区分了个体认同与社会认同，认为个体认同是指对个人的认同作用，或通常是个体具体特点的自我描述，是个人特有的自我参照；而社会认同是指社会的认同作用，或是由一个社会类别全体成员得出的自我描述。[3] 他们认为这是区分人际关系和群际关系的基础。在人际交往中行为主要受人格变量的控制，而在群际行为中，行为要受制于个体对群体的分类过程。个体认同是指个体对自己一定独特性的意识，所以个体认同使个体在时空上确立自己是同一个人而不是其他人；而社会认同则是个体对自己处于一定社会群体、社会范畴的意识，因此社会认同是个体意识到进而强化自己在一定社会范畴上与其他一部分人同一或类似，而与另一部分人存在差异。[4] 社会认同最初源于群体成员身份。人们总是争取积极的社会认同，而这种积极的社会认同是通过在内群体和相关的外群体的比较中获得的。如果没有获得满意

---

① 郑雪、王磊：《中国留学生的文化认同、社会取向与主观幸福感》，《心理发展与教育》2005 年第 1 期。

② 陈世联、刘云艳：《西南六个少数民族儿童民族文化认同的比较研究》，《学前教育研究》2006 年第 11 期。

③ Tajfel，Turner J. C. “The social identity theory of intergroup behavior”，In：Worchel & Austin (eds)，*Psychology of Intergroup Relations*，Chicago：NelsonHall，1986. pp. 7-24.

④ Tajfel H.，*Differentiation Between Social Groups：Studies in the social psychology of intergroup Relations*，Academic Press，1978.

的社会认同，个体就会离开他们的群体或想办法实现积极区分。人们会使用各种策略进行区分，Turner 和 Tajfel 认为有三组变量会影响群体间的区分：①人们必须主观上认同他们的内群体；②情景允许评价性群体间比较；③外群体必须是可以充分比较的。Tajfel 认为对社会认同的追求是群体间冲突和歧视的根源所在，即对属于某群体的意识会强烈影响着我们的知觉、态度和行为。社会认同理论认为，社会认同有三个过程组成。[①] a. 社会类化（categorization）是把对象、事件和人归类的过程。在这个过程中个体试图把内群体（心理上所属的群体）和外群体（心理上对抗的群体）的区别最大化，夸大群体内成员之间的相似和与群体外成员的区别。b. 社会比较（comparison）是指把自己所在的群体与其他群体在权力、声望、社会地位等方面进行比较，这个过程使得社会分类的意义更明显。比较的结果是使群体成员和那些与自己信仰及观点不一致的群体保持距离。Tajfel 和 Turner（1986）认为有三组变量会影响群体间的比较：即人们必须主观上认同他们的群体；情境允许评价性群体间的比较；外群体必须足够可比（相似或近似），同时压力情境能够增加可比性。c. 积极区分（positive distincti-veness）涉及个体用自己的群体身份作为自己自尊源泉的过程。个体把自己群体的权利、地位等与其他团体进行比较后，如果觉得所在群体不够优越，就会远离该群体或者寻求达到积极区分的途径，如和社会地位较低的群体比较等进而提升自尊水平，这个过程容易产生内群体偏好和外群体偏见。

人天生有种分类的需要，倾向于将自己划分到某一群体中，与他人区别开来，并用这种群体中的成员资格来建构身份，从而获得自尊，提高认知安全感，满足归属感和个性发展的需要。民族是一种天然的、重要的分类，如果移民或少数民族个体对自己的民族有积极评价，就会产生愉悦的情感体验，建立安全的民族认同，从而获得高水平的自尊。因此，社会认同理论非常强调群体分类和自尊的关系。社会认同理论的核心假设是：群体间偏见由一个人渴望看到自己群体处于优越的地位的动机驱使。由此我们推断出在群体间区分和自尊水平之间存在某种联系，Abrams 和 Hogg 将

① 张莹瑞、佐斌：《社会认同理论及其发展》，《心理科学进展》2006 年第 3 期。

这个观点概括为两个推论：一是积极的群体间区分可以提升自尊水平；二是当自尊水平一开始很低时（可能是由于该群体社会地位不高），人们会与更多的群体进行比较区分来改变现有的自尊水平。[①] 因此，社会认同理论在理解移民或者少数民族群体文化认同的模式方面有重要的意义，它能根据个体对自己所在群体的地位来预测个体或者群体的行为。对移民或少数民族群体的评价、移民或少数民族群体和其他社会群体的关系等因素都会影响自尊，进而影响他们的认同状态。

（3）跨文化心理学视野下的文化认同理论

文化适应理论在跨文化心理学中是具有代表性的。跨文化适应的研究最早是由美国人类学家雷德菲尔德（Red field）、林顿（Ralf Linton）和赫斯科维茨（Melville Herskovites）于20世纪初期提出。雷德菲尔德等认为跨文化适应是由个体所组成，是具有两种不同文化的群体在连续接触的过程中所导致的两种文化模式的变化。[②] 这种文化模式的变化是双向的，即接触的两个群体的文化模式都要发生变化。但就实际情况而言，群体接触的过程中更多的变化往往发生在弱势群体一边，即要求个体去适应新的文化模式。文化适应表现出两个要点：一是文化适应产生的条件是各文化间持续和直接的接触或相互交流；二是文化适应的结果是接触的人产生了文化或心理现象的某些改变。而文化适应又包括两个层面：群体层面上的文化适应和个体层面上的文化适应。群体层面的文化适应包括社会结构、经济基础、政治组织以及文化习俗的改变；个体层面上的文化适应包括认同、价值观、态度和行为能力的改变，即个体所经历的心理变化以及对新环境的最终适应。[③] 心理学领域的文化适应主要以个体层面为主，研究者们提出了文化适应的模型理论并且进行了实证调查。[④] 尽管在文化适应中

---

① Abrams D. Hogg, "Comments on the motibational statue of self-esteem in social identity and intergroup discrimination", *European Journal of Social Psychology*, 1988.

② Redfield R., Linton R. Herskovits, M. J., "Momorandum on the study of acculturation", *American Anthropologist*. 1936, (38): 149-152.

③ Berry, J. W. et al., *Cross-cultural Psychology: researcn and application*, Cambridge: Cambridge University Press, 1999: 217-218, 273-274.

④ 张劲梅、张庆林：《多维文化适应模型与国外族群关系研究》，《广西民族研究》2008年第4期。

接触的双方都会发生变化，但 Berry 认为，移民或少数民族群体所面临的挑战更大。他们不仅要学习新技能、新知识，从行为上应对不同文化规范的要求，进行社会适应，同时也要对不同文化进行甄别从而在心理上形成归属感。[①] 可以说，文化适应和文化认同是相互交织、相互作用的。传统的单维模型表明，移民或者少数民族群体对一种文化适应就会对另一种文化不适应。戈登认为文化适应中的个体处于一个连续体中，一端保持原文化，另一端丧失原文化而接受主流文化。在这一连续体的中点就出现了双文化现象，即个体既保持自己传统文化的某些方面又接受了基本的主流文化。但是他认为双文化状态是暂时的，在文化适应过程中，个体原有的传统文化中的价值观、态度和行为被主流文化中的这些方面所替代，个体受到主流文化的影响越多，受到原文化的影响就越小，而个体文化适应最终的结果必定是被主流文化所同化。[②] 二维模型把移民本族群文化和主流文化的接受和认为作为独立的维度进行描述。作为二维模型的开创者，Berry 认为文化适应中的个体面临两个基本问题：一是否趋向于保持本族群文化传统和身份；二是否趋向于和主流群体接触并参与到主流群体中。基于个体对这两个问题的回答可以把个体在文化适应过程中采取的文化适应策略（acculturation strategy）分为四类：整合（integration），同化（assimilation），分离（separation），边缘化（marginalization）。[③] 文化适应策略就是文化适应中的个体在与新文化直接接触过程中面对新文化冲击和文化变迁所采用的态度或应付方式。当非主流群体中的个体不想保持对自己文化的认同但寻求与其他文化的日常交往时，就会采取同化策略；当个体注重保持自己原文化而同时避免和其他文化交流时，采取的是隔离策略；如果个体既保持自己的原文化又保持和其他群体的日常交往，个体采用的是整合的策略；而个体如果既没有保持自己文化的兴趣又不想和其他群体有联系，个

---

① Berry，"Acculturation：living successfully in two cultures"，*International Journal of Intercultural Rrelations*，2005a，29：697-712.

② Bourhis，R. Y.，Mooese，L. C.，Perreault，S.，Seneacal，S.，"Towards an interactive acculturation model：a social psychological approach"，*International Journal of Psychology*，1997，32（6）：369-386.

③ Berry，J. W. et al. *Cross-cultural Psychology*：*researcn and application*，Cambridge：Cambridge University Press，1999：217-218.

体采用的策略就是边缘化。Berry 认为个体最为理想的文化适应策略是整合，而最为消极的策略是边缘化。一些对 Berry 四类文化适应策略的研究也证明个体最为偏向的是整合策略，采用整合策略的个体所经历的压力也比采用边缘化策略的个体要少。文化适应理论为理解文化认同奠定了基础，对于民族认同和国家认同，个体也有整合、同化、分离和边缘化四种态度。整合是对民族和国家都很认同，分离是认同本民族而不认同国家，同化是认同国家而不认同本民族，边缘化是对本民族和国家都不认同。

尽管很多文化认同的研究是在文化适应的背景下展开的，但对于二者的关系却存在争议。Phinney 和 Ong 认为，文化认同是文化适应中的重要组成部分，文化适应比文化认同所包含的内容更多，范围更广。此外，文化认同更多地强调个体的内心情感、体验和态度，更具有内在性。因此，文化认同可能是一种独立于行为而存在的内部结构，外在的行为表现应放在文化适应的领域去研究。

（二）社会认同转变

随着心理学科地位的提升以及对认同研究的深入，“文化认同”概念开始广泛运用于人文社科领域，国外社会学家也开始对“文化认同”的概念进行研究，以全球化为背景，对不同地区的文化认同现象进行分析，并且成绩斐然。法国社会学家涂尔干在论述图腾崇拜时就认为这是一种文化认同，一个氏族是由个体组成的，这些不同的个体要能凝聚为一个族群，首先要有族群认同的依据，让他们知道他们是属于同一个氏族的，没有族群认同标志的个体就不可能有族群认同感，也就不可能凝聚为一个族群。这种族群成员赖以认同并凝聚成群的依据，必须是具体可感、稳定可据的象征，因此，归根结底，正是图腾，作为族群认同的依据，才在原本相互疏远的个体之间建立了认同感，才使他们认识到他们是同类，从而结合为一个氏族。涂尔干的理论观点对整个社会学关于“文化认同”的理论框架有重要作用，但是他忽略了社会变迁也会带来文化的变迁，正如科塞所说的“他忽视冲突的创造性功能，对现实状态的忠实妨碍了他与缓缓呈现的新生力量完全协调一致”。[1]

---

① 埃米尔·涂尔干：《宗教的基本形式》，渠东译，上海人民出版社，2006。

英国社会学理论大师吉登斯认为，在全球化影响下的现代性社会中，科学技术迅猛发展，尤其是互联网技术的产生，促使人们工作、学习、生活等可以不再受时空的限制，在有限的电脑空间中进行与完成着无限时空的互动。在如此的全球化环境下，人们不再依赖于原来的时间与空间，从原有的地方性社会关系中脱离出来，进入新的社会关系中进行“再联结”。当然，这是社会进步的表现，有其先进性。但是，在这个过程中问题也就随之而来。人是有“恋根情结”的情感动物，在“天下大同”的社会模式下，人们开始寻找一种“自我认同”来确认自己的身份。[①] 吉登斯的“自我认同”理论通过尝试揭示现代社会中个体与社会变迁之间存在的既相生又相克的复杂关系，从而重构西方传统的“自我认同”理论，但是他只分析了现代性对全球化的作用，忽视了全球化对现代性的影响。美国学者塞缪尔·亨廷顿认为美国拥有最合理的社会制度，所以美国人应该建立属于自己的美国文化认同，应当重新确认过去的那种以基督教清教伦理为核心、盎格鲁-撒克逊定居者文化为内涵的所谓“美国信条（the American Creed）”，并且认为在全球化环境下文化认同的危机越发明显。[②] 亨廷顿自身的文化情感倾向使他在描述文化认同概念时无法确切说明“文化认同”的含义，但是又不可不用，因此受到不小的争议。正如普林斯顿大学国际与地区研究所（Princeton Institute for International and Regional Studies）主任 Miguel A. Centeno 评论：“这本书的问题并不仅仅在于其内容本身，还在于它怎么被理解和利用。”美国学者弗里德曼在《文化认同与全球性过程》中认为，文化认同和全球扩张（霸权主义）紧密相关，他指出了全球化认同与地方（如民族国家）认同之间的反向作用关系。[③] 弗里德曼通过比较刚果人、日本阿伊努人和夏威夷人在与外部世界接触中如何塑造他们民族的认同或他们自己的认同，分析了人类学的产生与发展过程，特别是人类学在当代的研究成果转向。弗里德曼的论述独到深刻，为我们提供了分析当代社会和文化变化的一个极有价值的研究视角，但是他将西方文化说成了规范性文明，把本土文化贬为现代文化和

① 安东尼·吉登斯：《现代性与自我认同》，生活·读书·新知三联书店，1998。

② 亨廷顿：《我们是谁——美国国家特性面临的挑战》，程克雄译，新华出版社，2005。

③ 乔纳森·弗里德曼：《文化认同与全球性过程》，郭建如译，商务印书馆，2003。

边缘文化受到了学界的批评。英国学者斯图亚特·霍尔认为文化认同至少有两种不同的思维方式，其中第一种立场是将“文化身份”定义为一种共有的文化、集体的“一个真正的自我”，藏身于许多其他的、更加肤浅或人为地强加的“自我”之中，共享一种历史和祖先的人们也共享这种“自我”，即我们的文化身份反映共同的历史经验和共有的文化符码，这种经验和符码给作为“一个民族”的我们提供一个稳定和持续的范围。[①]霍尔对族裔散居、差异性、后殖民、身份和族性等问题给予了特别的关注，决定了他们在文化研究中所持有的不同的底色和价值取向，为后来的学者研究少数族裔的文化认同提供了新的思路。

文化认同理论于20世纪80年代进入我国。近年来关于文化认同的研究呈现繁荣的景象。我国第一部关于文化认同的学术专著的作者郑晓云认为“文化认同”是人类对于文化的倾向性共识与认可，在文化意义上区分出“他”和“我”的边界，是人类文化发展的主位因素，同时文化认同也在因为周围环境的变迁而发生改变。[②] 这本书对于文化认同的概念界定依然被学界认可，并为中国学者研究“文化认同”提供理论支持。周宪在《中国文学与文化的认同》中总结了全球化下的文化认同的发展态势。首先，全球化语境中的文化认同是一个开放充实的过程，是一个不断丰富和多样化的过程，不必也不可能简单地返归过去。其次，全球化的进程不可阻挡，但全球化对本土的影响需要认真对待。我们思考文化认同问题的基点，不是一去不复返了的过去，而是鲜活地呈现在我们面前的当下社会—文化情境。[③] 郭晓川认为，“文化认同”是人们在一个区域共同体中长期共同生活所形成的对本区域核心基本价值的认同，是凝聚这个民族、国家及区域共同体的精神纽带，是民族、国家及区域共同体生命延续的精神基础。因而，文化认同是民族认同、国家认同的重要基础，且是最深层的基础。[④] 通过对美国和欧洲文化认同的研究，郭晓川发现，在全球

① 斯图亚特·霍尔：《文化身份与族裔散居》，转引自罗岗、刘象愚《文化研究读本》，中国社会科学出版社，2000。

② 郑晓云：《文化认同与文化变迁》，中国社会科学出版社，2008。

③ 周宪主编《中国文学与文化的认同》，北京大学出版社，2008，第30页。

④ 郭晓川：《文化认同视域下的跨文化交际研究》，上海外国语大学出版社，2012。

化发展的背景下消除偏见与误解是跨文化交际与文化认同建构的保障，为跨文化下的文化认同研究提供新的观点。梅坤认为，文化认同是一个动态的过程：其一，它是个体对文化归属感的内心承诺，也就是保持同社会文化相统一的心理过程；其二，一个民族的文化的发展总是伴随着对其他异质文化的吸收，人们通过交往来形成自己的文化模式、生活习俗和行为习惯。[①] 全球化的到来促使各个不同文化之间相互碰撞，只有推动不同文化之间的交流与合作，才能创造出生机勃勃的人类文明。由此可见，在国内外学者眼中，“文化认同”是在全球化的影响下，个体对于所属文化的归属感及内心的承诺从而获得保持与创新自身文化属性的社会心理过程，通常和个人的生活区域、身份定位以及周遭环境密不可分，并且文化认同会随着社会环境的改变而改变。

第二节　国籍认同各异与中华文化认同

（一）国籍认同转变

移民海外的华人由个体到结社互助的过程，对于自身身份的认同、国籍的认同，经由一定的环境条件、生活经济追求、政治面向等不同层次的过程产生了内在与外显的调整，到底是个体在移居国本土化过程中对国籍认同转变的催化力快，或是加入社团后本土化过程中对国籍认同转变的催化力快？这些变迁亦反映在对海外华人称谓、国籍认定方式、居住国社会变革等几个方面，而海外华人在移居国本土化的过程中，探讨其社会与心理的认同转变，是了解华人在跨国移民后对祖籍国认同方式到底发生了何种变化、又产生了哪些不同观点，他们以何种方式维系和祖籍国之间的纽带、传播中华文化？本部分将从下面几个方向探析之。

1. 自古以来的华人移民

中华民族居民共同体在特定的自然环境中，传承了不同的劳作与生产方式、社会活动与交往方式，形成了别具一格的风俗、习惯、伦理、语言、建筑等，在历史渊源、生产方式以及心理认同等方面具有共同的特

① 梅坤：《文化认同与中华民族凝聚力建构》，武汉理工大学出版社，2009。

征，因而形成了一个相对稳定的、由文化特质构成的、有别于其他文化形式且不可替代的族群文化结构的文化体系。早在商朝末年周灭商时，已有大批商朝军民乘竹筏东渡大海逃亡。[①]《商颂·长发篇》中有"相士烈烈，海外有截"之语。关于南海、印度洋上航路的最早记载见于《汉书·地理志》。说明了汉朝的使臣商贾，已多有往来于今日印度沿海及缅甸等地者，笔者依文献推测其时以商贸经营为主的华商也可能应运而生。

在明清政府的海禁政策下，甚至出现一些海商武装集团，以武力为后盾经营中国与日本、南洋等地的海上贸易。如在三佛齐（今苏门答腊），有广东的南海人梁道明，聚集数千闽粤军民，"雄视一方"，当时有几个华人海商武装集团，占地为王。[②] 今日的马来西亚沙巴的一处小港仍被称为"林道乾港"，相传为华人林道乾所拥有的海商武装与西方殖民者遭遇败退后留居之处。《瀛涯胜览》"爪哇国"篇中载："至今村主广东人也，约有千余家。"据调查为广东及漳州人移居至此，在一片沙滩之地上建起"百货充溢"之贸易港口，遂名新村。[③] 其他地区如泰国大城的奶该、缅甸的八莫、柬埔寨有篱木洲、菲律宾的涧内和印度尼西亚的巴达维亚等地，也是"华人客寓处"，多形成华人聚居区，其中巴达维亚、涧内华人曾达二三万人。顾炎武在《天下郡国利病书》卷九十三的《福建三·洋税》中曾写道："是时漳泉民贩吕宋者，或折关破产及犯压各境不得归，流寓土夷，筑庐舍，操庸贾杂作为生活，或娶妇长子孙者有之，人口以数万计。"当时的福建巡抚徐学聚所著《报取回吕宋囚商疏》中言："吕宋本一荒岛，魑魅龙蛇之区，徒以我海邦小民，行货转贩，外通各洋，市易诸夷，十数年来，致成大会。亦由我压冬之民，教其耕艺，治其城舍，遂为澳区，甲诸海国。"[④] 这说明了移居海外的华人为侨居地早期的开发与

① 1968 年美国学者 Michael Coe 撰写了《美洲的第一个文明》，提出了拉文塔出土的奥尔梅克文明（Olmec），其在历史上出现的时间为中国古代文献记载大风暴发生的时间，使部分商朝逃亡者流落中、南美洲，且学者提出"殷人东渡美洲论"解释了奥尔梅克文明突然出现以及奥尔梅克艺术风格和中国殷商时代艺术惊人相像，因此推论奥尔梅克文明可能来自于殷商。

② 《明史》卷 324，三佛齐传。

③ 《东西洋考》卷 3，下卷。

④ 《明经世文编》卷四三三，《徐中丞奏疏》。

经济繁荣做出了一定的贡献。《菲律宾通史》的作者康塞乔恩（Joande la Concepcion）在谈到17世纪初期的情况时写道："如果没有中国人的商业和贸易，这些领土就不可能存在。"可见当时华人移民在他国开疆辟土、荆斩棘，为侨居地的开发与繁荣做出了贡献。

同时，由于国内客观政治与人口等因素，较大规模的移民浪潮形成，15~16世纪以来，华人移民不断巩固和发展，成为之后更多华人出国的社会基础，华侨社会逐步成形。福建、广东沿海不少人出国经商，形成自古以来的海外贸易传统，这也是日后侨乡社会形成的重要前提。19世纪中叶以后，中国"五口通商"，西方殖民者的经济侵略越来越强烈地冲击着中国传统社会经济结构，尤其是在小农经济体中占有重要地位的家庭手工业受到致命打击。广东、福建首当其冲，大量农民破产。其时正值东南亚殖民经济体系建立和发展，北美亦进入开发高峰，都需要大量劳动力。以契约华工为主要形态的中国移民就在这种内部推力与外部拉力的共同作用下形成大规模的出国潮，奠定了近代华侨社会的基础。华侨分布日益广泛，至"二战"前后，东南亚各地，如"千岛之国"的印度尼西亚和菲律宾，几乎每个岛屿都有华侨居住，绝大多数华侨则聚居于各大城镇，在城镇总人口中占有相当高的比例。1937年马来亚（包括今马来西亚的半岛部分与新加坡）华侨达210余万，占总人口的41.4%，其中新加坡占76.5%，而在马来半岛的21个重要城镇中，华侨人数超过居民总数50%的就有17个。曼谷在19世纪和20世纪30年代，华侨人口一直占全部居民的1/2~2/3。1937年，南越重要商业城市堤岸的华侨人口占全部居民的49%，在西贡和柬埔寨的金边，亦达30%左右。[①] 珠江三角洲的广府农民则通过国际港口香港和澳门，远涉重洋，移徙到遥远的美洲及檀香山、澳洲。中国移民及其后代在世界各地城镇聚居，形成自成一体的华侨社会。鸦片战争前，国内沿海虽有许多华侨之乡，却难与海外华侨取得联系，故这时的侨乡不能算作完整意义上的侨乡社会，因它们与非侨乡社会没有根本上的差异。[②] 鸦片战争后，中国与西方订立了一系列不平等条

① 转引自陈碧笙主编《南洋华侨史》，江西人民出版社，1989，第202~205页。

② 黄重言：《试论我国侨乡社会的形成、特点和发展趋势》，《华侨华人史研究集（一）》，海洋出版社，1989，第231~242页。

约，大量华工出国，这些华侨在移居国通过各种方式和国内亲人联系，又由于国民政府的成立、抗日战争等激起华人的爱国主义、民族主义情操，中国东南与南部沿海地区成为最早完整意义的侨乡。特别是光绪十九年（1893年），清政府废除海禁，允许华侨回国，大大便利了海外华侨与侨乡的联络，促进了侨乡社会的发展。这群负有中华传统文化的人口，通过自身的迁移与侨居，将中华文化移植异域，形成各个移居国特有的华侨文化。

2. 海外华人的称谓、国籍的变化

目前国际研究中对于同一个民族的移民，到了海外多被视为同一族群"ethnic group"，最初是由美国学者理查德·谢默霍恩对"ethnic group"一词进行界定，即认定为一个国家（nation）或民族国家（nation state）中的少数群体或次群体。[①] 在殖民主义时期且工业化的美洲新大陆中，被用来称呼来自不同国度有着不同宗教信仰、血统、语言、文化背景，但混杂居住的各种人群。20世纪50年代以来，西方学者对于"ethnic group"的调查多和种族的社会阶层相关。[②] 而"ethnic group"的中译"族群"，约在20世纪60年代由港台地区研究学者的文献资料传播至大陆；[③] 在人类学文献中则理解为对以下群体的命名：①共享在各种文化形式下的外显统一性中所实现的基本的文化价值观；②建立一个交流和沟通的领域；③拥有自我认同和被他人认同的成员资格，以建立与其他同一层级下的类别相区分的范畴。[④]

当时的西方学者认为"族群是在一个较大的社会中有自己的文化特质的群体"，在古代社会中早已具有独特性的族群是普遍性的存在。之后，随着研究者的不断深入，有学者开始质疑"族群只是大社会中小群体或次群体"的观点，哈佛大学的D. P. 莫尼汉和N. 格拉泽说明"ethnic

① 叶江：《当代西方"族群"理论探析》，《华东师范大学学报》（哲学社会科学版）2005年第5期。

② H. S. Morris, "Ethnic Groups", in *International Encyclopedia of the Social Sciences*, Edited by D. L. Sills, New York: The Macmillan and the Free Press; London: Collier-Macmillan Publishers, 1968. pp. 167-168.

③ 马戎：《民族社会学——社会学的族群关系研究》，北京大学出版社，2004。

④ Narroll, R., "Ethnic Unit Classification", *Current Anthroplpgy*, 1964. Vol. 5, No. 4.

group”一词已经由人们视其将被同化、消亡，或作为外来的、麻烦的、幸存的少数群体和边缘次群体继续存在转向为社会的主题。[①] 到了20世纪90年代初，如挪威社会学者托马斯·H. 埃里克森提出“于日常用语中的ethnicity一词依然被‘少数群体问题’和‘种族关系’所环绕，在上述的社会人类学研究中它涉及群体间的相互关系等方面，这些群体被认为具有文化特质。尽管确实‘有关ethnicity的论述倾向于认为它是次民族subnational群体，或是这类那类少数群体’，但是多数群体和主流群体与少数群体一样，也具有ethnic性质。”[②] 此时期的西方学者对于多数群体或主流群体也具有族群性之观点者增多。虽然直到今日，学术界仍未对族群的定义形成一致的定见，但客观认同族群是那种自己认定或被他人认定的具有共同世系和共同文化特征的人群。[③]

从社会层面的有效性来看，族群可以被看作一种社会组织形式，而共同文化的分享通常是最基本的，书中我们将移民海外的华族承载的中华文化要素视为华人最基本的特征，那么所承载的研究意义就更加深远了；就文化承载要素的重视程度来说，作为族群成员对人员与当地群体的归类必须依赖于他们所展现出的文化特质，群体间的差异形成了一系列特质的差异，使群体间的动态关系被应用于文化适应研究中的描述。另外，文化显性形式（overt cultural forms）的特质反映了对自然环境的适应史，以一种更直接的方式，也反映了族群的当事者必须使自己顺应外在的生活环境，拥有传统的价值观和看法同一的群体的族群也肯定会追求不同的生活方式，当面对在不同环境下提供的不同机遇时，则行为方式可能逐步制度化，而显性的制度化形式多是由生态和传播的文化所决定的，移民海外的华人，据研究显示他们在很长的时期内保持着基本的文化和族群的同一性。其定义为由保持华人意识、认同华人的中国移民及其后裔组成的稳定的群体，成为当地国家民族（state-nation）的组成群体之一，以华族群体

① *Ethnicity: Theory and Experience*, Edited by Nathan Glazer and Harvard University Press, 1975, p. 5.

② Thomas Hylland Eriksen, *Ethnicity and Nationalism*, London: Pluto Press, 2002, p. 4.

③ 潘蛟：《族群及相关概念在西方的流变》，载徐杰舜主编《族群与族群文化》，哈尔滨：黑龙江人民出版社，2006，第163页。

参与当地的社会活动如参政、公益社团等。

19 世纪末以前，中国政府和民间对海外移民并没有统一称谓，一般民间著述和官书中，多用“唐人”“唐山人”“汉人”“华人”“内地民人”“北人”“北客”“中华人”“华民”“华工”“华商”等称呼。如欲指明籍贯，则用“闽人”“漳泉人”“闽粤人”“粤人”“广府人”“潮州人”等。19、20 世纪之交，对东南亚的中国移民及其后裔的称谓逐渐集中于“华侨”这个词。对“华侨”一词的称谓定义研究则是一个重要的关键。1878 年清代驻美国使臣陈兰彬，上呈朝廷的奏章中将侨居外国的同胞称为“侨民”，为“华侨”两字采用的嚆始；庄国土的研究指出其最早出现于 1883 年郑观应《盛世危言后篇》卷十《呈李鸿章〈禀北洋通商大臣李傅相为招商局与怡和、太古订合同〉》一文中。高信所著的《“中华民国”之华侨与侨务》指出，在 1907 年，胡汉民主编新加坡的《中兴日报》创刊号中正式采用“华侨”一词为新闻媒体用语，并定义：①“华侨”，住在海外，未入外国籍者；②“华人”，其父为”华侨”，本身已取得外国国籍者；③“华裔”，其父已为“华人”，他在海外出生，有外国国籍，比其父辈更远一层，称之。[①]“二战”以后，欧美学者开始关注华侨问题研究，“华侨”一词海外学者通常翻译为 Overseas Chinese、Overseas、Chinese Abroad，而对于“华侨”一词有以下几种不同看法。如英格伦（J. C. Ingram）与阿波敦（Sheldo Appleton ）其观点重视血统或人种概念；柯夫林（R. J. Coughlin）主张应重视有无中国人之文化概念者；韦立（W. E. Willmott）等则重视有无与华侨共同团体的“华侨社会”发生关系，需有华侨团体的支持与所属；魏特曼（G. H. Weightman）的观点为是否认为自己是中国人或被他人认同为中国人，以有无中国人之认识为前提；施坚雅（C. W. Skinner）主张“华侨”的定义在客观上具有中国人的血统、人种因素之外，还兼有主观上自我为中国人的意识，此定义包含

① 华侨协会总会主编《“中华民国”之华侨与侨务》，台北：正中书局，1989，第 1~3 页。“国人向海外移殖，历史悠久，取用‘华侨’两字以称在外侨民，还是这一百年来的事……在清朝时，只有用华民、华工、华商，直至公元一八九八年（清光绪二十四年），横滨华侨数千人，需要其子弟受中国教育，承国父指示，遂建立一所华侨学校，首先采用华侨两字（现已改名为华侨书院）。”

了英格伦（J. C. Ingram）与魏特曼（G. H. Weightman）的观点。[①] 亚洲方面的学者如刘士林和徐之圭合著的《华侨概观》指出华侨的定义“华侨云者，系由移殖当时为中国之领土地域而移殖于国外领土之中国人或其子孙之居留于外国领土者也，但其国籍之如何，则在所不问也”。[②] 李长傅的定义为“华者，中华之简称；侨者，旅寓之意；凡我国人旅寓于国外者，皆可称之为华侨”。[③] 日人福田省三于1939年著《华侨经济论》中定义为“所谓华侨，就是移民于外国的中国移民及其子孙，其国籍问题不论”。[④] 日本东京财团法人南洋协会所编、1940年出版的《南洋的华侨》之定义是“所谓华侨，概括来说，就是由中国本国移往海外之中国移民，及其在居留地生长之移民之子孙（侨生）之总称”。[⑤] 旅日的社会学者吴主惠在1961年撰写的《华侨本质的研究》中则定义为“移往国外的中国人，现在仍与本国保持有机的联系者”。[⑥] 丘正欧在《华侨问题论集》书中所做的定义为“凡属中国血统的男女，具有中国人意识，定居外国领土，自谋工作生活，仍与中国文化、政治、法律、经济、社会，保持相当联系者，均为华侨”。[⑦]

1909年，清朝政府颁布中国历史上第一部国籍法——《大清国籍条例》。该条例以血统主义为原则，规定只要父母一方是中国人，其子女即为中国人；凡中华种族之人，不论是否生于中国，均属中国国籍。[⑧] 李长傅于《华侨》中对于国籍问题有如下看法：“华侨与国籍有无关系？亦一问题。如旅荷印华侨，因居留地政府强制其归化；华侨之丧失国籍，亦已三十年，然波等姓氏、言语、风俗，尚乃中国之旧，而外人亦目之曰华

① 张国钢：《我国侨务行政及侨务政策之演进》，香港珠海大学历史研究所，1985，第5~6页。

② 刘士林、徐之圭主编《华侨概观》，台北：中华书局，1935，第2页。

③ 李长傅：《华侨》，台北：中华书局，1929，第1页。

④ 福田省三：《华侨经济论》，东京严松堂书店，1939，第70~74页。

⑤ 南洋协会编《南洋的华侨》，日本评论社，1980，第23页。

⑥ 吴主惠：《华侨本质的研究》，台北：黎明文化事业股份有限公司，1984，第2页。

⑦ 丘正欧：《华侨问题论集》，《中国文化大学民族与华侨研究》，台北：中国文化大学，1978年（民67），第188页。

⑧ 袁丁：《“大清国籍条例”：中国第一部国籍法的产生》，《八桂侨史》1992年第4期，第31页。

人，是其对于祖国之观念未泯，当然认为华侨也。”[①] 而王赓武则以民族主义的本质做了三者的界定，认为“华侨是认同中国，参与中国政治；华人是效忠本国，但仍尽力地维护华人社会；华裔是投入本国政治，所爱的是本国的领土、社会和国家文化”。[②] 国籍对国家和个人都具有重要的作用，国籍是一个国家确定某人为本国国民的重要依据，也是个人在国家间重要的联系证明，体现出个人与国家之间的法律关系，也是国家于国际上行使管辖权的依据，国籍法的制定和公民国籍的确定属于国内问题，而世界各国因依据的原则不同，导致了国籍间认定的冲突。1929 年国民政府颁布的《中华民国国籍法》基本上继承清朝以血统主义为原则的国籍法，仍规定凡具有中华民族血统者，均具有中华民国国籍。[③] 由不同的法律内容、学者的研究可以知道，“华侨、华人、华裔”并非一单纯的概念，就其实质的意义，要从血统、文化认同及血统三个方面来看待，可能更符合由传统不断改变到现代的客观环境。

汤因比认为：“每个民族的文化都是该民族对其生成环境所做的挑战的一种回应。”[④] 土生土长的华人早期移居海外的原因多来自生活艰苦、生存不易，在移居国，华侨自视为飘零的过客，祖国和故乡才是他们的终身寄托。即使客死番地，也想托骨归乡而不能遗骨异地，否则就觉得背弃祖宗庐墓，数典忘祖。他们忍辱负重，胼手胝足，将血汗钱寄回祖籍国的家庭，赡养父母妻子，期望有朝一日能够衣锦还乡，在家乡建立和扩大家庭基业，并在家乡大兴土木，实现“大屋住人，祠堂崇祭，书斋设教，坟墓敬祖”的光前裕后的传统理想。[⑤] 据估计，1914 年至 1937 年间，侨汇占中国国际收入的 15.7%。[⑥] 战前厦门地区 80%的家庭有赖于侨汇。除了自我的实现，经济优渥者则关怀宗族乡梓、回馈社会，在国内举办公益事业，赈灾济贫，创立学校，兴办交通与实业。而侨汇是华侨与祖国的一

① 李长傅：《华侨》，台北：中华书局，1929，第 6 页。

② 王赓武：《海外华人的民族主义》，《华侨华人资料》1996 年第 6 期，第 11 页。（原载新加坡《联合早报》1996 年 8 月 16、17、19、20 日）

③ 资料来源：网址 http：//wapbaike. baidu. com/view/2896501. htm？ adapt = 1&fr = aladdin。

④ 黄谋琛：《冲突与融合：全球化时代的文化境遇》，《学习论坛》2013 年第 3 期。

⑤ 陈达：《南洋华侨与闽粤社会》，商务印书馆，1939，第 118 页。

⑥ 侨务委员会：《侨汇研究》，台北：侨务委员会研究发展考核处，1970，第 14 ~ 15 页。

条经济纽带，华侨华人在获得一定财富积蓄而返乡买地、买房，实现“衣锦还乡、落叶归根”的夙愿，或在移居国仍保留原国籍以此表明侨民的身份，这种传统移居海外的华侨不论返国定居或保留原国籍的观念均反映出其对祖籍国的认同；“二战”以后，东南亚各民族国家先后独立，东南亚的中国移民及其后裔的政治认同逐渐转变，从战前认同于中国转变为认同于当地政府，[①]“华侨”这一隐含“中国侨民”概念的词语，逐渐为仅表示族群特性的词语“华人”所取代。随着世界潮流的发展影响着社会结构的变迁，移居外国的华人也改变了返国颐养晚年的观念，开始适应当地居住环境和生活模式，而逐渐地转为对于移居国的认同成为“落地生根”的心态；[②] 到了21世纪的现代，由于大陆与世界交往密切、经济发展蓬勃又形成了另一股移民的潮流，他们是属于在祖籍国、移居国之间循环式移动的“新移民”，他们知识水平较高、经济实力强，既可认同祖籍国亦认同移居国，对所在国文化的认知在信息网络学习下是快速更新与理解的，文化的认同处于被塑造和被建构的浮动飘移状态，对文化认同呈多样性，具有明显的社会趋同性。

就中国政府对于海外华侨华人的界定而言，1949年新中国成立之后，在1949~1954年以血统为认定，认为所有海外中国人都为中国的国民，都应对中国政府尽其义务，在1949年11月1日成立了“中央人民政府华侨事务委员会”；[③] 1954年周恩来总理在日内瓦会议上表示：“中国居住在海外的侨民必须成为居住国国民。”1960年2月2日，国务院成立了“中华人民共和国接待和安置归国华侨委员会”负责统筹、接待华侨入境及安排难侨，从1957~1967年约有十多万名以印度、印度尼西亚为主的归侨；1978年一月国务院成立了“中华人民共和国侨务办公室”，简称“国侨办”，成为新一代的全国性侨务行政管理机构，关于海外华侨、华人国籍的定义即按《中华人民共和国国籍法》第五条，父母双方或一方

① J. Cushman &Wang Gungwu, *Changing Identities of the Southeast Asian Chinese Since World War Two*, Hong Kong University Press, 1988, pp. 1-24.

② 刘伯骥：《美国华侨史》，台北：黎明文化事业股份有限公司，1981，第605页。

③ 资料来源：网址 http://baike.baidu.com/link?url=XgkpgUxgdgii2PbJwYj2MNlpCtBRDWJ4M3Uiwtm9-SWEkV7dhqY96Eo3AhxX5f1dah0uYMSoomap-CAJH1vr0q。

为中华人民共和国公民，本人出生在外国，具有中华人民共和国国籍；但父母双方或一方为中华人民共和国公民并定居在外国，本人出生时即具有外国国籍的，不具有中华人民共和国国籍。此法明确地区分出外国人和中国人/中华人民共和国公民，说明了“出生时即具有外国国籍者不具有中华人民共和国国籍”。海外出生的华人/唐人/华夏族/中国人后代为非中国公民，一般称华裔。在国籍部分的定义：批准其身份根据通行的定义原则以国籍定义界定为：①“华人”，亦被称作“海外华人”，中华人民共和国的政令并不允许双重或多重国籍的存在，若已加入外国国籍且已注销本国护照者则称之，其法定身份已是外国人受居住国法律保护。②“华侨”，亦被称为“海外华侨”，华侨属于尚未加入外国国籍的中国公民，仍然受到本国法律保护，但其长期居住于国外，包括已取得居住国永久居民身份者称之。而华侨的范围不包括因公在外工作者、留学生、对外援建工作人员。③“华裔”，华人或者华侨的后代，一般称之华裔，通常出生在非祖籍国的海外。[①]

另一方面，由传统移居海外的华侨华人所面临的社会变革分析，研究者依照祖籍国和世界的政治变革及这两方面对海外华人社会影响深浅，以海外华人社会为本位调查研究来分期，将海外华人社会变革过程分为：①明清时代海外华人社会的变革；②两次世界大战间的变革；③第二次世界大战后海外华人社会的变革。[②]

在对应上述社会变革中，目前在研究华侨华人的领域中，“华侨”“华裔”“华人”“华族”这些与移居海外国人身份相关连的概念词，亦对应着国人移民海外的三个不同历史阶段的政治形态、社会结构、社会心理和文化特征。

第一阶段为20世纪50年代以前“华侨 Overseas Chinese”。19世纪末以后，中华民族主义在东南亚中国移民社会中逐渐兴起，“华侨”这一概念在国内外均被普遍接受，泛指海外中国移民及其后裔，由指移民东南亚一带最普遍的称谓，东南亚的中国人移民社会的民族主义核心是中国认

---

① 资料来源：法律图书馆网址 http：//www. law-lib. com/law/law_ view. asp？ id＝2143。

② 颜清徨：《海外华人的社会变革与商业成长》，厦门大学出版社，2005年12月，第3～9页。

同，这种认同以民族情感和文化认同为基础，发展到对中国国家的政治认同。“华侨”这一概念，既表示对中华民族的国家民族归属，又表明在海外侨居（sojourner）的状态，其被广为使用，也就在情理之中了。这一群体多保留原国籍，反映了在国内外的官方和民间被视为“中国侨民”“侨居者”“中国人”身份，以及这一群体对祖籍国的认同。因此，从20世纪初到50年代中期，“华侨”这一概念被广泛用作对在海外定居的有中国血统并保存某种程度中国文化的群体和个人的称谓，其明确的政治含义是不言而喻的，即表示对中国的政治认同，无论其是否正式具有中国国籍。

第二阶段为20世纪50年代以后：使用“华人”一词称呼。海外中国人被称为“华人”，自古有之，可见《宋史·高丽传》记载，高丽（朝鲜）王城“华人数百，多闽人因贾舶至者”。在清代文献中，使用“华人”“华民”称呼东南亚中国人更比比皆是，但这些称谓只是作为“夷人”或“洋人”的对应词使用，它们既可称呼在本土的中国人，也可称呼海外中国人。20世纪50年代中期以后，“华人”一词越来越多地见诸海外华文报刊与著作，并逐渐取代“华侨”这一称谓，泛指海外中国移民及其后裔。

1955年，中国与印度尼西亚两国政府签订的《关于双重国籍问题的条约》，中国政府从此正式放弃双重国籍的政策，并鼓励华侨加入居住国国籍，成为居住国国民，是中国政府对华侨政策发生根本变化的标志。1958年底，为了全面解决华侨问题，中国政府提出了“三好”原则，即华侨自愿加入侨居国国籍，很好；华侨自愿保留中国国籍，同样好；华侨愿意回国参加祖国建设，也好。“三好”原则可以看作中国在华侨双重国籍问题上的一个指导原则。① 此后，东南亚绝大多数具有原国籍的“华侨”归化居住国，“华侨”这一称谓逐渐为“华人”这一仅与族裔相联系的称谓所取代，原被称为“华侨”这一群体因当时移居国的政治形态和社会结构，绝大部分者加入了移居国国籍，在政治上本土化认同移居国，族群上的文化意识认同于华人群体或少部分逐步本土化但仍保有华人群体

① 方方：《在全国侨务工作会议上的总结报告》，《侨务政策汇编》C辑，第19页。

本身文化，“华人”（Ethnic Chinese）“Chinese”“Chinese Diaspora”这些称谓是指在一定程度上保持传统中华文化、具有中国人血缘的非中国公民，此一阶段取代了“华侨”。

从此之后，不少华人与移居国本土民族或土著通婚，在血缘、文化上内在逐渐丧失华人对传统中华文化的认同，但于外在如外貌、语言、习俗等仍有着客观认同，此群体则多以“华裔”（Chinese descents）称谓；有些学者甚至认为“华裔”这个概念在大部分情况下已取代“华人”概念，理由是华人的文化特性日益消逝并与居住国的文化趋同，维系华人族识的主要是共同的血统渊源，因此，“华人”这一概念可以用“华裔”取代。① 在中国大陆对这一词使用时，通常指具有中国血统者（包括华人和有中国血统的非华人），其涵盖面比华人更广。如称具有部分中国血统的印尼前总统瓦希德（Abdurrahman Wahid）和菲律宾前总统科拉松·阿基诺（CoraxonC. Aquino）为“华裔”，然其华人血统经多代混血后已所剩无几了，且他们的自我族类认同也都是本地土著族群。在美国的“华裔”概念常与“华人”相通，混用于媒体和官方文件。当华人在族群溯源归类时被称为“华裔”（Chinese Americans & American Chinese），和“日本裔”“菲律宾裔”“韩国裔”等合组为“亚裔”，“亚裔”与“西班牙语裔”“非洲裔”等并列，共同归入美国少数民族之类。而中国政府基于国籍法给予华人（外籍华人）以严格的定义：“外籍华人指原是华侨或华侨后裔，后已加入或已取得居住国国籍者。”②

第三阶段则是20世纪70年代以来，“华族”一词越来越多地出现于东南亚华文报刊和华文著作中；同时，英文词语“Ethnic Chinese”和“Ethnic Chinese Group”也日益成为英文著述者所使用的称谓，是大部分东南亚华人学者使用一词的概念，他们认为华人已在东南亚落地生根，而

---

① 廖建裕主编《华裔东南亚人》，陈鸿瑜等译，台湾暨南大学东南亚研究中心，1998。文中：廖建裕教授坚持将其 *EthnicChinese As Southeast Asians* 一书中的“Ethnic Chinese”翻译为中文的“华裔”而不是“华人”。

② 国务院侨办：《关于华侨、归侨、华侨学生、归侨学生、侨眷、外籍华人身份的解释（试行）》（国侨发1984年2号）。载国务院侨务办公室编《侨务法规文件汇编1955—1999》，内部文件，第153页。

非海外华人。[①] 庄国土将之定义为："由保持华人意识的中国移民及其后裔组成的稳定的群体，是当地族群之一，构成当地国家民族（state-nation）的组成部分。这一定义适用于解释东南亚华族，其全称应是东南亚华人族群（ethnic Chinese groups in Southeast Asia）。首先，这一定义强调'华人意识'（Chineseness），作为族群识别的标识，是因为东南亚华人族群区别于其他族群的标识已经主要不是语言，甚至不是宗教和血统，而是主观上认为自己是华人的意识（who thought of themselves as Chinese were Chinese）。"[②③] 华人因地缘、血缘、神缘、业缘、语缘、文化等纽带相互联系，形成大大小小的华人社群，这些社群共同构成华人族群，虽然移居不同地区但华族是一个有内在联系的相对稳定的群体，并非对单个互不相关的华人的统称。

印尼的"帕拉纳坎"（Paranakan）、马来西亚的"峇峇"（Baba）、菲律宾的"梅斯蒂索"（Sangley Mestizo & Chinese Mestizo）等混血后裔，又称"土生华人"，这是因为当时海外一部分华侨为单身男性（此时绝少有中国女性出国）多与当地土著婚配，衍生混血族群，形成杂交文化。如婆罗洲的杜孙人，自称系华人后裔，初来种植胡椒，招致中国亲友，纳杜孙妇女为妻，繁衍成混血的杜孙人。其所著衣衫，所戴金属装饰品均同中国，栽植稻谷纯粹华法，并保留有敬神焚香之俗。南越的明香（明乡）人、缅甸的桂家、敏家，都是明军残部流亡国外的后裔，与土著长期融合同化，但仍保留汉族习俗和信仰。缅甸的桂家村寨，都有一间小庙和一尊神像，祭祀祖先，小庙中的文字全为汉字，直到近代，他们见到来自云南

① 廖建裕：《东南亚华人：华侨？海外华人？或东南亚人》，《东南亚研究季刊》第 3 卷第 1 期，1997 年 3 月。

② 庄国土：《世纪之交的海外华人》（英文卷），福建人民出版社，1999；Wang Gungwu, *China and the Chinese Overseas*, p. 35；Sie HokTiwan, *The Ethnic Chinese Minorities*, Terasita Ang See, The Ethnic Chinese as Fi lipinos in the 21st Century。

③ 在 20 世纪 50 年代东南亚各国政府实行程度不同的排华政策和华侨归化于当地社会的过程中，认同为华人是大多数东南亚中国移民及其后裔的社会和族群认同选择。但明确以"Chineseness"（华人意识）对此加以总结的是王赓武教授。参见 Wang Gungwu, *The Study of Chinese Identities in Southeast Asia*, in J. Cushman &Wang Gungwu, *Changing Identities of the Southeast Asian Chinese Since World War Two*, Hong Kong University Press, 1988, pp. 16-17。

的商旅，都以老乡之情热心接待。实际上，东南亚华族无论在文化上或血缘上，都与中华民族渐行渐远并趋同于当地民族。随着土生华人的增加，侨乡原来对华侨的第一位作用已让位于居住国。这些华侨的第二、三代土生土长于居住国，和当地关系密切，居住国已完全取代中国而居第一位，而仅把祖籍故乡作为根的所在。另外，在非洲现有十万华侨华人，老华侨占绝大部分，他们是20世纪初从广东顺德、南海、梅县等地而来的移民后代，许多已不谙华语，且大多加入了居住国国籍，都融入了当地社会。[①] 其他世界各地的海外华侨华人亦如此。但他们中的很大一部分人亦保持强烈的华人认同，并在行为方式和价值观等方面区别于当地人。因此，当地社会也将其归入华人族群之列。而华族概念的使用首先就是为了区别于中华民族，其认同指向是居住地的民族国家，所以华族是当地国家民族的组成部分，是当地多元族群之一，而非中华民族的组成部分。

“华侨”“华人”“华裔”“华族”对此一系列的称谓使用和流行，实际上反映了海外中国移民及其后裔这一群体的客观社会身份（social status）和主观认同（identity）的发展变化。20世纪50年代中期以前，“华侨”是这一群体最普遍的称谓，反映了其在国内外（尤其在中国）官方和民间被视为“中国人”“中国侨民”“侨寓者”身份以及他们本身对中国的认同。50年代以后，这一群体的绝大部分人加入当地国籍，政治上亦认同于当地，族群意识和文化上认同于华人群体本身，“华人”这一称谓也逐渐取代“华侨”。然血缘和文化，是华人属性的最本质特征，体现了客观差异的标识。但是因为随着离乡去国越久，中国移民及其后裔的文化和血统混杂程度越高，与中国本土人们的差异也越大。就东南亚而言，纯粹的中国人血统者已远远少于混血者，华人族群发展起来的华人文化虽源于中华文化，但差别也日益加大。因此，不同国家和地区的华人之间在族类上的共性，是在一定程度上具有共同的、源于中国的血缘和文化的意识。不少华人在文化、血缘上与当地土著混合，甚至日益趋同于当地土著，逐渐丧失华人的主观认同和客观标识（如外貌、语言、习俗等），这部分人就成了“华裔”。保持华人认同者作为群体参与当地的社会活

① 庄严：《非洲重点地区侨情介绍》，《侨务工作研究》2000年3月。

动，这一群体就是华族。以上分析大体上能用于解释东南亚华人族群的形成和发展不同国家和地区的华人之间在族类上的共性，是在一定程度上具有共同的、源于中国的血缘和文化的意识。

（二）侨乡与海外华社传播中华文化

除了海外华侨华人称谓、国籍认同的转变，海外华侨华人与侨乡之间的关联亦是促使中华文化保存、承继、传播的另一特点。

明清实行“海禁”政策，禁止人民私自出海，将移民海外的华人看作“自弃王化的天朝弃民”“共所不齿”的“贱民”，朝廷则采取不闻不问的漠视处理，但明末清中期（1567~1840年），在东亚海域，东来的西欧殖民者为争夺中国商品展开了一场激烈的商业竞争，东南亚部分地区已变为西方国家的殖民地或贸易中继地，迫切需要中国的廉价劳动力和手工业品，因而吸引了更多的中国商人和破产的农民、渔民和手工艺人出国，海外的华侨社会尤其是东南亚一带，形成于15~16世纪期间，当时在海外有所成的华人都希望回乡探视，但朝廷对潜回家乡的华侨加以迫害，洗劫财物，缉拿入狱，如此一来使得大量华侨有家不得回，只好在海外成家立业，形成海外独特的华侨社会。清朝废除海禁政策以后，国人可自由出洋移民，19世纪60年代以后，清政府改变了对侨民的态度，逐渐承认华侨为“大清子民”，“宣慰”、优抚、嘉奖，逐渐频繁。在不同程度上开始保护侨民的利益，1875年派遣驻美公使，随后在旧金山、纽约设立总领事馆，在檀香山等地设立领事。1877年在新加坡设立总领事馆，开明官员左秉隆、维新人士黄遵宪等出任总领事。他们具有强烈的振兴中华责任，在华侨中宣扬对祖国的效忠，传播中国文化价值观；并整顿侨团流弊，调解华侨社会内部矛盾，整合华侨社会。此时正值华侨出国的高峰期，新客华侨的大量涌入，华侨与祖国联系的加强，使中华文化在东南亚的移植进入一个新的历史阶段。从此华侨社会与中国政治紧密联系起来，华侨民族意识萌发。20世纪以来，各地都成立了中华总商会，成为华侨社会整合的重要力量。[①] 从此，形成了完整意义的侨乡，是早期华侨华人

① 吴剑雄：《从海禁到护侨：清代对出国移民政策的演变》，《海外移民与华人社会》，台北：允晨文化出版社，1994年再版，第2~42页。

在海外奋斗时的精神寄托的所在，这时期由血缘和地域交织而成的纽带作用，是维系海外华侨华人心向祖籍国侨乡的关键所在，这是一股无法代替的神圣力量。一代代华侨华人前仆后继，漂洋过海，但都与祖籍国的侨乡相依相连。

清末，孙中山先生在海外宣传革命，海外华侨捐款、协助办报、办杂志，华文报刊自 19 世纪后期率先在海外出现。至 20 世纪上半叶，东南亚、北美等地大量涌现。它们自视为中国报纸之列，报道祖国事件，关心中国政治，宣传中国文化，它们在维护中国认同方面扮演了重要角色。尤其是维新派与革命派，都以侨报为阵地，大开笔战，展开激烈的论争。强烈的中国政治色彩主导了侨报，增强了华侨“中国人”的意识。海外华人除了经商外由此开始关心中国事务、参与国内政治活动，并以“中国人”自居，中华文化在华侨社会中由此一步步走向深入，至抗日战争时达到顶峰。华侨的精神世界，完全是一个中国世界。[①] 有位印度尼西亚土生华人的话道出了广大华侨的心声：海外华人要依靠祖国才能取得在异乡的崇高地位，“土生华人必须协助中国，把全部的希望寄托在中国身上”[②]。

19 世纪初美国即有关于海外华人的记载，华人主要是以“契约华工”（contract workers）的身份进入美国。这个时期，华侨出国的人数之多、规模之大、分布之广、遭遇之苦，均属前所未有。究其原因，在国内有国民革命、抗日战争、两党内战，造成政治黑暗、战争不断、经济破产，导致民不聊生，百姓急于寻找生路；在国外，由于帝国主义对殖民地进行疯狂的经济掠夺和急需大量廉价劳动力从事开发，以及发生了两次世界大战等因素，当时想脱离民不聊生的家乡赴他国开创新生活的一批批“契约华工”（俗称“猪仔”）被贩卖出洋。[③] 出国的大量华侨中绝大多数是被拐骗出国的“猪仔”和自由出国的工人，他们成为这个时期中国移民的

① 陈树强：《辛亥革命时期南洋华人支持起义经费之研究》，《辛亥革命与南洋华人研讨会论文集》，台北：政治大学国际关系研究中心，1986，第 254~255 页。

② 廖建裕：《林群贤传：印度尼西亚土生华人的政治与民族认同》，《现阶段印度尼西亚华族研究》，教育出版社，1978，第 103 页。

③ Samuel C. Chu, *Chinese in Building of the U. S. West* (Paramus, New Jersey Globe Book Company, 1993), p. 13. 即签契约服务五年即获自由身。

主要方式，此时期约有700万人被贩卖到世界各地，从而奠定了今天华侨遍布世界各地的格局。由于近代出国的大量华工多在广东、福建等省沿海的香港、澳门、广州、汕头、厦门等港口出国的，故早期的侨乡多集中在这些港口附近地区。在20世纪90年代初，苏联瓦解，美苏对立的局势消失、东欧剧变，国际政局产生极大的震荡。而大陆在1978年就提出了改革开放政策，进入90年代更是大力发展经济，意识形态之争亦随之减弱。因此，这一时期有大批华人返乡探亲。而台湾地区亦于两蒋统治结束后开始对大陆开放，返乡者亦络绎不绝。这两股力量且不只是探亲扫墓而已，他们回乡修桥铺路、捐助学校、复建宗祠和投资工商业。不仅大陆的发展获得推动力，海外华人更因与侨乡的文化交流而重新获得活力，增加了文化上的认同。但大环境毕竟和过去不同了，大陆施行了单一的国籍法，海外华人如同嫁出去的女儿，居留国也因新兴的国族主义而要求他们效忠和认同国族。换言之，文化认同和国家认同必须分开，这是毋庸置疑的。

华侨在国外立身赡家，吸引附近乡里的民众相率出国。靠邻里亲友牵引出国，并形成同乡邻里聚居国外某一地区，移民网络是一系列人际关系的组合，其纽带可以是血缘、乡缘、情缘等。移民网络形成后，一方面，移民信息可能更准确、更广泛地传播，移民成本可能因此而降低，从而不断推动移民潮，这是近代移民的主要形式，也正是侨乡同地域同宗关系具有地缘与血缘的独特作用，成为海外华侨华人初到移居国群聚的纽带。另一方面，随着时间推移，向外，甚至向国外特定地区定向移民可能融入某地的乡俗民风，从而不再与经济、政治条件直接相关。

在远离祖籍国和亲人的艰苦条件下，受乡里乡亲、宗族血缘关系的影响，海外华侨华人相互扶携，相互帮助，在种族上、血缘上、业缘上、地域上、语言上、文化上的强烈认同产生了坚韧的亲和力、凝聚力，结成了以地缘相近的同乡会、以血缘相亲的宗亲会、以业缘为纽带的行业会，这些社团成为联系华侨华人的三大途径。海外华侨社团的地缘性的同乡会、血缘性的宗亲会、业缘性的行业会，首先是由地缘关系而形成的集合，这其中莫不与侨乡有着密切的关系。血缘和地缘是紧密联系的，籍贯只是

“血缘的空间投影”。[①] 海外华人社团的宗亲会许多是在原籍后加上姓氏，故乡仍是他们依附的基础。而血缘宗亲也有郡望堂号，每个姓氏的郡望所在地基本上还是固定在一定的地域上，即多分布在今天的华北、华中、华东、西北等黄淮流域（从各地埋葬方式、坟头上的碑刻都可以了解），如在新加坡地宗乡总会有183个团体，宗亲会是以百家姓的各个姓氏的发源地为基础，主要发源地在华中、华东、华北、西北，其中宗亲会100个、宗乡会83个。这比以籍贯划分的地域社团面积更广，寻根性更强，已深入中原内地，是今日海外宗亲会回国到侨乡后再寻根的一个热点。这些和祖国不同地域相联系的感情，是海外华侨精神寄托的源泉。如海外“宁波帮”的特点之一就是爱国爱乡，其他诸如“广东帮”“海南帮”“福建帮”“北帮”等莫不如此。

社团在移居国中部分替代了故乡的作用，成为人们暂时的寄托和依赖所在。除此之外，对于漂洋过海的华人，绝大部分人尽管总是北望故土想要落叶归根，可是由于种种原因只能客死异乡。于是，为了帮助这些魂系故里却终究只能埋骨他乡的同乡的身后事，各个方言群纷纷建立起内部的公冢（义山），让他们有个安息之处，并在公冢的基础上成立了各自管理义山事务的社会组织，这是东南亚移民社会早期华人社团的萌芽，也是对于最注重身后事的海外中国人尽可能由同乡或同宗人妥善安葬并祭祀。其中新加坡福建会馆即是此具有代表性的地缘性社团，因为公冢的目的从早期创建的恒山亭到天福宫再成为今日的福建会馆。地缘及血缘的纽带社团的力量更好地巩固了华人在海外异乡使用、保存、承继、传播中华文化的模式。这些社团不但帮助华侨在居住国渡过难关、发展事业，而且联络感情，对祖国的革命和建设也起到重要的支持作用。如新加坡潮州会馆成立的宗旨中有言“联络乡谊，增进感情，一也；舆情可达，公益可兴，二也！”[②] 另外，华人的职业分布也往往带有地域性。亲友相帮共谋生计下的华侨，其职业分布往往是以方言群为主集聚的，如19世纪旧金山的进出口行业全部被三邑侨商所垄断，各地区的洗衣馆却操纵在台山县

① 费孝通：《乡土中国》，生活·读书·新知，三联书店，1985，第72页。
② 新加坡潮州八邑会馆编《新加坡潮州八邑会馆金禧纪念刊》，第293页。

人手里。[1] 其他华人社团以“业缘”发扬的中华文化，在东南亚地区主要是经营农、林、渔和小型工商业，在欧美地区主要是餐饮、制衣等业。他们从事中华民族文化型的商业，如餐饮、观光、杂货、家具、车衣、纪念工艺品等。独具特色的中餐业，20 世纪在海外发展普遍而迅速，几乎覆盖所有华侨华人居住地区。在欧洲法、英、德、意、荷、比、西等 7 个国家，就有中餐馆约 3 万多家。西班牙在 1997 年还成立有全国性的中餐业联合会。中华美食这种传统行业已经成为海外华侨华人安身立命的支柱行业。中华传统文化随着同乡同族聚居城镇的分布而移植异邦，客居异国，人地生疏，华侨面对的通常又是种族歧视的世界，唯有抱成一团求谋生，因此有赖于同乡同族之间相互提携，守望相助。中国传统社会的同乡会馆、同业商会等民间组织也移植过去，这些社团的活动能量和社会作用，超过了中国本土的同类组织。以地缘纽带维系的同乡会馆、以业缘关系组成的行会与商会、以血缘纽带维系的同姓宗亲会，以及各种慈善组织、宗教组织甚至秘密组织，普遍存在于每一处华侨聚居区，并形成独有的特色。血缘和文化是华人属性最本质的特征，随着华人移居海外，中华文化也因华人这一载体广泛地传播开来。移民族群所身负的传统文化背景是一片流动且无形的精神疆土，凭借着地缘、血缘创立的海外华人社团是作为联结海外华人纽带的基础，然而随着环境时空迁移华人社团的联结方式扩展了，加上了业缘、神缘、文缘等因素组成的海外华人社团，“五缘”[2] 在传播中华文化方面起到了重要作用，通过不同的方式将中华文化传播到移居地。并且在传播内容和传播效果上各有所差异，形成各具特色的中华文化传播道路。

另外，华文学校普遍兴起，初以私塾和帮立学校等形式存在，讲授四

---

① 麦礼谦：《从华侨到华人——二十世纪美国华人社会发展史》，香港三联书店，1992，第 26 页。

② “五缘文化说”是上海五缘文化研究所所长、闽籍学者林其锬教授于 1989 年 4 月在福建漳州市召开的“纪念吴夲诞生 1010 周年学术讨论会”上首先提出的，逐渐受到社会各界的关注，被人们接受。五缘文化的研究，也由个人走向群体。1993 年 12 月，国务院发展研究中心技术经济研究所上海分所率先成立了五缘文化与华人经济研究室，后发展成为上海五缘文化研究所；1995 年 12 月，成立了上海五缘文化研究会；1996 年 11 月，在福州成立了福建省五缘文化研究会。

书五经，灌输中国传统价值观念。1902 年槟榔屿创办中华学堂，除讲授现代新学外，其办学宗旨仍然是：孝、悌、忠、信、礼、义、廉、节。现代化学校从此逐渐增多，各地华校创办者都希冀："他日斯文蔚起，人人知周孔之道，使荒陬遐域，化为礼义之帮。"① 华文学校一直处于中国政府教育部的间接控制之下。至"二战"前趋于鼎盛，"二战"之后更达到高峰。在马来亚，1938 年有华侨学校 759 所，大部分创办于二三十年代，学生 9.4 万人。1950 年增至 1648 所，学生 27.6 万人。印度尼西亚学校 1957 年接近 2000 所，学生 42.5 万人。同一时期，泰国有华校 426 所，越南 270 所，缅甸 250 所，菲律宾 149 所。第一所华文大学"南洋大学"也于 1956 年在新加坡成立。

侨乡从形成之日起，就与海外华侨华人发生了千丝万缕的联系，其间曾因战争或政治等因素而一度中断，如旅荷印华侨，因居留地政府强制其归化，而丧失了祖籍国的国籍，虽然如此，海外华侨华人与侨乡的关系仍然十分密切。在新中国成立后，曾出现华侨回国的高潮，仅广东省在新中国成立后 17 年就接待华侨 30 多万人，但其间也有十数万人出国。海外华侨因国际政治因素，在 1955 年后大量加入居住国国籍，转化成华人，已逐步融入当地社会，而国籍的认同也产生了转变，国籍的认同是"国家认同"的核心内容和首要标志。海外华侨、华裔参加和取得当地国籍，成为所在国的公民（国民），这既是"国家认同"过程的开始，也是过程的继续。作为该国公民享有公民的权利，又承担公民应尽的义务，从心理上、感情上主观地意识到自我是国家的一分子，意识到个人与该国家息息相关。虽然如此，华人成立的社团在居住国中部分替代了故乡的作用，成为人们暂时的寄托和依赖所在。中华文化的传播具有流动性，从海外又流向大陆，自改革开放以来，海外华人在经济上帮助侨乡，开展多种经济合作和科技文化交流，建设各种形式的经济技术开发区，而引进的外资中，侨资占很大的比重。改革开放的前十年，广东实际利用外资 55.7 亿多美元，其中华侨华人和港澳同胞的资金占 80%~90%。广州二十年多来引进的外资 130 亿美元，华侨华人和港澳台同胞占 90%。而福建利用的外资

① 《椰荫馆文存》第 2 卷，第 223 页。

中，有70%以上来自侨港澳台资金，而福清市更占到80%。福州、泉州、厦门等地80%~90%的工厂都与华侨资本有关；除了侨资，华侨华人大规模的捐资家乡公益事业如教育，汕头、五邑、嘉应、集美等大学也是华侨华人资助兴建的。福建省二十年来达65亿元，广东省在前十年就达23亿元，河南省截至1999年10月底，接受海外华侨华人捐赠教育资金达1000万元。而广东台山县仅1985年华侨华人就在20多所中小学设立了奖学金，现今形成的县乡区三级文化网站，[①] 也多是海外华侨华人除捐资公益事业外，还与祖国侨乡开展的科技文化交流形式。[②] 侨资企业和兴办教育已成为侨乡的一大特色。华侨华人在文化、教育、卫生等方面的投资日渐增多，海外华人与侨乡的科教文化交流日益频繁。

随着许多留学生成为新移民，侨乡的概念已逐渐扩展，不是原来沿海之地或客家内地。人才聚集之地已成为留学生新移民的新侨乡，即在传统意义上的老侨乡之外，增加文化韵味较浓的一些新侨乡。这些新侨乡多集中在文化发达的大中城市或对外交流频繁之地，以及人才济济的高校和科研单位。新侨乡的出现，是世纪之交侨乡发展的又一大特色。新侨乡的新移民增多，以新侨乡为主的地域社团也建立起来，各高校海外校友会、南非的北京同乡会等都是如此，这些带有新侨乡性质的业缘性社团成为联络海外新移民的纽带。不管是历史时期还是新时期，海外华侨华人都与中国祖籍侨乡有着紧密的联系，这种联系是以地缘、血缘、业缘、神缘为纽带，并依靠中华传统文化来维系的。大陆各侨乡也陆续发生了剧烈性的变化，侨乡作为祖国与华侨华人关系的桥梁，华资企业、兴学等作为侨乡的最大特色，其重要性已为世界所认识。而随着留学生和其他途径移居国外的新移民增加，海外华侨华人、侨乡关系与华社之间又增加了新的内容。

第三节　跨国华族建构

（一）海外华人跨国主义实践

20世纪90年代以来，随着经济全球化的加速，国际人口迁移现象愈

① 广东省地方史志编纂委员会编《广东省志·华侨志》，广东人民出版社，1986。

② 兰于平：《福建省开展新移民工作调查》，《侨务工作研究》1998年5月。

益普遍，跨国移民成为一种“全球现象”。就“跨国”（trans-national）一词而言，早在20世纪60年代经济学家就广泛使用，此后的社会科学和文化研究充分吸收了这个词的各种含义，研究各种跨界现象。但学者们热衷于研究跨国经济、跨国文化等各种跨国现象，却缺少对移民跨国流动的应有关注。美国在20世纪90年代，在意图同化新移民的过程中，发现新移民与祖籍国之间的联系十分密切，从而提出了这一理论，当时的美国人类学学者琳达·贝丝（Linda Basch）、克里斯蒂纳·桑东·布兰克（Cristina Szanton Blanc）和尼娜·戈里珂·席勒（Nina Glick Schiller）将跨国概念引入移民学领域，以拉丁裔移民的经验研究为基础，先后发表《从移民到跨国移民：建立跨界移民的理论》、《没有边界的国家：跨国主义、后殖民困境与非领土化民族国家》和《跨国主义：理解移民的一种新的分析框架》等文章，才较为系统地提出跨国主义的概念、理论和分析框架，“跨国”的相关研究也应运而生。[①]

20世纪90年代初期席勒等人在移民研究领域中创立跨国主义（transnationalism）理论以来，引入了布迪厄（Pierre Bourdieu）的场域理论，提出“跨国社会场域”概念，使其成为分析移民跨国主义理论的核心概念。[②] 相对于以往移民学研究中将移民简单地划分为“旅居者”和“定居者”的以民族国家为视角的研究方法，跨国主义有助于我们分析具有活力而多变的移民，也为我们对以往的同化、身份认同、民族国家、地理空间等概念和理论提供一个重新认识的视角。另依照较早提出跨国主义理论的Nina Glick Schiller等人的定义，所谓跨国主义是指移民建立跨越地理、文化和政治边界的社会场景（social fields）的社会进程，跨国移民（transmigrants）被理解为建立和维持跨界的家庭、经济、社会、组织、宗教和政治的多重联系的群体，也指“当代移民跨越地理、文化、政治边界建立的，维系与联结原籍地与定居地之间的多重社会关系和互动模式”。他们用这种多重联系和在不同国家所获得的多重身份来调试或抗拒其移民过程中遇到的困难，移民在出生国和移居国间的多重参与是跨国主

① 潮龙起：《跨国华人研究的理论和实践——对海外跨国主义华人研究的评述》，《史学理论研究》2009年第1期，第95~106页。

② 郭晓川：《文化认同视域下的跨文化交际研究》，上海外国语大学，2012年博士论文。

义的要旨，他们的行为、决策和关怀都离不开连接他们的出生国与移居国之间的社会关系场域。吴前进就跨国主义视角分析在移民研究中的运用做了阐述并指出："跨国主义的视角分析在移民研究中体现为①族群联系的跨国性：社会网络和社会资本的相互结合；②身份意识的离散性：多元认同和全球意识的贯通确立；③母国认同的根连性：回归运动和文化保持的内外并举；④移民文化的双重性：融入障碍和保护机制的并时效应；⑤民族国家的倾向性：鼓励回归和日趋宽容的政策选择。"[①] 总的来说，"跨国主义"为全球的变化形式和我们时代的发展提供了集合广泛的概念，随着人口的流动和通讯发展的日趋频繁与迅捷，跨边界的关系互动会逐渐加深，而对于这些现象的动力、进程、作用及其后果的研究，尚有待进一步探索。

全球化时代的跨国移民与以前的国际移民不同，因此，在对外交流中所起的作用远远超过传统的国际移民。移民活动方式的变化也带来了研究范式的转化，"跨国主义理论"（tansnationaltheory）取代"地域主义范式"成为国际移民研究的主要视角。国外长期从事跨国主义研究的英国牛津大学人类学教授维托维克（Steven Vertovec）认为，跨国主义泛指"将人们或者机构跨越国界地联系在一起的纽带和互动关系"，并阐述了这一问题的研究视点。①就社会形态学而言，"跨国主义"被大多数社会学家和人类学家视作一种跨边界的社会构成。与此同时，另一个主要用于解释跨国主义社会的是网络，它与当今信息化时代相一致。②知觉类型。③文化再造模式。④资本的途径。⑤政治结合的场所。⑥重建地方或地点。[②] 而波特斯则将跨国主义特指为一种有规律的、持续性的跨国社会联系，如高密度的信息交换、新的跨国交易模式或者频繁的跨国旅行和联络等。[③]

在国内，跨国主义是一个新兴概念，潮龙起在其所著《移民史研究

① 陈永升：《跨国移民理论与华侨华人研究：座谈会综述》，《华侨华人历史研究》2007年12月，第80页。

② Steven Vertovec, "Conceiving and Researching Transnationalism", *Ethnic and Racial Studies*, 1999, Vol. 22, No. 2.

③ Alejandro Portes, *Globalization from Below: The Rise of Transnational Communities*, Princeton University Press, September, 1997.

中的跨国主义理论》中说："尽管近来西方学术界对跨国主义研究蔚然可观，但它仍然是一个高度分割的领域，既没有形成公认的理论框架，也缺乏分析上的严格性，因此，显得比较脆弱。"跨国主义研究应在两方面加强：（1）跨国主义理论需要在对不同时空、不同类型的国际移民的实证研究基础上去检验、修正和完善。（2）跨国主义需要将跨国移民研究中不同地区、不同学科背景的学者集中在一起，建立国际合作和对话机制，比较各自不同的经验研究和理论观点，相互借鉴，以取得共识。[①] 刘宏和周敏认为在跨国主义中的祖籍国对移民影响深远，即"在跨国主义实践中，祖籍国的影响对于在新加坡与美国的中国新移民来说是基本一样的，但这两个新移民群体的跨国主义模式由于移居国内在的结构因素（国家政策和海外离散社会在移居国的社会地位）的不同而产生差异。"[②] 丁月牙在《论跨国主义及其理论贡献》提及跨国主义中的认同：由跨国社会空间必然引出的另一个主题是跨国主义对认同的影响。通过跨国社会空间，移民可以和母国保持密切联系，获得情感和经济支持。这种支持有利于他们顺利度过在新环境的适应期。[③] 就相关学者的研究中可以总结出中国学者对跨国主义的看法：①跨国主义是新的观点，并非新的现象；②在不同的移出国与移入国脉络下，跨国活动的程度与形式会不同；③我们对以往的同化、认同、地理空间、民族国家等概念和理论提供一个重新认识的视角。

如果说国际移民具有"落地归根"的迁移属性的话，跨国移民则利用全球化时代的高度流动性和便于联系性，建构着跨越国界的社会网络和生活世界，跨国流动性和联系能力成为主要特征。因此，以"跨国主义"（Transnationalism）为视角的移民研究不像"地域主义"（Regionalism）为视角的研究，对于移民的跨国行为在一般意义上被定义为"移民建构和保持的连接家乡社会和居住地社会的复合社会关系的过程"；"地域主义"侧重于关注移民在移居地的生活、适应与发展变化，而"跨国主义"更

---

① 潮龙起：《移民史研究中的跨国主义理论》，《史学理论研究》2007 年第 3 期。

② 周敏：《海外华人跨国主义实践的模式及其差异——基于美国与新加坡的比较分析》，《华侨华人历史研究》2013 年第 3 期。

③ 丁月牙：《论跨国主义及其理论贡献》，《民族研究》2012 年第 3 期。

多地关注移民跨地域建立的社会网络与其对移民群体及活动区域的影响。全球化的深入及现代科技的发展为跨国华人的环流提供了外在的结构性环境。因此，海外华人的历史从产生开始就是一种跨国的经济、政治和社会活动。

跨国主义理论与民族国家理论的根本区别在于对移民非地域化（deterritorized），即把华人从领土化的民族国家禁锢中解放出来，移民被看作是流动的、有机的，其生活决定于移出国与移入国之间复杂的社会环境。而华人的身份认同问题属于世界移民问题的一部分。尽管海外华人是由于时代和民族国家的影响下产生的群体，但他们经常跨越区域和文化，其文化认同具有明显的流动性和跨界性，华人的跨国社会空间不单是地理意义上的空间，它还是通过一定机制和由不同地方的内在联系组成的具有社会和文化意义的空间。在此空间中，文化边界是模糊的，民族国家最终并不是制约性因素，而是提供了一种移民可以超越、规避和利用的舞台。

跨国移民长期频繁地在母国和迁入国之间活动，逐渐形成特殊的跨国移民群体。跨国华人在世界各地不同的经济和政治环境中生存，在广泛的社会网络中行动，这主要取决于某种制度下经济或政治状况是否有利于他们当下的生存和发展。“一个社会结构，既会在群众之间的相互关系中（当一个民族与另一个民族发生战争的时候）表现出来，也会在个人之间的相互关系中表现出来。”“人类社会结构的连续性也是个动态过程，其内容就是个人组成的人类，形式则是他们之间通过制度关系的联系方式。”① 20世纪前半期，跨国移民成为世界各个地区社会转型和发展的一个重大因素。随着移民的流动数量增长以及新的流动方式出现，移民往往是经济和社会发展的结果，转而又促进二者的改善和发展，或反而造成经济停滞和社会不平等，移民乃是当地社区和国民经济融入全球关系的结果。在跨国情况下，文化认同会呈现变迁状态、双重甚至多重状态，所以我们要理性看待华人文化认同的变迁与发展，并对其过程、原因和影响进行研究。而跨国的国际移民的国家认同情况，多无法正常融入迁入国的主

① 〔英〕拉德·克利夫-布朗：《社会人类学方法》，夏建中译，山东人民出版社，1988，第141~147页。

流社会生活，他们在认同其迁入国公民身份的同时，仍然坚持和依附其母国的传统文化、生活习俗和宗教信仰。跨国的国际移民的国家认同普遍是不统一的，公民身份认同与文化认同等是分裂开的，自有中华传统文化特色，几乎总是坚持自己的语言以及故土的若干文化因素，这种情况至今已保持了几代人。在跨国主义的案例实践中，李明欢认为对跨国现象的抽象化研究是建立跨国主义理论的基础，我们现在对于华侨华人的研究正需要此种新的研究理论来进行指导，而跨国主义理论就是我们所需要的新理论之一。并以福建侨乡的研究为例，论述了跨国主义在国内研究中的实践运用。她认为福建侨乡有几个特点。①海疆文化：所以移居海外的福建人既面向海外，又离不开故土，他们把家乡作为想象的空间，作为一种连接内外的纽带。②边缘文化：福建不是政治的边缘，这使得海外的福建移民对正统文化既认同，又疏离；既想走进正统，又不愿完全认同。③底层文化：不是精英文化，而是世俗文化。这使得福建的海外移民文化也是世俗文化。[①]

总而言之，海外的6000万华人作为“中华民族”群体的组成部分，虽然不断发生着不同量的、不同层次的、不同领域的“认同”“同化”于他族，但华人作为一个民族群体，其生命力是强盛的，在当今时代和漫长的历史未来，仍然处于生存、发展和繁荣的阶段。而非整个海外华人（族）群体完完全全地被“同化”或消融。

（二）华人社团传播中华文化与“跨国华族”的族群建构

海外华人在一百多个国家，与二千多个民族相处，在移居国要长期生存发展，与不同的民族混杂而居，接触的社会并不是统一完全一致的，而是多元化、多层次、多种关系的格局，融入当地社会前必须开始文化适应（acculturation）的过程。所谓融入，意味着在政治上、国籍上认同于所在国，成为该国的合法公民，成为当地各民族大家庭中的平等成员，既要尽公民义务，又要享公民权利，主动积极参与当地的政治、文化、经济和社会生活。接受当地国家教育，掌握当地通行的语言和文字；习惯当地生

① 陈永升：《跨国移民理论与华侨华人研究：座谈会综述》，《华侨华人历史研究》2007年12月，第82页。

活，尊重友族的风俗习惯及宗教信仰并与当地人民平等相待；奉公守法，了解和遵守该国的法律、法规和政策，友好往来；对该国的历史、地理有初步了解和认识。其所居住国家，民族的情况，因国家、因地区、因民族而异。华人在这么多国家之中，既有认同、融合的一面，又有独立发展的一面，或是“归而不化、同而不化”，或是“同源异流”的民族分化，或是“异源同流”的民族融合，或是部分认同，或是趋于同化。其因素的影响是多种的，王赓武则提出了多重认同的理论（Theory of Multiple Identities），认为华人认同有所谓历史认同、中国民族主义认同、社区认同、国家（或地区）认同、文化认同、种族认同和阶级认同等。[①] 其中的文化认同影响着对中华文化传播的广度及深度，它包括历史的认同和新的文化的认同。历史的认同强调传统的家庭价值、宗族起源与种族分支，它们和中国辉煌的历史一起，促成华人保持传统的倾向，一般在早期华人移民中普遍盛行这种认同。而新的文化认同，则是指华人移民从移居社会中所习得的，包括知识、信仰、道德、习俗、宗教和法律等。这种新的文化认同与历史的认同是相似的，但历史认同主要以祖籍国的文化价值为依据，并有赖于海外华人社会、社团对这些价值的传承，而华人的新文化认同却承认非华人文化的优点和长处。

在华侨与当地民族尚没有密切融合甚至是相对独立的情形下，华侨社团成为内部自助自保的具有一定自治性质的组织，华侨的生老病死都与侨团紧密相关。在新客华侨远涉重洋初抵异域时，侨团是他们的落脚点和中转站；侨团负责为之寻找、联系工作以资谋生。华侨之间出现矛盾由侨领调解和仲裁；华侨子女稍长送入侨团建立的义学和其他华校；生病时有自己简陋的医院；生计无着时有慈善救济；身死异地，葬入义山，或运回故乡，如美洲的苦力华工遗骨，侨团组织船只千里迢迢运回故土安葬。如19世纪美国华侨社会中，会馆是权力机构，会馆是华侨社会的中枢，负有保护照顾同乡的责任，移民初抵，侨团派人接应到会馆登记注册，并暂时安顿下来，等待找寻、安排活计，淘金热期间还贷款资助乡亲前往矿

① 〔英〕宋李瑞芳：《美国华人的历史与现状》，商务印书馆，1984，第109页。

区，回乡之前，也要经会馆查实已经偿清债务。[①] 严格来说，会馆也是华侨社会中各地域利益集团的组织，从而使华侨社会成为“帮”派林立的社会，也是华侨社会帮派争斗的根源。既是广东、福建农村宗族之间、村落之间、方言群之间械斗的海外延续，更表明华侨社会自成一个矛盾纷呈的社会，并在一定程度上独立于当地社会，华侨华人方言群之间的这种帮派矛盾，盘根错节，直至今日也没有完全消失。侨领则极类似于中国基层社会的乡绅。在传统中国，科举及第、官品高低、土地的多少是人们社会地位高低的表征，乡绅是农村社会的无冕领袖。在华侨社会，官品、科举都与之遥远，唯有财富成为社会地位的标尺，商人遂成为侨领，在历史的某种程度上兼为华侨自治社区的“父母官”。

早期社团帮派林立，宗族、地域观念强烈，堂斗时有发生。随着海外华人政治经济地位的提高，移居国和中国政府采取一系列的政策措施，海外华人逐渐消除门户之见，特别是在中华民族出现危机的时候达到了空前的统一，如辛亥革命和抗日战争时期，海外华侨华人组织统一的救国会，1937 年旧金山 97 个华侨社团组织了旅美华侨统一义捐救国会即是很好的例证。[②] 几百年来，以“五缘”为连接的华侨华人社团得到了长足发展。

（1）血缘（Kinship）为宗族、亲戚关系，它包括了血亲、姻亲和假亲（或称契亲，金兰结义等），血缘性社团的历史源远流长。创立于 1819 年的新加坡曹家馆、马来西亚槟城的梅氏家庙（1842 年）、新加坡四邑陈氏会馆（1848 年）、新加坡台山黄家馆（1854 年）等是较早的血缘性社团。初期的血缘性组织以血缘和地缘相结合为特征，其功能除祭神、祭祖，也为后来的移民安顿衣、食、住、行，甚至为他们寻找职业。若是不幸客死异乡之宗亲，则助殓或助葬遗骸。随着华人社会的变迁，血缘性社团的功能出现了一系列的变化。①社团功能实施的出发点发生改变，社团的福利事业由仅以宗亲会成员为对象逐渐扩大为以移居国主流社会为对象。②血缘性社团仍然以社会功能为主，并出现了如设置专门的机构来实

① 麦礼谦：《从华侨到华人——二十世纪美国华人社会发展史》，香港三联书店，1992，第 29、32 页。

② 陈树强：《辛亥革命时期南洋华人支持起义经费之研究》，《辛亥革命与南洋华人研讨会论文集》，台北：政治大学国际关系研究中心，1986，第 255 页。

施组织社团的福利事业，像设立专门的奖学助学基金机构或增设教育股，使福利事业具有更制度化、专业化的新的特点。③社团的社会功能已被削弱。比如：扮演民间协调解纷及做公亲的角色已被法庭所取代；为宗亲寻找职业的角色已被职业介绍所取代等。以马来西亚砂罗越彭城刘氏公会为例。其在传播中华文化方面开展的活动主要集中在完善其本身的社团章程，使会员在潜移默化中传承中华文化。这方面的工作可以从公会的会徽中体现出来。中间之圆形图案远看像中国窗，代表华人文化。朱红色代表忠勇、和气、吉利。图案中心乃“刘”字。旁边两棵植物茂盛青翠，代表繁荣。它们各由一手托住橙黄颜色，表示黄种人（中国人）。双手意义在于刻苦耐劳，白手亦能起家。”[①] 会徽所体现的中华文化韵味可谓是加强了公会内部的中华文化意识。这方面的工作还可以从维护与加强海外华社对中华文化的传承方面体现出来，如每年举办“砂、沙、汶宗亲嘉年华”，又称“三邦宗亲嘉年华”。该嘉年华已经开展了三十余届，由砂罗越、沙巴、文莱宗亲的刘氏公会联办，由三地宗亲中其一的刘氏公会主办，参与者是所有各属会的会员。其活动项目从刚开展的五项，发展到现在的十余项综合性节目，其中包括艺术性比赛，如书法、绘画、演讲、讲故事等；也有体育项目的竞赛，如篮球、羽毛球、保龄球等球类比赛以及不同的趣味性户外运动。举办嘉年华在于凝聚各地的刘氏宗亲，增强宗亲们对宗族的认同。公会亦投身于华文报刊事业，1952 年刘会干宗长创办了《诗华日报》。到了 2002 年，刘会干宗长名下的启德行集团创办了新的华文报刊——《东方日报》，虽然创办时间比较短，但目前是西马成长最快速的日报。公会通过各种方式来支持当地华文教育事业的发展，公会主席刘本武指出：“已故拿督斯里会干宗长博士的三位公子，天猛公利民，拿督利康，利强，对教育及‘华文独中’不但出钱出力，还领导全砂华文独中，全马董联会独中的工作，为全国华文教育做出了积极贡献。”[②] 公会还积极投身于慈善福利事业，弘扬慈善文化。慈善福利活动面向居住国以及祖籍国。公会每年都会举办两项常年的慈善活动。第一项

---

① 《砂罗越彭城刘氏总会寻根问祖恳亲团代表团名册》，（马来西亚），第 4 页。

② 《关心教育慷慨解囊，刘利康捐 50 万刘氏教育基金》，资料来源：国际时报网址 http：//www. intimes. com. my/index. php/2013-09-08-02-08-40/item/17006-50。

是公会将内部的旧报纸变卖以及倡议成员捐款，其所筹得的款项都作为捐赠诗巫肾脏基金会的善款。另一项则是公会与砂罗越州其他的刘氏公会联合主办“爱心捐血运动”。公会的成员们都积极参加捐血运动，为当地国社会贡献出力量。这体现了中华文化中造福社会、回馈社会的传统美德。

（2）地缘（Geographical relationship）为邻里、乡党等关系，即通常所说的“小同乡”和“大同乡”。海外华人地缘性社团自带的中华文化特色决定了它们所组织的活动有助于中华文化的传播，传承与弘扬中华文化本身就是此类社团的功能之一，如新加坡福建会馆，在服务闽帮和华人社会的同时，新加坡福建会馆作为新加坡闽帮总机构和新加坡华人社会的领导团体，一直以来都以服务整个华人社会为己任，福建会馆十分重视通过兴学育才来传承与传播中华文化。由于新加坡在独立以后实行双语政策，压制华语和华族文化，英语成为莘莘学子的第一语言，华语式微。“随着年青一代汉语能力的下降，异族通婚的增加，以及人口结构的改变，社团的文化功能趋于衰落。因此，近几年来，有些社团不遗余力冀图强化其文化功能。”① 正如会馆现任主席黄祖耀在 2005 年三大庆典上的致辞所言：“虽然时代变迁，但是福建会馆的基本宗旨是不会改变的。我们将会继续支持教育事业，参与社会福利和公益活动，以及促进中华语言和文化发展。”当时在光华学校重建时亦注入了传播中华文化的理念：“在学校行政楼前学生集会的广场上，铺设了以易经六十四形组合的图案地砖，每一个图形代表一个中华文化的做人价值观。校方希望通过这些图形提高学生对中华文化的兴趣与学习，向学生灌输易经里的一些做人道理。”② 除了教育之外，在宗教活动上如具有宗教职能的天福宫在处理闽帮社会、经济、文化、教育事务的同时，也年年组织迎神赛会，将妈祖文化在这个远离闽南故土的地方传承下去并传播开来。今日在华族文化严重流失的现代新加坡，面对人们的不认同、社会的不理解，福建会馆仍坚持将中华文化继续传承下去，更加意义非凡而难能可贵。

（3）神缘（Religous relationship）如对关羽、诸葛亮、妈祖等的信

---

① 宋平：《承继与嬗变：当代菲律宾华人社团比较研究》，厦门大学出版社，1995，第 10 页。

② 新加坡福建会馆编纂《传灯》，《新加坡福建会馆会讯》1996 年第 10 期，第 3 页。

仰，供奉的神祇结合着的人群；出于加强帮群组织的团结，华人也抬出某个祖先或者神祇，以便用超自然的力量来加强对群体的控制，因此，神庙、宗祠往往和某一人群的社团机构相结合而产生和存在。[①] 海外华人宗教性团体多从事慈善性活动，得到当地社会的认可和支持。以马来西亚德教会紫登阁为例，“2004 年 11 月 28 日，哥打丁宜德教会紫登阁举办庆祝该阁成立 41 周年纪念典礼。在庆典上，紫登阁捐献 6000 林吉（马币）给当地育华华小作为建校基金；捐给当地培华华小、新哥打华小、马威华小、泰丰华小各 400 林吉，作为他们的活动基金；颁发贫寒子弟助学金 4200 林吉给当地各族小学生；以及为哥打丁宜老人院、哥打丁宜市区及乌鲁地南老人院施赠贫老”。[②] 海外华人宗教慈善社团在华人社群关系的整合以及华人融入当地社会的过程中发挥了重要作用。张禹东认为在东南亚“华人传统宗教是华人会馆、宗亲会、祠堂建立和运作的重要基础，也是华人社群关系整合的推动力量；华人传统宗教还是华人居住地种族和睦、社会和谐的重要促进因素”。[③] 海外华人宗教慈善社团传播中华文化的一些普遍性特点，比如传播内容多与宗教普世精神相关；对象起初多是宗教精神的信仰者，后来也存在向整个社会扩展的趋势；随着时代发展及其功能的扩展，呈现多样化的传播方式；宗教在华人社会的特殊地位和作用决定了宗教性社团传播中华文化效果比较明显、深入人心。

（4）业缘（Business relationship）为同学、同行之间的关系，他们有共同的利益和业务关系、有切磋和交流的需要和愿望，如同学会、学会、协会、研究会等，如菲律宾商联总会，其经济职能是商总的首要职能。在商总开展的一系列的经济活动中，中华文化的传播也在同步进行。如：“商务投资与考察活动，商总通过组建各种投资和商贸访问团到其他国家考察和访问，进而建立起商户对商户的关系，并以此为基础进入外国市

① 张禹东：《海外华人传统宗教的现代演变》，《世界宗教文化》2013 年第 1 期。

② 石沧金：《马来西亚华人社团研究》，中国华侨出版社，2005，第 93 页。

③ 张禹东：《海外华人传统宗教与社会和谐——以东南亚为例的观察和思考》，《华侨大学学报》2011 年第 3 期。

场。商总与许多国际商会和商贸团体建立起合作伙伴关系”①。20世纪60年代初，商总在华社倡导下成立了防火会及志愿消防队，“1976年3月1日创立的菲华志愿消防队总会是民间的自发组织，由创会时的5个会员单位发展到现在有30个分会，共拥有20多部紧急救护医疗车、140多部消防车、100多位专业医疗卫生人员、1500多名消防员。服务范围涵盖全菲各地，为当地人民提供每日24小时的义务服务。”② 中华文化中的“和”的思想和“追求正义”的思想在这里得到了良好的传播。20世纪60年代初，商总为菲律宾农村孩子修建校舍；另外，为了提高菲律宾本国学生在全球的竞争力，商总在1999年成立了华文教育委员会，大力支持华文教育；从2003年开始从中国聘请汉语志愿者教师，以提高本地教育的华语教学水平。商总还建立了菲律宾中国语言文化学院，为大众开设入门汉语、初级汉语、中级汉语和商务汉语等课程。为了挽救华校学生人数的减少，商总设立了“华校学生流失补助金”以援助那些天资聪颖但家境贫寒的华校学生。③ 商总已经超越了商业团体的范围，大力投身于社会工作，并且通过各项方案促进菲律宾人的福祉。而菲律宾商联总会更是中国文化和中国企业“走出去”与国际化的协助者。

（5）文缘（Culture relationship）诸如行会、协会、研究会之类的组织。20世纪80年代以来，各类华人社团逐渐向综合型、跨地区跨国型发展。同时，更注重弘扬中华文化。而马来西亚政府当局也需要华人社会的支持，在这种背景下，华人社会认为有必要成立一个专门性的文化机构，以弘扬华族文化，马来西亚砂拉越华族文化协会（以下简称砂华文协）即应运而生，砂华文协主要在资料搜集、书籍出版及活动举办三个方面进行文化传播，其中较偏重于学术的探讨与推广，弥补了过去华社所忽视的方面。不但向移居国的华人社会传播，也向他族进行文化传播，使华族文化与他族文化达到良好的沟通交流，从而为移居国本国文化的构建提供一种良好的互动。另外注重对年轻人的宣传，使文化传播更具连续性和传承性。如创会十周年纪念举办的“全砂中学生华族历史征文比赛”，以促进

① 《菲律宾商联总会60周年特刊》，第38页。

② 庄国土、陈华岳等：《菲律宾华人通史》，厦门大学出版社，2012，第704页。

③ 《菲律宾商联总会60周年特刊》，第40~43页。

中学生对砂拉越华族历史的认识和了解，并激发对历史研究及写作的兴趣。其征文的范围在于砂华族历史人物、先辈奋斗经历或功绩；砂华人历史古迹调查；砂华文地名或街名溯源；砂华人兴学办校史实等。并邀请相关研究学者田英成、房汉佳、钟月珠进行评审。[①] 除此之外，在出版书籍、收集资料和举办其他活动上，砂华文协也在尽力地扩大自身的影响力，不断推动华文教育，华校的建立，华族文化研究工作，宣传普及工作，发扬与鼓励华族传统音乐、舞蹈、美术、书法、绘图、雕刻、手工艺、武术、舞狮、舞龙等艺术活动。[②]

海外华人社区之所以会获得发展主要来自两种力量：一是华人文化的力量；二是华族的力量。海外华人地缘性社团对中华文化的传播取得了良好的效果，一方面共同的文化印记使在世界各地的华人对彼此都有一种天然的亲近感，这增强了华人社会内部的凝聚力和认同感；对中国在国际上影响力的提升有重要作用。此外，它们还通过中华文化这个纽带加强了华人所在国和祖籍国中国的联系与文化交流，促进中国与其他国家友好往来。血缘性社团自成立以来就将传播中华文化视为己任，如对中华文化的传播使海外华人社会的中华文化意识得以加强，并维护海外华社的中华文化传承，由从公会内的宗亲开始，进而逐步扩大到海外华社的整体，进而避免在中华文化的传承过程出现断层问题。另一方面，除了成功地维护海外华社内部的传承外，还成功地将对中华文化的传播范围从砂罗越扩展至马来西亚，进而扩展至世界各地，使世界各民族的人民可以更好、更充分地了解中华文化。由业缘组成的业缘性社团至今已有两百多年的历史，是海外华侨华人组建社团的联系纽带之一，它们关注本行业或专业的发展。伴随全球经济、商业、科技的发展，它们的联系日趋紧密。它们以民间传播中华文化的趋势越来越明显。目前海外华人社团有三大变化："主要表现在三个层面上的社团活动的全球化：经常性的与大规模的社团全球集会；永久性的国际社团组织的建立；最重要的，这些渠道与机构被广泛地

① 《砂拉越华族文化协会成立十周年纪念特辑》，砂拉越华族文化协会，2000，第 72 页。

② 《砂拉越华族文化协会成立十周年纪念特辑》，砂拉越华族文化协会，2000。

应用于促进海外华人之中及其与侨乡之间的商业与社会网络”,[1] 它们成为当今海外华人社团传播中华文化的新趋势。在传承和发扬中华文化方面亦是如此。而从海外华人宗教慈善社团的发展历程来看，其本身所具有的包容力、应变力和承载力，使得它们在面对新的国内外环境时多能够适时做出反应与调整，比如扩大慈善事业的范围，以适应当地社会；组织活动吸引青年人的加入，以扩充后备力量；对不适应于现实社会的宗教观念及仪式进行适度改良，朝着制度化方向发展等，这些调整对于海外华人宗教慈善社团更好地传播中华文化极为有利。此外，随着中国综合国力的增强，中华文化的国际影响力不断提高，海外社会的中华文化热也在不断升温，越来越多的外国人愿意了解和接受中华文化。上述为五种“缘”关系的中华文化社团传播中华文化的内涵，在海外随着时间的流变数量大大增加，分布更为广泛，功能日趋多元，组织更加复合多样，并随着时代发展展现新的活力。

长期以来，海外华人的当地意识不断强化，在本土化转型过程中，中华文化被不断赋予新的内容，随着中国经济的发展以及华族所在国和国际形势的发展，海外华人对于传承中华文化取得新的共识，各国华人、华社和华团对文化的传承和发扬既是对中华文化海外传播的贡献，同时又极大地丰富和发展了中华文化的内涵和外延，更保存了一部分在中国国内已经消失的传统文化。20 世纪 80 年代以来，华侨华人传统社团的宗旨、组织和活动方式与以往有了相当大的变化。新时期海外社团日益国际化，突破了原来狭隘的地缘、血缘性空间，成立了大区域、国际化、各行业的社团。其中以地缘、血缘为主的社团回国寻根热，成为这一时期海外华侨华人联系祖国的主要方式。海外华人社会的整体经济实力亦逐步增强，海外华商成为世界经济中的一支日益活跃的力量，中国新移民的大规模进入，不但为传统华社注入了新的活力，一定程度上引起传统华社结构的变化。

随着全球化趋势的日益增强，世界性华人社团的不断涌现，他们具有重亲情、重乡情、重经济、政治色彩淡化的特点，相应的，他们与侨乡关

① 刘宏：《中国—东南亚学：理论建构·互动模式·个案分析》，中国社会科学出版社，2000，第 242 页。

系也不仅仅局限在原来的市县界限，而是扩大到省甚至整个炎黄子孙的联谊。“世界华人协会”“广东同乡会”“广西同乡会”“福州十邑同乡总会”“海南乡团联谊会”“客属总会”（在网络上都可以查询到相关链接与官方网页）等都是其中的代表。随着新社团不断涌现，以新移民为主要成员的社团也陆续建立。新时代的华人社团作为联结海内外华人的纽带，成为传播中华文化的重要载体并起到了重要作用，海外华人社团通过地缘、血缘、业缘、神缘、物缘等因素组成的不同的方式将中华文化传播到移居地，其传播内容和传播效果上各有所差异，形成各具特色的中华文化传播方式。与此同时，随着全球化趋势的日益增强，华侨华人经济力量的增长，活动领域的拓展，交通通信更为便捷，其中，代表华人资本雄厚实力的东南亚地区华人企业经过转型升级，逐步摆脱亚洲金融危机的阴影，重现活力。

海外侨团由小团体走向大团体，联络更广泛的中外华人，华人社团传播中华文化的机制不断地进行自我调适，中华文化在传播的过程中与当地文化不断交流碰撞，并吸收融合，形成以中华文化价值观为核心、各具特色的和而不同的华族文化，在认同观念与实际社会关系上，建构起了“跨国华族”，从而有利于在传播中华文化的基础上，助力中国梦。

第五章　助力中国梦的价值意义

亨廷顿在《文明的冲突与世界秩序的重建》中指出，当代的中华文明正以类似的方式来建构：以汉族中国为核心，包括中国所属的但享有相当自治权的边远省份；法律上属于中国但很大一部分人口是由其他文明的非汉族人所构成的区域；……一个由华人占人口多数、越来越倾向于北京的国家（新加坡）；在泰国、越南、马来西亚、印度尼西亚和菲律宾有重大影响的华人居民；以及受中国儒教文化颇大影响的非华人社会（南北朝鲜、越南）。[①] 亨廷顿之观点虽有西方文化优越、故意孤立中华文化圈之嫌，但是其所描述的正是当前以中国为核心的东方文明区差序格局的现状。这是我们利用华人社团传播中华文化，实现中华文化圈复兴的重要现实。

第一节　“跨国华族”与中华文化价值观

一　“我群—他群”认同的普世规律

我们在前述的章节中已经开始在自觉、不自觉地运用文化人类学的“我群—他群”的概念。我群（we-group）亦称“内群”。一个人所属的相对他群或外群（非我所属的社会群体）而言的社会群体。其内部有着比较一致的生活、行为、观念、利益、秩序法律，而且对他群有一定的偏

① 〔美〕塞缪尔·亨廷顿：《文明的冲突与世界秩序的重建》，周琪等译，新华出版社，2010，第146页。

见。其最大的特点是具有我群意识和民族自我中心偏见。[①] 我群意识（we-group consciousness）亦称“内群意识”[②]。指一个群体中的团结感及一体性意识。从一群体中的成员的立场来看，这个群体是内群或我群。亚当斯认为，我群意识是从日常周期性接触中的亲缘、地缘、关联等类事实中产生出来的，它是一宗共同利益感，是友谊或经济需要的一种联系，也是心理上对于所在群体的依附和依赖。其还常表现为对其他社会群体的偏见和敌对意识。民族自我中心偏见，指的是一个群体中以我群为中心而对他群或外群产生的片面看法或见解。在文化人类学理论体系中，认同问题包括了我群认同和他群认同的相互对立、相互依存两个方面，认同内涵包括了政治认同、文化认同、利益认同、民族认同、国家认同等层面。

二　“跨国华族”的建构与中华文化价值观的共建和共享

1. 跨国华族的建构过程

同群感（we-feeling）亦称“我们感”，“是一种归属要求很强并具有排他性的群体情感”。[③] 它使群体成员感到相互之间休戚相关、利害相同，有共同的语言和共同的追求，感到温暖的集体之爱。在集体生活和集团之间的抗争与斗争中，同群感经常扮演重要的角色。同群感有助于促进成员之间的情感交流，能最大限度地密切相互关系，还能有利于及时消除各种影响团结的隐患，从而提高群体的内聚力和战斗力。以血缘、地缘、神缘、业缘、文缘等为纽带的华人社团共同建构了“跨国华族”。上述组建社团的纽带也就是海外华人之间的“同群感”。海外华人基于同族感而组建社团，并基于同族感的认同传播中华文化。华人社团传播中华文化的过程即是跨国华族建构的过程，与此同时，跨国华族的建构与发展推动了中华文化的传播，进而推动中华文化价值观的共建与共享。

海外华侨华人的总数约5000万，遍及世界五洲四海。海外华人社团的特点是横跨全球的不同时空、地域。海外华侨华人通常都能掌握两种以上语言，即所在地的语言和华文。因此，世界各地的侨界社团，不论他们

---

① 陈国强、石奕龙：《简明文化人类学词典》，浙江人民出版社，1990，第257~258页。

② 陈国强、石奕龙：《简明文化人类学词典》，浙江人民出版社，1990，第258页。

③ 陈国强、石奕龙：《简明文化人类学词典》，浙江人民出版社，1990，第191页。

所在地是何种语言，都会不遗余力地推动华文教育及中华传统文化的传播。由此可见，借助华人社团活动传播中华文化，加强华人社团建设、助力实现中华民族伟大复兴的中国梦是大有可为的。

随着经济全球化、区域一体化进程加速，跨国移民活动迅速增加，国家间的人员流动日益频繁。“海外华侨华人是一个特殊群体，华侨华人构成具有多层化、多样化和全球化的特征。”[①] 其中，多层化是指包括老华侨、华人、新移民三个层次，并因政治倾向不同形成互为交错的关系；多样化是指华侨华人的出身省籍、职业、学历和生活方式等的多样性；全球化是指华侨华人移民遍布、走向世界各地，加速了华侨华人资本的国际化进程。华侨华人身居异国，已经成为住在国的一般居民；他们的经济活动能否融入住在国，不仅关系到自身的生存与发展，而且对我国发展与住在国关系，甚至对国际经济关系将会产生重要的影响。

最早的侨团发轫于建立于海外的寺庙义山和秘密会社。“不少稍后建立的华侨会馆即直接以已有之寺庙为依托，而有的社团则在某些方面（诸如首领的称谓、入会仪式、组织建构等）借助于秘密会社。”[②] 从成立伊始，社团便是华人社会的重要支柱，是凝聚华侨华人力量，联络感情，在异国他乡求生存、谋发展，实现“落地生根”，融入当地社会的重要依托力量，也逐渐形成“跨国华族”雏形的发端。进入 19 世纪以后，华侨华人社团发展迅速，功能急剧扩充，从原先的单一的宗亲会组织发展到目前囊括了综合性社团、政治性社团、血缘性社团、地缘性社团、业缘性社团、文缘性社团、宗教慈善社团等。华侨华人社团从原有的、简单的同乡、同宗之间的互助互帮、祈神庇护、恤死送终等浅层次的社团运作状态，发展到现在形成功能广泛、专业性强、自治性高，几乎无所不包的各类专业性团体，社团生活成为海外华侨华人生活不可分割的一部分。以菲律宾为例，“一个华侨或华人就有可能参加数个甚至于十数个的华人社团”[③]。

---

① 李鸿阶、廖萌：《华侨华人与住在国经济融合发展研究》，《亚太经济》2009 年第 5 期。

② 李明欢：《当代海外华人社团研究》，厦门大学出版社，1995，第 29 页。

③ 朱东芹：《菲律宾华侨华人社团现状》，《华侨大学学报》（哲学社会科学版）2010 年第 2 期。

20 世纪五六十年代以后，海外华人社团在社团组织形态、经济机制、社团功能等方面也随之发生变化。海外华人社团的变化表现之一是海外华人社团的国际化趋势日益加强。海外华人社团因地缘、血缘、业缘等认同形态而开展全球性联谊活动、设立国际性的华人社团。尤其是在 20 世纪 70 年代末以来，中国改革开放政策的推行促使海外华人社团与祖籍国之间的联系日益密切。海外华人社团不仅在祖籍国举办国际性联谊集会，并与政府、民间机构开展经济、文化、社会等方面的合作项目。海外华人社团国际化趋势的日益加强，推动了跨国华族的建构与发展。

与此同时，当今是网络化时代，海外华人社团利用网络的力量加强华人社团之间的联系，并加强华人社团与移居国、祖籍国的互动。2011 年 3 月，在利比亚局势发生动荡后，“8 天时间内，中国从陆海空撤出华侨 36000 多人，在世界上轰动一时”。[①] 其中有一个细节，很少人会关注到，那就是当所有电话通讯全部被切断后，中国驻利大使馆、中资、私企机构等是如何准确完成护侨、撤侨任务的呢？那就是海外华人及其存在的网络，他们通过互联网与当地华侨华人保持联系，通过社团发布相关信息，及时将我国在利比亚的侨民安全撤回国内。因此，网络及“QQ 群”和“临时讨论组”等，在关键时刻起到连线搭桥的作用，让在利比亚的中国同胞得以跟外界联系。网络的全球性、直接性、全天候、高效率、低成本、方便性等特点，才使得它在海外华人群体中的作用愈显重要。

李明欢教授认为：“国际性华人社团的形成与发展，一是由于海外华人心灵深处对于同宗同文的归属感；二是华人经济适应时代潮流谋求跨国发展的客观需求，后者以前者为载体，形成了推动华人社团编制国际网络的持久而强大的动力。”[②] 笔者认为，跨国华族的建构与国际性华人社团的建立一样，是以海内外华人共同的文化归属为基础的。那么，跨国华族是以中华文化价值观为认同形态而建构起来的。

2. 跨国华族与中华文化价值观

价值观是基于人的一定的思维感官而做出的认知、理解、判断或

① 《新中国最大规模撤离海外公民行动赢得国际社会广泛赞誉》，中国共产党新闻网：http：//cpc. people. com. cn/GB/64093/82429/83083/14084629. html。

② 李明欢：《当代海外华人社团研究》，厦门大学出版社，1995，第 387 页。

抉择，也就是人认定事物、判定是非的一种思维或取向，从而体现出人、事、物一定的价值或作用；在阶级社会中，不同阶级有不同的价值观念。“价值观具有稳定性和持久性、历史性与选择性、主观性的特点。价值观对动机有导向的作用，同时反映人们的认知和需求状况。”① 任何一种思想在没有被绝对否认之前，这种思想所形成的视角、背景、判断以及它所述说的意义，都会有着一定程度上的客观价值所在，“这种思想的价值则在于它所被认可的程度和意义，就是人对于这种思想的理解感知，这是人性思维里最简单、也最真实的评定所在，这也就评定出一种思想是否伟大，而这种思想又是否可以成为价值观的由来。”②

而中华文化价值观，即中华文明体系价值观，其核心可以用“和谐”来概括。以家族血缘关系为纽带的生产组织形式，依靠协作性生产进入农耕文明，促进了中国先民和谐价值观的产生；以血缘、氏族为纽带，社会组织进一步发展，治理水患、兴修水利等社会公共工程客观上要求中国形成法制国家形式和“民为邦本，本固邦宁”的治国理念，和谐思想进一步深化；政治上的“大一统”，经济、文化的交流互补，中华民族的形成既是各民族相互依存、长期融合的结果，也进一步丰富、发展着和谐思想；宇宙万物是大化流行的整体，自然不仅是人类赖以生存的根本，而且有至善至美的品格，这种有情的宇宙观促进了中华文明“天人合一”与自然和谐相处价值观的形成。

当前，国际政经局势发生了巨大的变化。中国因改革开放的成功而崛起于东方，成为世界经济的焦点。中国在 20 世纪 90 年代中亚洲金融风暴期间所起的稳定作用（如确保人民币不贬值），使其成为影响东南亚地区经济表现的一股强大的力量。中国加入世界贸易组织，更对世界各国的经济发展起着举足轻重的作用。欧美投资家都希望进军中国，碍于对中国语言文化的隔阂，许多外国商家都必须依赖海外华人的语言文化优势，与中国接轨。无论是从国际还是从区域经济发展的角度审视，掌握汉语、了解中华文化都一时之间成了加强各国竞争力的重要条件。在全球性人口

① 《价值观》，百度百科：http：//baike. baidu. com/link？url = I9pJAr5tni5mdb36U52SKPdYLgCyh5AQOA5FzIK52OygB6u0H6ceRXLG37RExq4MBeM2gbRnVjZV66wlqLfnFq。

② 袁贵仁：《价值观的理论与实践》，北京师范大学出版社，2013，第 130 页。

迁移大潮中，中国居民因商务、求学和技术移民等因素的对外移民将继续增加；世界各国目前大多采取多元文化政策，对包括华侨华人在内的其他少数族裔群体，或予以扶持，或允许自由发展，或采取宽容态度等，都在客观上促进了海外华侨华人社团的发展。尤其是不断升温的全球汉语热助推新兴的华侨华人社团不断涌现，他们在中华文化价值观、东亚价值观、东方价值观以及中国梦、东亚梦的生成、发展以及实现过程中将发挥越来越重要的作用。

华文教育、华文媒体、世界华侨华人互联网络是跨国华族建构的重要载体，同时也是中华文化价值观共享和共建的重要途径。下文将从华文教育、华文媒体、世界华侨华人互联网络的发展现状与特征分析基础上，进而对促进中华文化价值观共享和共建提出相关对策。

（1）华文教育①

华文教育是面向广大华侨华人，尤其是华裔青少年这一庞大特殊群体开展的学习华文、传承中华文化、保持民族性的“留根工程”和“希望工程”，是延续海外华侨华人中华民族之根、中华文化之魂的基础性工程。近年来，随着中国政治地位的不断提高和经济持续高速发展，“汉语热”“中华文化热”持续升温，海外华侨华人对华文教育的需求迅速增长，华侨华人学习华文和中华文化的热情空前高涨，海外华文教育出现了喜人的局面。国务院侨务办公室原副主任马儒沛表示：“目前，华文教育正处于历史上的最好时期。”② 虽然如此，当今华文教育的发展还是存在不少的问题。

第一，缺乏文化产品符号，成为文化传播硬伤。当前中华文化还算不上强势文化，对于大批量外来文化的冲击，我们的应对能力往往显得十分脆弱。在诸多的情势下，我们的华文教育的正常发展经常被西方政客作为

① 主要参考于陈、荣岚：《全球化与本土化：东南亚华文教育发展策略研究》，厦门大学出版社，2007 年；孙浩良：《海外华文教育》，上海人民出版社，2007 年；张向前：《世界华文教育发展研究》，中国言实出版社，2010 年；王晓音：《对外汉语教师素质研究》，陕西师范大学博士学位论文，2013；刘华、程浩兵：《近年来海外华文教育发展的现状、问题及趋势》，《东南亚研究》2014 年第 2 期；等等。

② 《国务院副主任马儒沛委员：动员各界做好华文教育》，新华网：http：//news. jcrb. com/jxsw/201303/t20130311_ 1062987. html。

“文化入侵论”“软实力威胁论”“中国威胁论”等的借口。而英文在全世界“肆虐”几个世纪，我们却很少听到极大的负面评价。这从一个侧面映衬了中华文化对外传播的窘境：那就是我们目前还不具备向欧美、日本等国家和地区一样明显的本民族文化标签，例如美国大片的肆虐，日本动漫的大举入侵，韩国的肥皂剧充斥荧屏等，他们的文化传播阻力非常小，也很少作为西方政客的靶心。鉴此，中华文化一定要寻找更多能够代表中华符号的载体，通过这些载体将中华文化渗透各国的文教系统之中，使其在不知不觉中接受中华文化，产生与“哈韩”“哈日”同等的效应，形塑华文教育和国际汉语教育的良好国际形象。

第二，海外华文教育师资及管理型人才缺口较大。“当前中国华文教育和国际汉语教育的师资来源仍然多靠我国的汉语教师和汉语教学志愿者，这些师资都不甚稳定，他们都是1~2年、3~4年等阶段性海外教学，许多教师无法长久从事海外汉语教学工作，师资的来源无法稳定，更谈不上加大老人与新人之间的工作有效传承。”① 这也导致华文教育和国际汉语教育教师的日常工作多年来都始终在原地踏步，制度上的创新更无从谈起。另一方面，由于缺少管理、营运人员，对华文教育和国际汉语教育建设和推广始终无法创设一个新的局面，特别是在一些小语种国家，具有对外汉语教学管理经验的师资更加难找，许多人才始终都疲于应付教学，根本无法集中精力做好文化推广这一重任。因此，如何从制度建构方面提高华文教育的运作效率，使华文教育的发展具备良好制度保障显得十分迫切。

第三，华文教育教材陈旧、不统一甚至没有，华文教育模式过于单一。许多国家及地区的华文教育和国际汉语教育所使用的教材都非常陈旧，有的国家或地区甚至还在使用当年台湾所提供的繁体教材，有的华文教育课堂甚至连教材都没有。目前能算得上有双语教材的语种为数不多，质量参差不齐，严重影响了对外华文教育事业的科学发展。例如，在俄罗斯绝大多数高校使用的教材仍然为20世纪80年代俄罗斯汉语学家编写的教材，姑且不谈教材涉及的语法内容，单单从教材编写的年份来看，很多

---

① 王晓音：《对外汉语教师素质研究》，陕西师范大学博士学位论文，2013，第10页。

内容还停留在20世纪80年代，诸如“公社”“生产队”“游击队”这样的词汇，依然是现今广大俄罗斯学习汉语的学生必须背诵的，由此可见其质量的拙劣程度。

第四，各国华文教育发展不均衡、学制不一，有待进一步规范。“据了解，现在在亚洲各国的华文教育数量比较多，例如韩国的华文教育已基本饱和。但是在欧美国家，特别是在第三世界国家设立的华文教育还很少，学制更有待进一步规范。”① 有的国家华文教育和国际汉语教育的学分未获得学校或政府的承认，多处于选修课的状态，对学生没有吸引力；多数华文教育的教学主要采取业余培训和进修的方式，一部分华文教育进入所在国的大学或中学课程体系，但是，由于汉语课程只能短期修习，许多学生刚培养起兴趣之时，课程就结束了；甚至有的华文教育只能“沦落”到同一些当地的中文学校或者华人社团联合办学的地步，多数成为所在国私人教育培训机构的一小部分，面向的对象也仅是华人子弟。国家正规的华文教育“沦落”到私人教育机构的一部分，派出去的教师也成为名不副实的“打工者”，学制的规范性根本无法维系。当然，教师流动性过大、学生流动性过大同样对学制的规范起到了负面作用。因此，检视如何从制度建构方面加大国家对华文教育和国际华文教育事业发展的有效、良性干预，提高我国对外汉语教育的传播品质成为摆在我们面前的重要历史任务。

此外，诸如资金来源过于单一、硬件亟待补充、远程教学基础薄弱、漠视文化差异、学习者缺乏忠诚度等问题都严重制约着华文教育和国际汉语教育的良性发展。故此，探索对受众研究、独立运行、质量监控、年度评价、师资投入、盈利投资以及多方参与等制度化的设置研究，强有力地推进华文教育和国际汉语教育的科学发展，抢争中华文化软实力的国际话语权、推动中华文化价值观的国际传播显得具有十分重要的战略意义。为此，笔者对华文教育的发展促进中华文化价值观的共建和共享的基本对策提出以下观点。

① 刘华、程浩兵：《近年来海外华文教育发展的现状、问题及趋势》，《东南亚研究》2014年第2期。

首先，建立受众研究机制。受众研究是指华文教育和国际汉语教育传播如何更有效地把握所在国的学员及其特点，进而建立起一套研究所在国文化及其受众的制度体系，牢牢抓住所在国文化与中华文化差别性，加强对学员现况的研究，以提升中华文化的传播效率，深化中华文化对电影、动画、网络等普适性符号的浸润，为提高华文教育运作和国际汉语教育的针对性和有效性奠定基础。

其次，建立独立运行机制。一是提高华文教育和国际汉语教育办学的准入机制，构建华文教育和汉语教育办学工作的体系，严格按照酝酿、筹备、建设、成立、运作、监控、反馈等步骤，建立一套华文教育设立和运作的制度。二是完善教师准入制度，虽然目前师资仍然存在较大的缺口，但是，应该一开始将外语熟悉程度、普通话水平、教学能力水平等设置一定的制度标准，只有通过者才能执起教鞭，从一开始就致力于规范质量标准。三是构建汉语教材研发与推广工作及其认定（认证）制度，针对教材缺乏和教材参差不齐的情况，我们要尽早建立一套汉语教材研发和推广的工作认证制度，科学规划汉语教材，逐步提高教材质量。四是着重完善不同功能的华文教育会议工作机制及议事规则，如考虑华文教育地区联席会议科学（比如按语言地图）划分片区，增进共同语言的深入沟通、交流与合作等。五是总部理事会建立部分常务理事的专职制度，增加理事会会议次数，实行理事会重要决策的宣讲责任制度。六是华文教育年度大会在交流情况、分享经验的基础上，探索建立具有适度开放，保障知情权、参与权和表达权的高级代表议事机制与资深院长辩论制度，以推动华文教育和国际汉语教育的工作创新和质量政策研究。

再次，建立质量监督机制。当前华文教育有三种设立方式，即国内外机构合作、总部授权特许经营、总部直接投资。因此，笔者建议，第一，按照三种不同的设立运作模式，及时建立质量监控机制，在华文教育的筹备、建立和运作的过程中引入质量监控体系，有效地推进华文教育的运转质量的提升，有力地抬高华文教育的质量化管理水平。第二，在条件具备的国家，进一步引入该国的教学质量监督，有效提高质量监控的运作透明度尤其是华文教育和国际汉语教育的办学透明度，减少外国政客对华文教育和国际汉语教育的误解甚至污蔑。第三，加强与所在国教育机构的合作，争取华文教育和国际汉语教育的运作能够逐步上升到该国的国民教育序列之中，避免因华文教育和国际汉语教育身份无法“合法化”而遭到别有用心政客之无端质疑和攻击。第四，在前三者都基本能够达到的前提下，可逐步探索在对我友好、华文教育和国际汉语教育发展较好的国家推行国际化标准制度，为华文教育和国际汉语教育建设“穿上”合法的外衣，提高华文教育和国际汉语教育建设的国际化程度。

最后，建立多方参与机制。国家对外汉语教学领导小组办公室（以下简称国家汉办）是国家对外汉语教学领导小组下设的日常办事机构，是挂靠在教育部的司局级事业单位。但是仅靠教育部的参与是无法完成这样庞大的文化输出工程的。因此，我们要抢抓当前国际华文教育发展的重要战略机遇期，健全国内中央、地方两级教育行政部门在统筹国际汉语教育方面的组织领导体制、工作协调机制与投入保障机制，最重要的是完善两种资源统筹，避免内耗。一是推进国内华文教育资源统筹制度化。统筹教育部、文化部、外交部、商务部、国家旅游总局等中央机构和地方各级机构的职能，进一步理顺目前存在的类似于“大部制”+“战线指挥法”的管理体制、“赎买制”+“协商合作法”的工作机制，严格厘清各参与方的责、权、利，构筑稳定的投入保障制度，完善我国华文教育体制机制。二是推进国外华文教育资源统筹制度化。作为海外华文教育和国际汉语教育的主体和主导国，我们要充分发挥我国的华文教育资源优势，及时敦促和游说各国政府特别是教育主管部门加强对汉语教学相关行业和领域的政治责任和扶持意识，切实提高各国各类学校、文化企业、社会中介机构等文教传播组织参与共同作业的实际能力，将与各国政府、企业、高校、中介机构等的合作制度化，推进华文教育逐步进入各国国民教育的序列，取得合法的推广身份。

在此基础上，建设国际汉语教育学位培养点和教师培训基地、汉语教材国际发行接续区、汉语教学资源研发与推广基地，不断创设各国有序参与国际汉语教育的新途径，建构合理、有序、高效、双赢的国内外华文教育资源统筹制度。充分发挥资源统筹的制度话语权，调动各国教育机构与民间力量参与的积极性，把汉语言文化纳入国际公民教育课程和国际理解教育范畴，进一步形成具有国际范式的质量标准体系，形成传统对外汉语教学、战略性华文教育与新兴国际汉语教育协调发展的新格局。

（2）华文媒体

“国务院侨办最近调研显示，目前全球华侨华人超过6000万，其中华人占比近90%。海外华文媒体分布在61个国家和地区，总数达1019家，其中报纸390家、杂志221家、广播电台81家、电视台77家、网站250家。”[①] 东亚、北美地区是海外华文媒体重镇；大洋洲、中欧、西欧属新兴区域；南亚、拉美、东欧、北欧、非洲等地区数量较少。这种分布反映了华侨华人聚集情况和市场需求。

“1854年在美国旧金山一度出现的《金山日新录》，是世界上第一份具有现代报纸各种特征的华侨报纸。东南亚地区最早出现的华侨报纸，是1880年在新加坡创刊的《叻报》。”[②] 辛亥革命前后和两次世界大战之间，华侨报纸有两次大发展的高潮。第二次世界大战期间大部分停刊，战后又有一次大发展的高潮。除原有报纸纷纷复刊外，还出现了新加坡《南侨日报》、仰光《人民报》、曼谷《全民报》等一批新的华侨报纸。到20世纪50年代，有分布在25个国家和地区的华侨报纸125种，其中70%以上集中在东南亚地区。

华侨报纸向华文报纸转变在20世纪60年代以后，一些国家明确规定非本国籍公民不得办报；又因中华人民共和国政府在50年代宣布了海外华侨不拥有双重国籍的政策，因而在海外继续出版或创办的绝大多数中文报纸都成为由华裔公民出面注册的出版物，华侨报纸遂转变为华文报纸。60~70年代，由于国际关系的变化，一些东南亚国家中华文报刊已经绝迹。北美洲等地因为华人新移民大量涌入，华文报纸则有明显增加。

80年代华文报纸的地区分布同50年代已有不同，由东南亚地区占压倒优势变为集中在东南亚和北美洲两个地区。1986年，在亚洲、美洲、欧洲、非洲和大洋洲的25个国家中共有华文报刊350多种，其中日报68

---

① 《何亚非：海外华文媒体与中国梦》，中国共产党新闻网：http：//dangjian. people. com. cn/n/2015/1014/c117092-27696961. html。

② 《外国华文报纸》，中国百科网：http：//www. chinabaike. com/article/baike/1000/2008/200805111445127. html。

种，其余多为周报和期刊。

总体而言，自20世纪80年代以来，海外华文媒体的发展出现以下四种现象。

一是新移民类的海外华文媒体数量增加较快。20世纪80年代以来，大陆移居海外以及留学、务工等人数不断增加。由新移民创办的华文媒体数量快速增长。美国180多家华文媒体中，三分之一强为新移民所办。加拿大130家、澳大利亚60多家、日本40多家华文媒体中，占比均超七成。许多新移民是来自大城市的知识分子、专业人士，其创办的华文媒体不再局限于侨乡一草一木，而是更加关注中国整体经济社会发展，并大量采用来自中国的各种信息。

二是新媒体发展十分迅猛。“新媒体”有人称为第五媒体，即报刊、户外、广播、电视四大传统意义上的新型媒体，是指利用数字技术、网络技术和移动通信技术，通过互联网、宽带局域网、无线通信网和卫星或者新的软件技术等渠道，以电视、电脑和手机为主要输出终端，向用户提供视频、音频、语音数据、连线游戏、远程教育等集成信息和娱乐服务的所有新的传播手段或传播形式。

三是媒体向立体化、全天候、本土化发展。随着社交媒体、智能手机、平板电脑推动移动互联网浪潮方兴未艾，媒体传播开始朝向立体化发展趋势。近年来，华文媒体开始全天候传播趋势日益增强，日夜播放相关资讯，加强媒体的全天候发展速度。而且，华文媒体开始尝试以所在国语言作为传播媒介，与住在国主流媒体合作，本土化趋势明显。海外华文媒体集团化特点主要有两种情形：一是随着华人办报者经济实力增强而形成以报为主、同时出版多种刊物乃至运营多种媒体集团；二是港澳台地区报业集团向海外拓展，如台湾联合报系除在岛内发行《联合报》等，还在美国、加拿大、泰国、印尼等出版《世界日报》。大陆媒体也开始同海外华文媒体建立合作伙伴关系，共谋未来发展。

通过分析海外华文媒体发展历史、现状、结构和发展趋势，笔者认为，促使华文媒体的发展与中华文化价值观的共建和共享相结合主要有以下途径。

第一，世界华文媒体要积极应对新技术革命。近两年，全球各地的华文媒体积极应对新技术革命带来的冲击。就华文报刊发展态势来说，也呈现不均衡状态。香港报业由于香港整体经济在持续复苏，报业发展是稳定中趋好。澳门地区的报业也在稳定中发展。台湾报业由于受台湾经济发展动力不足等因素影响，尚未走出“严冬”季节。这两年除《“中央”日报》停刊之外，《中时晚报》《大成报》《台湾日报》《星报》和《民生报》也先后结束营业。

与西方强大的媒体集团相比，世界各地的华文媒体显得势单力薄，人们一直在呼吁和期待强大的华文媒体集团的出现。这两年来，华文媒体在联合、开展同业合作方面亦迈出新步伐。

马来西亚报业巨子张晓卿先生将其拥有的三大报业集团进行合并，在业界颇引人瞩目。2007 年 4 月，香港明报企业、马来西亚星洲媒体集团和南洋报业实行合并，旗下拥有香港《明报》、马来西亚《星洲日报》、《南洋商报》、《中国报》和《光明日报》，此外还有 20 多种杂志。对华文报业来说，这个举动是罕见的。张晓卿希望未来报业集团发展方向是从本土走向全球，从印刷媒体走向多媒体。除《明报》早已在香港、纽约出版外，《星洲日报》也在柬埔寨金边和印尼雅加达出版。

到目前为止，华文报业出现跨国或跨地区经营的媒体集团还有《世界日报》系、《星岛日报》系和《国际日报》系等。

在欧洲，华文媒体之间开展合作已取得一些成果。从 2005 年 2 月开始，法国《欧洲时报》与上海《新民晚报》合作出版《欧洲联合周报》，每期几十个版面，有关中国和上海的新闻版面及副刊由《新民晚报》负责编辑，有关欧洲和法国的当地新闻版面及侨社新闻由《欧洲时报》负责采编，国际新闻部分由两家根据实际情况共同承担。这种合作方式吸取两家优势，是真正意义上的强强联合。《欧洲联合周报》推出之后，受到读者好评，很快打开市场销路。为了更贴近欧洲各地华侨华人生活实际，《欧洲联合周报》又与欧洲各国的华文报纸进行合作，除了共同版面之外，还编排一些有关当地法律知识、移民政策和侨社方面的新闻版面。到目前为止，已同奥地利《欧华时报》、匈牙利《布达佩斯周报》、希腊《中希时报》、葡萄牙《葡华报》等成功合作，推出《欧洲联合周报》的奥地利版、匈牙利版、希腊版和葡萄牙版，真正实现了资源共享和优势互补。

在国际上，媒体之间开展合作的形式多种多样。据最新报道，澳大利亚联合新闻社已经开始为新西兰的 7 份报纸提供供版服务，有 45 名编辑为这项服务工作。中国新闻社是一家专门为海外华文媒体提供各项服务的新闻文化机构，从十几年前就开始为海外华文媒体提供版面服务。现在每天为海外十几家媒体提供几十个报纸版面的供版服务。中国新闻社希望与同业开展更多合作。

从世界不同地区华文媒体发展状况来看，由于新移民的不断加入，以新移民为主要读者对象的华文媒体呈现欣欣向荣态势。经济全球化、中国因素和新技术发展，是推动和影响世界各地华文媒体发展的三大因素。时移世易，综合考量，利好因素占主导地位，华文媒体的发展前景在总体上是乐观的。同时也要看到，在发展中也有隐忧。

第二，华文媒体话语权要增强。话语权是一个民族表达价值观和诉求的基本权利。近 30 年来，中国经济取得突飞猛进的发展，中国的声音在世界上越来越受到重视，但是面对西方几百年来形成的强势话语权，“西强我弱”的话语格局未获改变，海内外知识界、传媒界人士对改变中华民族话语权弱势地位的种种忧虑原因即在此。在信息时代，话语权却往往体现在以强大的媒体为基础的舆论能力方面。调查发现，来自中国、韩国和越南的移民非常依赖于从本民族语言媒体获取信息，即使可以很便捷地使用主流的英语媒体，他们还是喜欢本族语媒体提供的信息，需要靠本族语的媒体来表达自己的声音。华文媒体对华侨华人读者的影响和作用是巨大的。华文媒体是华侨华人获取资讯的重要来源，也是他们表达心声的重要平台。调查结果还说明，在国际舆论格局中，华文媒体是一支受到各方关注的、独特的舆论力量。

这两年来，世界各地华文媒体在提升话语权方面有明显进步。在报道中国方面新闻数量增多了，权威性增强了，在向读者传播中国和平发展信息和表达中华民族价值观方面取得新成果，尤其是在维护华侨华人合法权益方面，华文媒体更是尽职尽责。对世界各地涉及华人合法权益的重大事件，比如今年初，纽约一家电视台播出华人餐馆出售老鼠肉的镜头，严重损害中餐馆的声誉，事后证明有关报道是虚假的。当地华侨社团和华文媒体据理力争，表达华侨华人的心声，维护了华侨华人的合法权益。

华文媒体应该坚守新闻的基本理念，坚守新闻人的基本职责，对所报道的新闻事实必须坚持新闻人的专业判断。媒体首先要有公信力，才能具有真正的话语权。

第三，华文媒体肩负构建和谐侨社的社会责任。在推动构建一个“和睦相融、合作共赢、团结友爱、充满活力”的华侨华人社会方面，海外华文媒体大有可为，这也是海外华文媒体应尽的责任。首先，华文传媒应客观报道中国，发出准确的中国声音，让世界更好地了解中国，以消除部分西方媒体对中国的误读；其次，华文传媒应努力维护中国人移居海外的国际环境，促进海外侨胞与居住国人民和睦相处，更好地融入当地社会；最后，华文传媒应沟通两岸，促进中国和平统一；此外，华文传媒更需借助有利时机，做中华文化的传播者。

（3）世界华侨华人互联网络

在互联网时代，相对于上述华侨华人与侨乡依据实体媒介和人员往来而呈现出的联系样态，网络技术应使此种传统联系方式产生本质性的改变。网络在沟通华侨华人与侨乡的关系过程中，主要在三个方面起作用。首先，华侨华人通过网络了解国内及侨乡资讯。创办于 2003 年的中国侨网（www. chinaqw. com）是国内最大的侨务信息网站，另外，由侨务部门主办的地方侨务网站建立起侨乡与海外连接的信息平台。其次，华侨华人通过网络与亲人的情感联系。语言聊天与视频聊天使沟通更便利，乡愁被互联网消解，身在他乡，心系侨乡更有着落。再次，华侨华人建立的各种海外网络交流平台，如 Facebook、网络论坛等，其交流突破了血缘和地域限制，中文以及中国文化成为沟通的现实基础。从侨乡当地的角度而言，建立反映侨乡变化的网站，提供海外侨胞需要的侨乡讯息是当务之急。利用现代互联网技术在华侨华人与侨乡之间搭建一个崭新的互动平台，使海内外的亲情互动更为快捷、实效，进而突破“五缘”建构的联系模式，求同存异，寻求整体中华文化传统的共识，使“侨乡”情结超越狭小的地理空间制约，升格为共同的文化家园。基于此种理念，我们近年特别重视侨乡实体社会之调查研究，正试图将所得资讯数据化、网络化，以期构建“网络侨乡”，实现华侨华人与侨乡的跨时空联结。

在互联网时代，运用互联网技术推动中华文化价值观的国际传播是非常必要的。笔者认为，下列途径不仅推动跨国华族的建构，同时也推动中华文化价值观的共建与共享。第一，鼓励企业家投资华侨华人网站建设。鼓励我国海外华商企业家参与互联网环境的建设。第二，开展让中老年人跟上时代步伐的教育培训。在侨团当中举办各类培训班，以丰富老年侨友的退休生活。通过举办电脑网络培训班，让他们学习互联网知识及其应用。正确引导他们上网浏览网页，遨游知识的海洋，汲取有益的养分。学习网络视频语音会话，与远方的亲友聊天，通过良性的交流互动方式，对老年人的身心健康大有裨益。第三，规范网站建设和信息的准确性。网站建设是一门科学，是一项系统工程，需要有一个得力的团队，既分工又合作。要有网站策划人员，不断推陈出新；网页设计人员，要懂美工、Flash 动画设计；网管要负责日常的维护管理，对留言、评论进行回复；要有一个写作班子，不断充实各类稿件，一个摄影班子，不断输送图片报道和摄影作品，这样的网站才有活力。吸引缅华企业参与网站建设，通过企业广告宣传收入，作为网站的维护成本，才能维持网站的正常运作。社团借助有关网站发布信息时，要注意内容的准确性，新闻报道要实事求是，不能弄虚作假。在得知信息来源不可靠时，网站应即时纠正或删除，并做出解释和发布信息单位的公开道歉。以维护网站的形象，提高网站的可信度。为杜绝错误信息的发生，要建立新闻稿件的审查制度，由社团领导和网站负责人负责。第四，应对传统华人社团日渐萎缩问题。要正视传统华人社团老龄化产生的一系列问题，将其列入社团的议事日程，并寻求应对办法。海内华人社团都有悠久的历史，它们在各个历史时期对国家和祖籍国的经济建设，祖国的和平统一，发挥了积极的作用。如今，传统华人社团的主要领导成员已经步入老年人的行列，为让社团薪火相传，要注意吸收年轻的优秀人才。我们相信，吸收了年轻的一代之后，海外华人社团的发展，将会产生新的飞跃。

第二节　中华文化价值观国际影响的逐步扩展

一　中华文化价值观的“差序格局”

在费孝通的学术遗产中，影响最大的莫过于“差序格局”。几十年来，社会学、人类学、心理学等学科围绕差序格局进行了大量的理论诠释。第一种诠释模式是在自我主义层面理解差序格局并对之进行了延伸性解读。代表性的观点有黄光国的“人情与面子”模型、孙立平的“稀缺资源配置论”、阎云翔的“差序人格论”、翟学伟的“权力再生产论”等。[①] 第二种诠释模式是将自我主义作为费孝通的思想局限予以批评性解读。吴飞在比较差序格局和丧服制度的基础上指出，费孝通从自我主义的角度看待差序格局不仅对儒家伦理的解读出现偏差而且无法有效解释己身与家庭、家国天下的关系。[②] 潘建雷、何雯雯指出费孝通将差序格局中的“己”定位为自我主义者则不能解释乡土社会的人心与社会结构如何实现一种统合的秩序。[③] 可以认为，文化传统与现代化的问题是费孝通的终身关怀，而差序格局则凝聚了他对这一问题的深入、持续的思考。[④]

以“差序格局”为中心概念，费孝通概括了乡土中国（即传统中国社会）的主要特征，如：(1) 血缘关系之重要性，(2) 公私、群己关系的相对性，(3) 自我中心的伦理价值观，(4) 礼治秩序，即利用传统的人际关系与伦理维持社会秩序，(5) 长老统治的政治机制。

费孝通于 1947 年首次提出差序格局正值中西文化论辩方兴未艾之际。在费孝通看来，西方的社会结构是团体格局。“西洋的社会有些像我们在田里捆柴，几根稻草束成一把，几把束成一捆，几捆束成一挑。每一根柴在整个挑里都是属于一定的捆、扎、把。每一根柴也可以找到同把、同扎、同捆的柴，分扎得清楚不会乱的。在社会，这些单位就是团体……我们不妨称之为团体格局。”[⑤] 与之相比，“我们的社会结构本身和西洋的格局是不相同的，我们的格局不是一捆一捆扎清楚的柴，而是好像把一块石

---

① 黄光国、胡先缙等：《面子：中国人的权力游戏》，中国人民大学出版社，2004；孙立平：《“关系”、社会关系与社会结构》，《社会学研究》1996 年第 5 期；阎云翔：《差序格局与中国文化的等级观》，《社会学研究》2006 年第 4 期；翟学伟：《人情、面子与权力的再生产》，《社会学研究》2004 年第 5 期。

② 吴飞：《从丧服制度看“差序格局”——对一个经典概念的再反思》，《开放时代》2011 年第 1 期。

③ 潘建雷、何雯雯：《差序格局、礼与社会人格——再读〈乡土中国〉》，《中国农业大学学报》（社会科学版）2010 年第 1 期。

④ 陈占江：《差序格局与中国文化二重性》，《云南社会科学》2015 年第 3 期。

⑤ 费孝通：《乡土中国》，生活·读书·新知三联书店，1985，第 22 页。

头丢在水面上所发生的一圈圈推出去的波纹。每个人都是他社会影响所推出去的圈子的中心。”① “一圈圈推出去，愈推愈远，也愈推愈薄。”② 这是东西方社会的根本差别所在。循费老之观点，传承、传播中华文化价值观的中国及海外华人社会正是处于东亚文化圈的核心，而东方社会与西方社会的重要区别正是在于其固有的差序格局所形成的以中华文化为核心延伸出了东方文明区，因此以中华文化价值观为核心的东方价值观有着与西方社会价值观不同的主张。而虽然如此，遵循着和而不同的价值理念，中国社会、华人社会仍然有望在国际社会中，建立起更为宽泛的价值观共同体。换言之，中华文化价值观可以在国际社会中，建立起同心圆的推展模式。

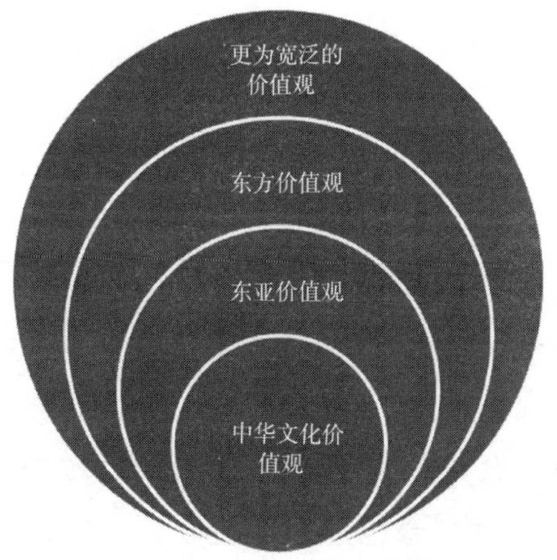

图 37　中华文化价值观推展模式

二　中华文化价值观的同心圆推展模式

1. 中华文化价值观

上文已对中华文化价值观的内涵与发展进行了分析，并就华文教育、华文媒体、世界华侨华人互联网络等重要载体对中华文化价值观的共建与共享的作用进行了一定的分析与阐述。要之，笔者认为，海外华人对推动

① 费孝通：《乡土中国》，生活·读书·新知三联书店，1998，第 25 页。

② 费孝通：《乡土中国》，生活·读书·新知三联书店，1998，第 25 页。

中华文化价值观同心圆推展模式的运行主要有以下途径。

第一，积极融入居住地，寻求共同的文化价值观。华人社团主动抛弃自我孤立心态，积极融入当地主流社会，踊跃地参政议政，勇敢地捍卫和争取自己正当的、合法的权益。在服务、贡献住在国经济的过程中，要大力发展自己的事业、实现和提升自身价值，寻求我群与他群文化价值观的衔接点，用礼貌的语言、充满魅力的文化文字、良好的族群形象以及行为习惯影响他群。

第二，促进华侨华人社团联合，凝聚华侨华人力量。华侨华人社团多样化，实现新、老社团交替和共同发展是必然的发展趋势。由于各自取向不同，在一些国家和地区，存在华侨华人社团各自为政、互不往来和缺乏团结协作等情况，与谋求华社的共同利益很不适应。要改善华人社团的结构特点，积极吸收华裔新生代和新华侨华人加入，为华社注入新鲜血液，打破“各自为政”局面，做到取长补短、互相提携、共同发展，为华族的整体利益，谋求华社的长期生存与发展服务。

第三，强化华侨华人群体与居住地政府、居住地族群交流沟通协作。华侨华人社团活动是在住在国进行的，必须遵守当地的法律法规约束，努力促进社会和谐发展，以赢得当地政府和民众的支持。当前，要加强与住在国政府，尤其是移民、警察、税务、卫生、就业、保险等相关部门联系，通过建立“绿色通道”机制，保持定期沟通，减少华社与住在国的经济矛盾与误会，真正做到防患于未然。与此同时，要加强与住在国的其他族裔、移民团体的联系协作，共同争取移民的正当、合法权益。

第四，提升华侨华人社团的活动空间。随着世界经济全球化，华人经济多元化发展，华侨华人的社团活动已经冲破地域限制，日益走向国际化，各种国际性的华人社团活动蓬勃发展。然而，社团活动离不开经济支持，华侨华人的经济状况越好，经济基础越稳固，华人社团就越有条件开展各种有益活动，就有较强的吸引力和号召力。因此，华人社团活动应增加经济合作内容，共同探讨区域经济发展趋势，促进相互合作，增强华人社团新的活力。

第五，全力推进全世界华文学校建设，加强对周边国家和地区的华文学校支持力度。华文教育是对海外华侨华人及其子女实施的以汉语教学为主体，以传承和发扬中华文化为目的的教育，是中华民族在海外的“留根工程”“希望工程”。在许多海外的华侨华人看来，华文教育是学习中华民族语言、传承和弘扬中华文化、保持中华民族特质的主要形式，维系着华侨华人对中华民族的归属感和对祖籍国的认同感。因此，建设面向东亚辐射的华文学校体系，发挥好我国与东亚乃至于亚洲各国的地缘相近、人缘相亲、商缘相通、文缘相融的优势，全方位开展华文学校建设工作。在人文交流和公共外交领域，做好周边国家的华文教育工作具有重要的战略意义。开展华文教育，不只限于语言功能的传授，还要将语言文字的学习与文化传承有机地结合起来，使受教育者在学习语言的过程中，了解和发扬中华民族优秀的传统文化。

第六，加大华文媒体舆论引导力，加强对中华文化价值观的输出量。在全球经济一体化、文化多元化的时代背景下，海外华文媒体承载着促进所在国与中国经济、文化交流的重要历史使命，同时也发挥着影响、引导华人社会与主流社会一同发展这样一种特殊的功能。因为不同文化的碰撞、不同生活方式的共存肯定会产生摩擦，华文媒体在此刻就应该以自己的语言去诠释现象，分析本质，使之产生化解矛盾、产生共鸣的功效。据意大利《欧联时报》报道，近年来，特别是改革开放以后，海外华人社会发展迅猛，随着海外华人社会经济实力的不断增强，以纸媒和网媒为载体的华文媒体异军突起，改变了社会的舆论，使舆论环境和舆论格局发生了深刻变化。在新的历史环境下，如何提高海外华文媒体的舆论引导能力，使华文媒体真正摆脱质略和低俗，在宣传祖国、服务华人阵地上，形成正面舆论的强势。这既是海外华文媒体的历史使命和社会责任，也是华文媒体面临的挑战。华文媒体要提高舆论引导能力，形成正面舆论强势。加强与大陆主流媒体的合作，不失为一条捷径。以《欧联时报》为例，2007 年 9 月，欧联时报正式与《人民日报》（海外版）签署协议，成为《人民日报》（海外版）的合作伙伴；2007 年 10 月经中国新闻社正式批准，《欧联时报》改由中新社浙江分社和意大利欧联报业集团联合出版发行。2007年《欧联时报》在与中央电视台华人世界的合作中，通过两媒体的通力合作，使身患绝症弥留在异国他乡的天津籍侨胞王凤清成功回到了祖国，回到了家乡，圆了一位普通弱势侨民的回家梦。应该说，“海外华文媒体作为特殊群体的社会舆论工具，同样具有反映舆论和引导舆论的功能，肩负着宣传祖国的重责，同时也是祖国政府和侨民的桥梁与纽带。”①

第七，构筑新型华侨华人网络。要充分运用好“互联网+”“大数据”等技术，开发华侨华人社团文化传播的二维码、微信公众号、微博及客户端等丰富、便捷的形式，搭建社团建设的数字化平台，加大以“血缘、地缘、神缘、业缘、文缘、尚缘”为纽带的华族各类社团的开发、利用和宣传力度，通过网络化、数字化实施传播中华文化价值观。

2. 东亚价值观

东亚价值观是东亚地区的居民在长期的历史发展中形成的价值理念、价值理想、价值标准和价值取向的综合体系，其主要特色是注重和谐，这种特质在全球化的大背景下促进了东亚价值观的重建，启发了全球的普遍价值追求。② 一直以来，东亚文化具有很强的包容性，吸收了各民族的优秀文化，它本身具有延续性和创新能力，发展成有自己特色的文化体系。东亚价值观的核心，在于以汉字文化圈或儒家文化圈为形式的中华文化价值观，而其推展则跨越了广阔的时空范围，是东亚各民族共同参与创建的人类独特价值形态之一。

鸦片战争以来，尤其是“二战”中，东亚价值观受到日本军国主义的蹂躏。在“二战”后的现代化和全球化席卷下，东亚价值观不断受到矮化，一直处在较为弱势的地位。尤其是经济发展向西方看齐，政治民主向西方看齐，文化发展向西方看齐，价值观也向西方看齐，鸦片战争以来，随着东亚发展失落，东亚各国对自身的经济、政治、文化以及价值观等进行了全面的反思。在相当长的一段时期内，整体的颠覆自身

① 方曼青、谢培康：《舆论引导能力，必然有市场影响力——海外华文媒体应致力于提升舆论引导能力》，第四届世界华文传媒论坛，中国成都，2007年9月。

② 沈林：《东亚价值观内涵发展现代意义》，《人民论坛》2013年第11期。

情况也时有发生。例如日本的明治维新、中国的五四运动等，都不可避免地对作为东亚核心的价值传统和其所归属的文明进行全方面的批判和改造。而东方价值传统的尊严、地位及作用深深受到东亚广大知识分子的怀疑。

随着亚洲经济的腾飞，尤其是亚洲四小龙的迅猛发展，经济的振兴随之而来的是对自身社会发展的反思，并带来了东亚价值观的苏醒和加深了对西方价值观的怀疑。经过一段动荡的历史进路，人们逐渐意识到，西方现代文化不是世界文化的唯一归属，西方现代价值观不能寄托人类对于现实和未来的精神期盼。“工业化对生态系统的大规模破坏，商业化对精神生活的深层次侵蚀，民主化过程中的独断专行，工具理性对价值理性的无情蔑视等等，无不是西方文化影响下的全球社会面临困境的征兆。”[①] 基于类似的种种反思，“全球多元化”的观点在近年来逐步占据了“欧洲中心论”的领地，成为推动时代前进的洪流。这种“多元化”有着并行不悖的两翼：“从经济上讲，是全球一体化与地区集团化的同步发展；从价值观上讲，则是全球价值的认同和本土价值观的复兴。”[②] 儒家思想是东亚价值观的观念基础和思想资源，近年来对东亚价值观关注的原动力主要来自于东亚儒家传统的复活。借助于东亚价值观的复兴，能够更进一步推展出东方价值观的认同。连亨廷顿也不得不承认，“东亚的经济越来越以中国为中心，以华人为主导。”[③]

笔者认为，东亚价值观主要有以下三个方面的特征。首先，东亚价值观的主体性。东亚价值观的主体性充分展现在东亚各国的独立和自主意识之中，激扬着东亚自主的精神。从“二战”后的民族独立浪潮中，东亚的主体性开始确定。因此，东亚价值观的当代重构，将帮助东亚各国国家重新认识自身价值传统，离开对西方价值观和发展思路的路径依赖，科学地对待自身及世界各国的先进文化。而且这种共识已经在东亚文化圈越来越浓厚。马来西亚前总理马哈蒂尔认为，这些共同性提供了合作的基础，

① 张立文：《和合哲学论》，人民出版社，2004，第 78 页。

② 孙英春：《东亚传统的当代呈现与东亚价值观重构》，《教学与研究》2007 年第 2 期。

③ 塞缪尔·亨廷顿：《文明的冲突与世界秩序的重建》，周琪等译，新华出版社，2010，第 148 页。

并促进了在此基础之上的东亚经济核心论坛的形成。马哈蒂尔论证说，东亚经济核心论坛植根于共同的文化，它不应因设在东亚“就被仅仅看作是一个地缘性集团，它也应被看作一个文化集团”。[①] 近年来，东亚一些知识分子秉持着对东亚儒家传统的强烈自信，甚至呼吁将反映东亚特有的地理方位和历史文化方位的东亚价值观作为21世纪世界文化主流的方案，呼吁东亚国家要在维护东亚文化传统、保护文化遗产、传播东亚文化和价值观方面加强合作，并且要向青年一代灌输东亚认同感和自豪感。[②]

其次，东亚价值观的包容性。传统的东亚价值观是以中国传统文化为基础而形成的东亚地区普遍认同的价值观念，受到儒家、佛教、道教等思想的深刻影响，注重独立和谐、共生共赢、尊义重利，既强调社会整体利益也呼吁积极入世，提倡参与集体的福利、教育，奉行工作伦理和克勤克俭的生活信条。自20世纪70年代以来，除了为世人瞩目的经济成就之外，东亚传统中强调包容性、注重人类与自然和谐共处、人类活动应理性而节制、崇尚精神价值及稳定和平的核心价值已经显示了极大的生命力和影响力——即使这些特征并没有以同一的形式存在，但它们已与以工业体系为制度特征、以工业化精神为核心价值的西方现代文化形成了鲜明的对照，为“东亚模式”的形成与完善提供着重要的价值支撑。

最后，东亚价值观的忧患性。东亚价值观也蕴含“天下为公”“先天下之忧而忧，后天下之乐而乐”“老吾老以及人之老，幼吾幼以及人之幼”等忧患思想，本身立位于世界甚至与宇宙的范畴来审视人类社会发展进步，本出场、在场之视野远远高于西方的价值主张。面对新世纪以来，由于资本主义发展所带来的全球性危机，诸如地区冲突、霸权主义、强权政治、环境污染、恐怖主义、新型传染疾病等，这些问题是西方价值观所无法完全应对和回答的。正是东方价值观的忧患性可以很大程度上消弭当前世界发展中的诸多难题包括东方社会所遇到的种种问题。

所谓共同体，“一般是指人与人之间的关系不以商品（交换）这样的

① 塞缪尔·亨廷顿：《文明的冲突与世界秩序的重建》，周琪等译，新华出版社，2010，第112页。

② 孙英春：《东亚传统的当代呈现与东亚价值观重构》，《教学与研究》2007年第2期。

外物为媒介，而是以直接的（人格的）纽带连接起来的社会或者社会关系。”[①] 中国、日本、韩国等东亚国家在历史、地理、文化上是紧密相连。在世界全球化与区域一体化的进程加速的推动下，从 2008 年底，中国、日本、韩国三国首脑首次正式进行三方会谈，对中日韩三国的合作机制制定议程，通过几次会议后形成了一系列的合作。然而，“相对于欧洲一体化的成功，东亚共同体的构建却要艰难得多，主要原因之一就在于目前东亚各国缺乏文化上的认同。如果要想成功地实现东亚共同体的构建，文化认同是各国需要共同努力解决的一个重要问题”。[②] 因此，推动以中华文明为核心的中华文化价值观的同心圆推展模式的发展，进而推动东亚价值观的形成与发展，则对促进东亚共同体的发展具有非常重要的作用。

3. 东方价值观

西方价值观的主张为自我满足而奋斗的精神，西方价值观主张最大程度的个性张扬，强调集体必须为维护个人利益服务，集体、社会服从于个人的生存发展，注重独立自主地发挥个人潜力，强化个人权利意识，个人主义是一切行为的基本准则，自我实现则是西方价值观中人的最高需求和目的，独立自主则是实现自我的最有效手段，人权神圣不可侵犯，是实现自我的保障。而与之相比较，以中华文化价值观—东亚价值观为主体的东方价值观则崇尚的是和合精神，崇尚的是集体本位或者社会本位，认为个人要服从、服务于社会或集体的发展。从儒家的主张就可以看出人的作为最大者莫过于实现从政的抱负：齐家、治国、平天下。中华民族自古就注重和谐，在人与自然的关系上崇尚天人合一、人与自然和谐相处；在人与人的关系上，强调以和为贵、与人为善；在国家之间的关系上，主张亲仁善邻、协和万邦。因此，西方价值观以人为本，讲究个人自由、个人奋斗、个人才干，讲究社会平等、民主和民权。而东方价值观讲究的是为人的道德观念和集体观念及无私奉献精神。

儒家思想是东亚价值观的观念基础和思想资源，近年来对东亚价值观关注的原动力主要来自于东亚儒家传统的复活。全球视野下的东方价值观

---

① 〔韩〕白永瑞：《走向东亚共同体之路——七个相关问题意识》，朱霞译，《延边大学学报》（社会科学版）2013 年第 5 期。

② 邵亚楼：《文化认同与东亚共同体的构建》，《宁波广播电视大学学报》2007 年第 4 期。

具有东方意识，充分肯定多元性，主张文明间的相互理解、相互尊重、积极交往，文明间的对话、宽容和谐。东方价值观有民族文化的底蕴，是国民所接受的共同观念，是长期积淀的产物。全球时代的东方价值观是先进文化的精髓，决定着东方各国社会发展的方向。我们要以全球价值视野阐释东方天人合一、科学信仰、民主自由、和合忠孝的核心价值观，分析东方价值观的内涵与实质。

因此，东方价值观主要有四大特征：一是东方价值观的强烈东方意识；二是东方价值观充分肯定了世界文明及其发展多元性；三是东方价值观主张文明间的相互理解、相互尊重、积极交往；四是东方价值观主张文明间的对话、宽容和谐。

4. 国际关系中更宽泛的价值共同体的建构与价值观的提炼：中国梦、东亚梦

中国梦，是中国共产党第十八次全国代表大会召开以来，习近平总书记所提出的重要指导思想和重要执政理念。2012 年 11 月 29 日，在国家博物馆，中共中央总书记习近平在参观“复兴之路”展览时，第一次阐释了“中国梦”的概念。他说：“现在大家都在讨论中国梦。我以为，实现中华民族伟大复兴，就是中华民族近代以来最伟大的梦想。”① 他称，到中国共产党成立 100 年时全面建成小康社会的目标一定能实现，到新中国成立 100 年时建成富强民主文明和谐的社会主义现代化国家的目标一定能实现，中华民族伟大复兴的梦想一定能实现。习总书记把“中国梦”定义为“实现中华民族伟大复兴，就是中华民族近代以来最伟大的梦想”，并且表示这个梦“一定能实现”。“中国梦”的核心目标也可以概括为“两个一百年”的目标，也就是：到 2021 年中国共产党成立 100 周年和 2049 年中华人民共和国成立 100 周年时，逐步并最终顺利实现中华民族的伟大复兴，具体表现是国家富强、民族振兴、人民幸福，实现途径是走中国特色的社会主义道路、坚持中国特色社会主义理论体系、弘扬民族精神、凝聚中国力量，实施手段是政治、经济、文化、社会、生态文明五

① 《习近平在参观〈复兴之路〉展览时的讲话》，中国共产党新闻网：http：//cpc. people. com. cn/xuexi/n/2015/0717/c397563-27322292. html。

位一体建设。

东亚梦，顾名思义，则是东亚国家的共同梦想，是东亚国家共同利益的所在，东亚梦并不能由单一国家一手实现，而必须由东亚各个国家共同努力，齐头并进，缺一不可。而促使东亚梦的实现的关键在于上述所提及的东亚命运共同体的建构。自 2008 年以来，东亚各个国家已意识到东亚命运共同体的建构的重要性，并逐步建立起东亚各个国家之间的合作交流机制，如 APEC 会议、东亚领导人系列峰会、国家间的会谈与互访等。韩国前外长尹炳世对中韩两国如何合作实现东亚梦问题曾表示："现在韩中两国元首比过去任何一个时期，比世界上任何一个国家都要经常见面并交流。正如王毅部长所说，韩中两国元首认为访问对方国家就像走亲戚，探朋友一样，非常方便。让我们连接韩国梦和中国梦，为了实现东北亚的新梦想，需要我们共同努力。"①

推动中日韩三国的合作是实现"东亚共同体"目标的关键所在。"原因不仅在于韩中日三国经济占整个东亚地区经济的比重较大、对世界的影响力极为重要，还在于韩中日三国间开展经济合作的难度较大。"② 中日韩三国由于历史问题、领土纷争、政治制度差异以及美国的干预等因素，"东亚一体化渐行渐远"③。笔者认为，尽管东亚共同体的建构存在诸多障碍，但作为世界最大的发展中国家以及世界第二大经济体的中国应努力寻求和创造与东亚各国家的合作交流的机会，实现自身的中国梦的同时，通过与东亚各国家"共同塑造和拓展利益、维护东盟的主导地位、提升中日韩的合作水平、妥善处理美国的因素"④，进而将东亚各国家的梦想汇聚成"东亚梦"。

① 《韩国外长：实现东亚梦，需连接韩国梦和中国梦》，环球网：http://oversea. huanqiu. com/breaking-comment/2014-06/5019296. html。

② 〔韩〕具天书：《"东亚共同体"建设的障碍与出路：韩国的视角》，《当代亚太》2012 年第 1 期。

③ 《东亚一体化渐行渐远》，中国金融新闻网：http://www. financialnews. com. cn/gj/gjyw/201411/t20141115_ 66135. html。

④ 朱佳志：《东亚共同体的构建及中国的战略应对》，吉林大学硕士学位论文，2011，第 22~28 页。

第三节 中华文化软实力的提升与中华民族伟大复兴的逐步实现

一 中华文化传播的核心目标：中华文化价值观推展与中华文化软实力的提升

“软实力”（soft power）这个术语最早是由美国哈佛大学教授约瑟夫·奈提出来的。他认为：“一个国家的综合国力，既包括由经济、科技、军事实力等所体现出来的‘硬实力’，也包括以文化和价值观念、社会制度、发展模式、生活方式、意识形态等的吸引力所体现出来的‘软实力’。”① 约瑟夫·奈认为“一个国家的软实力主要存在于三种资源中：第一，它的文化，即对其他国家和人民具有吸引力的文化；第二，它的政治价值观，特别是当这个国家在国内外努力实践这些价值观时；第三，它的外交政策，但这些外交政策需被认为合法且具有道德权威。”②

软实力在本质上讲是一种文化认同，也就是文化价值的认同，就是一种同化的力量，是让别人接受自己观念的一种力量。软实力因为是观念同化的一种力量，因此最主要的是得到别人的认可。而增加宣传、控制媒体只是单方面的愿望，别人能不能够接受，最主要的是看观念是否正确。而即使推行的观念正确，推行者自己却违背这种观念准则，“挂羊头卖狗肉”，自然不能让人接受，而且还会引发别人的反感。

软实力既然是一种文化认同，那观念的认同就是根本，因此观念本身的正确性就显得十分重要，只有好的观念或者好的经验人们才会欣然接受和吸收。

为什么很多美国的政治家和战略家认为中国的潜在的软实力十分强大，一直十分惧怕中国的和平崛起，就是因为中国是拥有五千多年悠久的

① 约瑟夫·奈：《软实力：权力，从硬实力到软实力》，马娟娟等译，中信出版社，2013，第 8 页。

② 约瑟夫·奈：《软实力：权力，从硬实力到软实力》，马娟娟等译，中信出版社，2013，第 16 页。

发展历史的国度，这个以中国为核心的中华文化圈里从古至今就确立了诸多的正确理念性——中华文化价值观，从世界视野反观这些理念性的价值观，全世界各个国家和地区的人民都乐于接受。因此，通过差序格局的推展，是可以呈现“涟漪式”的“中华文化价值观—东亚价值观—东方价值观—国际关系中更宽泛的价值共同体”的建构与价值观的提炼，通过中华文化价值观延伸出东亚价值观，从东亚各国出发赢得广泛的发展共识，通过东亚价值观延伸出的东方价值观，以中华文化圈为核心的东方价值观的科学、正确的发展共识，凝聚世界各国的发展共识，从而为实现中国梦、东亚梦，实现全世界人民的共同梦想——世界梦，奠定坚实的观念基础。

二　中华文化软实力的提升与中华民族伟大复兴的逐步实现

无论是中国梦的实现，抑或是东亚共同体的建构，文化因素都会是非常重要的推动力。亨廷顿认为：“家庭和个人关系所形成的‘竹网’（即关系网）和共同的文化，大大有助于大中华共荣圈的形成……在中国，信任和承诺取决于私交，而不是契约或法律和其他法律文件。”[①] 虽然亨廷顿的观点以及他所提出的“大中华共荣圈”等概念有“中国威胁论”之嫌以及过度解读个人关系在中国社会的作用，然而，上述观点也表明了文化软实力在中华民族伟大复兴与东亚共同体的建构中的重要性。目前，我国政府已意识到中华文化软实力提升的重要性，并采取多层次、全方位的措施：推行相关政策法规以明确提升文化软实力的建设目标并制定一系列文化软实力发展规划、推动文化产业与文化事业的共同发展、进一步拓展政府以及民间的对外文化交流。

在政府以及民间力量的推动下，中华文化软实力的提升已得到质与量的发展。然而，中华文化软实力仍存在不足之处。第一，中国虽然是拥有源远流长且博大精深的文化资源，然而由于地方政府以及社会忽视对传统文化资源的保护，传统文化资源的浪费极其严重。与此同时，目前尚没有

① 塞缪尔·亨廷顿：《文明的冲突与世界秩序的重建》，周琪等译，新华出版社，2010，第148页。

合理的途径将传统文化资源转化为文化软实力，传统文化的现实转化能力不足。“传统文化中众多的文化传统都是在当时特定的历史条件下形成的，如何把中国传统文化中的优秀文化传统用当代人普遍能接受的方式对其进行转化，从而使其成为适应社会主义现代化发展需要的文化元素仍需要我们给予认真思考。”① 第二，由于社会成员思想道德素质不高、文化软实力建设人才严重不足等因素导致了文化软实力建设主体存在比较大的缺陷。第三，文化产业发展时间短，创新力不足，发展规模无法满足人们的精神需求，而且也缺乏相关的法律法规的鼓励与保护。与此同时，由于文化事业发展缺乏足够的思想重视，公共文化资金投入不足、设施不够，城市间的文化事业发展的不平衡等问题而导致文化事业的发展动力不足。上述问题的解决并不能一蹴而就，但政府及社会力量应对上述问题给予足够的重视并制订系列的计划。如果中国文化软实力无法得到质的提升，那么即使中国在经济上获得再大的成就，在国际社会的地位如何提高，我们离中华民族伟大复兴的梦想也将越来越远，甚至背道而驰。

三　华人社团传播中华文化对于开展侨务公共外交、实现中华民族伟大复兴的助力作用

中国梦是中华民族的梦，是每个中国人的梦。实现中国梦需要最大限度地凝聚全体中华儿女的磅礴力量。华人社团对于中华文化海外传播具有独特价值，能够发挥中国官方无法达到的不可替代的作用；因此，我们要从中华文化海外传播的策略角度，善用海外华人社团的社会资源。

第一，提高国家文化软实力，要依靠海外华人社团努力传播当代中国价值观念。当代中国价值观念，就是中国特色社会主义价值观念，代表了中国先进文化的前进方向。我国成功地走出了一条中国特色社会主义道路，实践证明我们的道路、理论体系、制度是成功的。要加强提炼和阐释，拓展对外传播平台和载体，把当代中国价值观贯穿于海外华人社团运作的每一方面。

第二，引导海外华人社团加强对中华文化价值观为主体的宣传和阐

① 沈红宇：《当代中国文化软实力问题研究》，中共中央党校博士学位论文，2013，第72页。

释，要与当代中国价值观念紧密结合起来。“中华文化价值观—东亚价值观—东方价值观—国际关系中更宽泛的价值共同体”的建构与价值观的提炼：中国梦、东亚梦意味着世界人民的价值体认和价值追求，意味着实现东亚梦是全东亚人民和平发展的最大公约数，意味着以中国为主体的东方价值观为人类和平与发展做出更大贡献的真诚意愿。

第三，提高国家文化软实力，要通过海外华人社团努力展示中华文化独特魅力。在5000多年文明发展进程中，中华民族创造了博大精深的灿烂文化，要使中华民族最基本的文化基因与当代文化相适应、与现代社会相协调，以人们喜闻乐见、具有广泛参与性的方式推广开来，把跨越时空、超越国度、富有永恒魅力、具有当代价值的文化精神弘扬起来，把继承传统优秀文化又弘扬时代精神、立足本国又面向世界的当代中国文化创新成果传播出去。要系统梳理传统文化资源，让收藏在禁宫里的文物、陈列在广阔大地上的遗产、书写在古籍里的文字都活起来。要以理服人，以文服人，以德服人，提高对外文化交流水平，完善人文交流机制，创新人文交流方式，综合运用大众传播、群体传播、人际传播等多种方式展示中华文化魅力。

第四，海外华人社团是塑造中国良好国际形象的积极力量。当今世界，国家间经济、科技、军事等硬实力竞争激烈，制度模式、民族文化、国家形象等软实力竞争同样重要。长期以来，西方媒体主导国际舆论格局，掌控国际话语体系。出于意识形态、战略考量、文化差异以及对中国缺乏深入了解等原因，西方媒体报道中国发展负面影响占多，加强国际传播能力建设和开展公共外交由此成为中国提升软实力的重要任务。植根住在国社会的华侨华人社团的海外华人就是中国构筑良好国际形象的积极力量，是影响国际舆论的一支独特力量。它们了解中外历史、政治、经济、民族、宗教等状况，又熟悉住在国民众的基本价值观。华侨华人社团在华侨华人社会中倡导团结和谐、和睦共赢、守法诚信、举止文明、关爱社会等价值理念，对塑造海外侨胞和中国良好形象都有积极作用。要注重塑造我国的国家形象，重点展示中国历史底蕴深厚、各民族多元一体、文化多样和谐的文明大国形象，政治清明、经济发展、文化繁荣、社会稳定、人民团结、山河秀美的东方大国形象，坚持和平发展、促进共同发展、维护国际公平正义、为人类做出贡献的负责任大国形象，对外更加开放、更加具有亲和力、充满希望、充满活力的社会主义大国形象。

第五，提高国家文化软实力，要努力提高国际话语权。要加强国际传播能力建设，精心构建对外话语体系，发挥好新兴媒体作用，增强对外话语的创造力、感召力、公信力，讲好中国故事，传播好中国声音，阐释好中国特色。对中国人民和中华民族的优秀文化和光荣历史，要加大正面宣传力度，通过学校教育、理论研究、历史研究、影视作品、文学作品等多种方式，加强爱国主义、集体主义、社会主义教育，引导我国人民树立和坚持正确的历史观、民族观、国家观、文化观，增强做中国人的骨气和底气。

第六，海外华人社团是汇聚海外中华儿女的有效平台。海外华人社团又因其“五缘”属性，成为民族血脉和民族意识天然载体，具备传承、发扬五千年中华语言、历史和文化重要功能，很多侨团都开办自己的华文学校、华文媒体、华文网站等，这些无形中就成了传播中华文化价值观的重要载体。国运兴，侨运兴。随着广大海外华人在海外整体地位不断提升和族群意识日益觉醒，海外华人社团更加自觉和重视维护和促进祖（籍）国统一、推动华人参政议政、维护侨胞合法权益，进一步强化在海外华人群体中的影响力和引导力。当前，中国已站在世界舞台中心，进入全球治理核心圈。近年来，海外华人社团在全球“反独促统”、北京奥运圣火传递等重大事件中的表现，充分表明他们有意愿、有热情、有能力汇聚海外中华儿女力量，为推动中国发展与进步、促进中国与各国友好合作做出新贡献。

第七，海外华人社团是促进中外友好合作的天然桥梁。随着全球化深入发展，世界各国相互依存空前深入。实现中国梦需要把中国人民追求美好生活的梦想与世界人民的福祉对接起来。作为连接中国与世界的天然桥梁，华侨华人生存环境同祖（籍）国、住在国发展状况和双边关系息息相关。广大侨胞期盼祖（籍）国繁荣富强，希望住在国社会稳定、经济发展，乐见双方构建友好、合作的牢固基础。

图书在版编目（CIP）数据

华人社团与中华文化传播 / 张禹东等著. -- 北京：社会科学文献出版社，2018.5

（华侨华人与中国梦研究）

ISBN 978-7-5201-2078-4

Ⅰ.①华… Ⅱ.①张… Ⅲ.①华人-社会团体-研究-世界 Ⅳ.①D634.3

中国版本图书馆 CIP 数据核字（2017）第 327421 号

·华侨华人与中国梦研究·

华人社团与中华文化传播

著　　者 / 张禹东　陈景熙 等

出 版 人 / 谢寿光

项目统筹 / 王　绯

责任编辑 / 张建中

出　　版 / 社会科学文献出版社·社会政法分社（010）59367156

地址：北京市北三环中路甲 29 号院华龙大厦　邮编：100029

网址：www.ssap.com.cn

发　　行 / 市场营销中心（010）59367081　59367018

印　　装 / 三河市龙林印务有限公司

规　　格 / 开　本：787mm×1092mm　1/16

印　张：18　字　数：282 千字

版　　次 / 2018 年 5 月第 1 版　2018 年 5 月第 1 次印刷

书　　号 / ISBN 978-7-5201-2078-4

定　　价 / 79.00 元